51

किताबें ग़ज़लों की

भाग-1

(पुस्तक चर्चा)

नीरज गोस्वामी

Published By

Anybook

Cell : 9971698930

E-mail : contactanybook@gmail.com

Website : www.anybook.org

Price in India :260/- INR

First published by Anybook in 2022

Copyright © 2022 Anybook

Copyright Text © 2022 Neeraj Goswami

Printed and bound in India

Cover Design & Typesetting by Anybook

ISBN : 978-93-91571-01-6

समर्पण

ग़ज़ल के दीवाने का ग़ज़ल के दिवानों को

अनुक्रम

चाँद पर चाँदनी नहीं होती
(मेजर संजय चतुर्वेदी)

दोपहर का समय था जब डोर बेल बजी। भयंकर गर्मी में कौन चला आया सोचते जब दरवाज़ा खोला, तो सामने कोरियर वाले को खड़ा पाया। जब वो बोला कि साब आपके लिए कोरियर सीहोर से आया है यहाँ साइन करिए, तब उसके हाथ में मैंने एक मोटा सा बण्डल देखा। ख़ुशी के मारे चीख़ सी निकल गयी... अरे ये क्या ले आये भाई? कोरियर वाले को अन्दर बुलाया, ठंडा पानी पिलाया और जब तक वो पानी पीकर गिलास मेज़ पर रखता, तब तक बण्डल को मैं उत्सुकतावश खोल चुका था। बण्डल में से किताबों का ज़ख़ीरा निकल आया। मेरे लिए किताबों से मूल्यवान और कुछ नहीं है। एक से बढ़ कर एक आकर्षक आवरण में लिपटी पाँच अलग-अलग किताबें थीं, जिन्हें शिवना प्रकाशन से प्रकाशित किया गया था। सबसे पहले इस बहुमूल्य भेंट के लिए श्री पंकज सुबीर जी को फ़ोन पर धन्यवाद दिया और फिर एक-एक कर उन्हें खोलना और पढ़ना शुरू किया।

आज उसी ज़ख़ीरे में प्राप्त हुई ग़ज़लों की किताब "चाँद पर चाँदनी नहीं होती" का ज़िक्र करूँगा, जिसे लिखा है आकर्षक व्यक्तित्व के स्वामी अत्यंत प्रतिभाशाली युवा मेजर संजय चतुर्वेदी ने। हमें गर्व है अपनी सेना पर जिसमें मेजर संजय जैसे संवेदनशील योद्धा हैं।

संजय अत्यंत युवा हैं इसलिए उनकी शायरी में कच्चे दूध की-सी ख़ुशबू आती है। उन्होंने अपनी शायरी में बेजोड़ प्रयोग किये हैं, इसलिए उनके अशआर बहुत अलग और ताज़ा लगते हैं। आइये अब अधिक देर ना करते हुए इस किताब के सफ़्हे पलटते हैं और रूबरू होते हैं संजय जी की विलक्षण शायरी से। आग़ाज़ करते हैं उनकी इस किताब के पहले सफ़्हे पर शाया हुई पहली ग़ज़ल के अद्भुत रदीफ़-क़ाफ़ियों से

घर के चौकीदार हुए दादा-दादी

सबके पहरे दार हुए दादा-दादी

कौन ख़रीदे नहीं रहे पढ़ने वाले

उर्दू के अख़बार हुए दादा-दादी

घर में उनका नहीं रहा हिस्सा कोई

कपड़ों वाला तार हुए दादा-दादी

आख़िरी शेर में 'कपड़ों वाला तार' ने तो कहर ही ढा दिया है। आँखें स्थिति सोच कर नम हो जाती हैं। अपने चारों ओर बिखरी छोटी-छोटी चीज़ों पर ध्यान देने पर ही आप ऐसा शेर कह सकते हैं। मैंने शायरी की बेशुमार किताबें पढ़ी हैं लेकिन किसी व्यक्ति के लिए जिसकी कोई पूछ न हो के लिए 'कपड़ों वाला तार' वाली उपमा नहीं पढ़ी। ऐसे नयी सोच और क़ाफ़िये आपको इस किताब के आख़िरी पृष्ठ पर छपी ग़ज़ल में भी पढ़ने को मिलते हैं, मुलाहिजा फ़रमाइए:

कोयलें, बच्चे, हवाएँ और कोल्हू गाँव के
मिलके गायें तो नयी इक सिम्फ़नी हो जायेगी
चूमने को आ गये बादल पहाड़ी का बदन
देख लेगी धूप तो कुछ अनमनी हो जायेगी
तुम अकेले हम अकेले क्या करेंगे घूम कर
साथ बैठेंगे तो अच्छी कंपनी हो जायेगी

संजय जी की कोई कोई ग़ज़ल हो सकता है उस्तादों की नज़र में ग़ज़ल लेखन की कड़ी कसौटी पर सही न उतरती हों लेकिन मुझे उन्हें पढ़ते और गनगनाते हुए बहुत आनंद आया। मैं ग़ज़ल के तकनीकी पक्ष पर कुछ कहने में असमर्थ हूँ क्योंकि अभी मैं इस क्षेत्र का विद्यार्थी हूँ और उम्मीद है कि ता उम्र विद्यार्थी ही रहूँगा।

मेरी नज़र में आम पाठक के लिए अनिवार्य होता है कि शायर के कहे अशआर उसे अपने लगें और सीधे-सीधे दिल में उतर जाएँ, संजय जी इस दृष्टि से कामयाब हुए हैं। वो सहजता से अपनी ग़ज़लों में ऐसे सवाल पूछ लेते हैं कि पाठक को जवाब देते नहीं बनता और उसे बगलें झाँकनी पड़ती हैं। उधाहरण के लिए नीचे दिए प्रश्नवाचक चिह्न वाले शेर को पढ़िए...

दिल जला फ़स्लें जलीं छप्पर जला
सिर्फ़ चूल्हा छोड सारा घर जला
आग तो हर घर में होती है मियाँ
क्या कभी उस आग में शौहर जला?
ख़ून की गर्मी बचाने के लिए
आग स्याही में लगा अक्षर जला

पाँच जुलाई सन उन्नीस सौ उन्यासी में जन्मे संजय ने स्नातक परीक्षा पास की और फिर राष्ट्रीय केडेट कोर में पाँच वर्षों के प्रशिक्षण के बाद अधिकारी प्रशिक्षण अकादमी चेन्नई से सैन्य प्रशिक्षण लिया, जिसके बाद उनकी नियुक्ति सत्रहवीं बटालियन ब्रिगेड आफ दि गार्ड्स में लेफ़्टिनेंट के पद पर हुई। सैनिक गतिविधियों में लिप्त रहने के बावजूद उनका संवेदनशील मन उनसे लगातार ख़ूबसूरत अशआर लिखवाता रहा। उनकी रचनाएँ विभिन्न सैनिक, असैनिक और वेब पत्र-पत्रिकाओं में प्रकाशित होती रहीं।

सिर्फ़ बिजली के लिए पानी न रोकिये
सूखते हैं प्यास में झरने पहाड़ पर
आँधियों के शोर में ढूँढ़े हैं लोरियाँ
वक़्त से लड़ते हुए बच्चे पहाड़ पर

फिर नहाने चल पड़ीं चश्में पे लड़कियाँ
बादलों ने कर दिए परदे पहाड़ पर

अंतिम शेर के मिसरा-ए- सानी में 'बादलों ने कर दिए परदे पहाड़ पर' कह कर बहुत दिलचस्प मंज़र खींच दिया है। ये उनकी पैनी दृष्टि का परिचायक है। पहाड़ पर उमड़े बादलों का इस से ख़ूबसूरत चित्रण भला क्या होगा। ज़िन्दगी का हर रंग उन्होंने अपनी ग़ज़लों में समेटा है और बख़ूबी समेटा है। इस छोटी सी उम्र में वो बहुत गहरे अनुभव वाली बड़ी बात सहजता से कह जाते हैं।

ज़िन्दगी-ज़िन्दगी नहीं होती
आँख में गर नमी नहीं होती
कोई तकता है किसी का रस्ता
वर्ना खिड़की खुली नहीं होती
दूर होने का है मज़ा अपना
चाँद पर चाँदनी नहीं होती

शिवना प्रकाशन, सीहोर, मध्य प्रदेश, की भरपूर प्रशंसा करनी होगी जिन्होंने इस युवा और अपेक्षा कृत नए शायर की किताब छापने का साहस दिखाया है। देश के अन्य प्रतिष्ठित प्रकाशन संस्थान सिर्फ़ स्थापित लेखकों और साहित्यकारों की किताबें ही प्रकाशित करते हैं इस दृष्टि से शिवना का ये प्रयास अभूतपूर्व कहलाया जायेगा क्योंकी उन्होंने एक नहीं, ऐसे पाँच एक दम अनजान लेकिन उत्कृष्ट लेखकों की किताबें प्रकाशित की हैं। इस किताब का कलेवर और छपाई देश के अन्य किसी भी प्रकाशन संस्थान से उन्नीस नहीं है। किताब के लिए आप शिवना प्रकाशन के श्री शहरयार से 09806162184 पर संपर्क कर सकते हैं या उन्हें shivna.prakashan@gmail.com पर मेल डाल सकते हैं।

लोग पढ़ते हैं क़सीदे शान में
जाने ऐसा क्या है उस मुस्कान में
कौन है जिसने हवा को मात दी
फूल अब खिलते हैं रेगिस्तान में
मैं ख़ुद को आदमी उस दिन कहा
राम जब मुझको दिखे क़ुरआन में

एक राज़ की बात और बताता चलता हूँ आपको और वो ये के संजय ख़ुद बहुत दिलकश अंदाज़ में अपनी ग़ज़लें गाते हैं। ये एक ऐसा अनुभव है जिसे प्राप्त कर आप शायद ही उसे कभी भूल पायें। संजय जी के गले में माँ सरस्वती का वास है अगर आपको मेरी इस बात पे यक़ीन नहीं हो तो आप उनसे उनके मोबाइल न। 08094791434 पर बात कीजिये

और ग़ज़ल सुनने की तमन्ना का इज़हार कीजिये मुझे यक़ीन है कि अगर वो व्यस्त ना हुए तो आपकी अभिलाषा को ज़रूर पूरा करेंगे।

कौन रोया है बोल ऐ क़ुदरत
आज दरिया में ख़ूब पानी है
हर तरफ़ साँप घूमते देखे
किसके आँगन में रातरानी है
आप ईमान का करें सौदा
हम करें तो ये बेईमानी है

हर ग़ज़ल प्रेमी के घर इस जाँबाज़ मेजर की किताब का अलमारी में होना ज़रूरी है तो फिर देर काहे की? उठाइए फ़ोन और घुमाइए। आप मेजर से बात करें, हम ढूँढ़ते हैं आपके लिए एक और किताब।

* * *

अज़हर इनायती और ग़ज़ल
(अज़हर इनायती)

घर तो हमारा शोलों के नरगे में आ गया

लेकिन तमाम शहर उजाले में आ गया

नरगे = घेरे

यह भी रहा है कूच-ए-जानाँ में अपना रंग

आहट हुई तो चाँद दरीचे में आ गया

कूच-ए-जानाँ महबूब की गली , दरीचे =खिड़की

कुछ देर तक तो उस से मेरी गुफ़्तगू रही

फिर यह हुआ कि वह मेरे लहजे में आ गया

"आहट हुई तो चाँद दरीचे में आ गया" जैसा शायरी का ये बेपनाह हुस्न बरसों ग़ज़ल के पाँव दबाने और उस्तादों की जूतियाँ उठाने के बाद भी किसी किसी को ही मयस्सर होता है। उर्दू शायरी को परवान चढ़ाने में दिल्ली और लखनऊ के बाद रामपुर का नाम आता है। दरअसल दिल्ली और लखनऊ से उजड़े शायर रामपुर में आ बसे और उन्होंने दिल्ली वालों की दिल और लखनऊ वालों की शराब में डूबी ग़ज़ल को मर्दाना लहजे और बाँकपन से परिचय करवाया। दाग़ देहलवी और अमीर मीनाई की ही अगली कड़ी हैं रामपुर के हमारे आज के शायर।

हम तो पैरों में समझते थे मगर

आप के ज़ेहन में काँटे निकले

जितना पथराव अँधेरों का हुआ

मेरे लहजे से उजाले निकले

लोग संजीदा समझते थे जिन्हें

वह भी बच्चों के खिलौने निकले

क्या ज़माना है कि अपने घर से

प्यार को लोग तरसते निकले

15 अप्रेल 1946 को रामपुर के पठान सफ़दर अली ख़ाँ के यहाँ जिस बच्चे का जन्म हुआ उसका नाम रखा गया अज़हर अली ख़ाँ का। बच्चे के वालिद और दादा तो शायरी नहीं करते थे लेकिन परदादा मौलाना नियाज़ अली ख़ाँ बेहतरीन शायर थे, जिनके उस्ताद मौलवी अब्दुल क़ादिर ख़ाँ रामपुर के बड़े उस्ताद शायर जनाब अमीर मीनाई साहब के शागिर्द थे। बचपन से ही शायरी की और उनका झुकाव शायद अपने परदादा के गुणों का ख़ून में आ

जाने की वज़ह हो गया और उन्होंने मात्र 12 साल की उम्र में ही रामपुर के ख्याति नाम शायर जनाब महशर इनायती साहब को अपना उस्ताद मान लिया। उन से बाक़ायदा तालीम हासिल शुरू कर दी की और अपना नाम भी अज़हर अली ख़ाँ से 'अज़हर इनायती' रख लिया और अब इसी नाम से विख्यात हैं। आज हम रामपुर रज़ा लाइब्रेरी द्वारा प्रकाशित किताब "अज़हर इनायती और ग़ज़ल" की बात करेंगे।

होती हैं रोज़-रोज़ कहाँ ऐसी बारिशें
आओ कि सर से पाँव तलक भीग जाएँ हम
उकता गया है साथ के इन क़हक़हों से दिल
कुछ रोज़ को बिछड़ के अब आँसू बहाएँ हम
कब तक फ़ुज़ूल लोगों पे हम तजर्बे करें
काग़ज़ के ये जहाज़ कहाँ तक उड़ाएँ हम

अज़हर साहब ने बी.ए. एल.एल. बी. करने के बाद कुछ साल रामपुर में बाक़ायदा वकालत की लेकिन एक शायर का दिल क़ानूनी दाँवपेच में भला कब तक रमता, सो उसे जल्द ही छोड़-छाड़ के पूरी तरह शायरी के समंदर में उतर गए। अज़हर साहब के बारे में जानकारी मुझे सबसे पहले दिल्ली के मेरे मित्र और शायरी के सच्चे दीवाने जनाब प्रमोद कुमार जी से मिली। उनके कहे को मैं कभी हलके में नहीं लेता इसलिए अज़हर साहब को जब मैंने इंटरनेट पे खोजा, पढ़ा और सुना तो लगा कि मैं कितना बदनसीब था जो अब तक इनसे दूर रहा। उनकी ग़ज़लों की किताबों की तलाश शुरू की तो हाथ कुछ लगा ही नहीं, क्यूँकि मेरी जहाँ तक जानकारी है, हिंदी में उनका कलाम शायद अभी तक शाया नहीं हुआ है। अगर हुआ भी है तो मुझे उसका पता नहीं चल पाया है।

ख़बर एक घर के जलने की है लेकिन
बचा बस्ती में घर कोई नहीं है
कहीं जाएँ किसी भी वक़्त आएँ
बड़ों का दिल में डर कोई नहीं है
मुझे ख़ुद टूट कर वो चाहता है
मेरा इसमें हुनर कोई नहीं है

अज़हर साहब का कलाम पढ़ने की मेरी हसरत आख़िर कार जयपुर के नामवर शायर जनाब मनोज कुमार मित्तल कैफ़ साहब के घर पर एक मुलाक़ात के दौरान पूरी हुई जहाँ उनकी अलमारी में ढेरों किताबों में पड़ी ये किताब बिल्कुल अलग से नज़र आ रही थी। अपने ढीठ पने का पक्का सबूत देते हुए मैंने ये किताब उनकी अलमारी से उठा ली और घर ले आया। और तब से ये किताब है और मैं हूँ

     51 किताबें ग़ज़लों की भाग-1

कोई मौसम ऐसा आये
उसको अपने साथ जो लाये
हाल है दिल का जुगनू जैसा
जलता जाये, बुझता जाये
आज भी दिल पर बोझ बहुत है
आज भी शायद नींद न आये
बीते लम्हे कुछ ऐसे हैं
खुशबू जैसे हाथ न आये

डा बृजेन्द्र अवस्थी साहब इस किताब की एक भूमिका में लिखते हैं कि "अज़हर ज़िन्दगी को बहुत क़रीब से देखते हैं और उसकी अदाओं और समस्याओं को अपनी ग़ज़ल के दिल में बहुत सरल और अनूठी भाषा के माध्यम से उतार देते हैं। वह सच्चे शायर हैं इसलिए उनकी शायरी दिल-ओ-दिमाग़ पर गहरा असर डालती है और उनके शेरों की छाप देर तक बनी रहती है। उन्होंने अपने अंदाज़ और फूलों जैसे कोमल लहजे से ग़ज़ल को एक नयी दिशा दी है।" मशहूर शायर जनाब अहमद नदीम कासमी साहब लिखते हैं कि अज़हर इनायती की ग़ज़ल सहरा में नख़्लिस्तान की हैसियत रखती है, उनका लहजा सरासर जदीद और नया है लेकिन वो अपनी रौशन रिवायत और धरती से पूरी तरह जुड़े हैं।

इस रास्ते में जब कोई साया न पायेगा
ये आख़िरी दरख़्त बहुत याद आयेगा
तख़लीक़ और शिकस्त का देखेंगे लोग फ़न
दरिया हुबाब सतह पे जब तक बनायेगा

तख़लीक़ और शिकस्त = बनना और मिटना, हुबाब =बुलबुला

तारीफ़ कर रहा है अभी तक जो आदमी
उठ्ठा तो मेरे ऐब हज़ारों गिनायेगा

अज़हर इनायती साहब की शायरी समझने के लिए हमें सबसे पहले उन्हें समझना होगा। जिस तरह वो निहायत सलीक़ेदार और बेहद उम्दा कपड़े पहनते हैं ठीक वैसी ही वो शायरी भी करते हैं। अपने बारे में उन्होंने लिखा है कि 'मैं ग़ज़ल को टूट कर चाहता हूँ लेकिन अपने अहद, अपनी नस्ल और अपनी ज़िन्दगी की सच्चाइयों को सादा ज़बान और पुर-तासीर लहजे में ढाल कर सच्ची ग़ज़ल की पैकर तराशी की कोशिश करता हूँ। ज़िन्दगी की वादियों में माज़ी के दिलचस्प और यादगार मनाज़िर को हैरत और हसरत से मुड़ कर देखता ज़रूर हूँ लेकिन रुकने के लिए नहीं, उफ़क़ के उस पार रौशनियों की तरफ़ बढ़ने के लिए।'

क्या जाने उन पे कितने गुज़रना हैं हादसे
शाख़ों पे खिल रहे हैं जो गुंचे नये नये
उन आँसुओं को देख के ग़म भी तड़प उठा
दामन की आरज़ू में जो पलकों पे रह गये
सदियों से चल रहा है ये इन्साँ इसी तरह
लेकिन हुनूज़ कम नहीं मंज़िल से फ़ासले

यूँ तो इस किताब में अज़हर साहब की शान में उनके बहुत से दोस्तों और चाहने वालों ने लिखा है मैं उन सब का ज़िक्र यहाँ नहीं करूँगा, क्योंकि दोस्त और चाहने वाले अक्सर थोड़ा अतिरेक से काम लेते हैं (मैं भी लेता हूँ) लेकिन मेरी नज़र में आज उर्दू के बहुत बड़े स्कॉलर जनाब गोपी चंद नारंग साहब के। उनके वास्ते लिखे लफ़्ज़ बहुत मानी रखते हैं, वो लिखते हैं कि "अज़हर इनायती अपनी आवाज़, अपनी अदा और अपनी तर्जीहात रखते हैं। हर चंद कि इस ज़माने में जब फ़िज़ा में हर तरह ज़हर है, तहज़ीबी एहसास को आवाज़ देना बक़ौल किसी के 'काग़ज़ के सिपाही काट कर लश्कर बनाना' है, ताहम शायर को हक़ बात कहना और आवाज़ दिए जाना है। बिलाशुबा अज़हर इनायती बहैसियत एक मुनफ़रिद अदाशनास शायर तवज्जो और मुहब्बत का हक़ रखते हैं।"

लहू जो बह गया वो भी सजा के रखना था
जो तेग़-ओ-तीर अजायब घरों में रक्खे हैं
हमें उड़ान में क्या हो रुतों का अंदेशा
ज़माने भर के तो मौसम परों में रक्खे हैं
हमें जुनून नहीं बाहरी उजालों का
हमारे चाँद हमारे घरों में रक्खे हैं

इस किताब का पहला भाग शायर को समर्पित है जिसमें उनके दोस्तों और चाहने वालों ने उनके बारे में लिखा है इसमें सबसे दिलचस्प लेख उनकी शरीकेहयात मोहतरमा सूफ़िया अज़हर साहिबा का है जिसमें उन्होंने अज़हर साहब की बहुत सी ख़ूबियाँ गिनायी हैं, जो बहुत निजी हैं दूसरे भाग में अज़हर साहब की लगभग 175 चुनिंदा ग़ज़लें, मुख़्तलिफ़ अशआर आदि हैं। किताब में उनके बहुत से रंगीन फ़ोटो भी हैं जिनमें वो एवार्ड लेते हुए, मुशायरा पढ़ते हुए और यार दोस्तों के साथ बेतकल्लुफ़ अंदाज़ में बैठे दिखाई देते हैं। अज़हर इनायती को पूरी तरह से जानने में ये किताब आपकी मदद करती है।

कुछ और तजरबे अपने बढ़ा के देखते हैं
उसे भी ज़िल्ले-इलाही बना के देखते हैं

गुलाम अब न हवेली से आएँगे लेकिन
हुज़ूर आज भी ताली बजा के देखते हैं
इसी तरह हो मगर हल तो हो मसाइल का
किसी मज़ार पे चादर चढ़ा के देखते हैं

अमेरिका, क़तर, दुबई, अबूधाबी , शारजाह, मस्कत, पाकिस्तान आदि देशों में एक बार नहीं अनेकों बार अपनी शायरी से सुनने वालों के दिल में राज करने वाले अज़हर साहब को ढेरों अवार्ड मिले हैं जिनमें पूर्व राष्ट्रपति ज्ञानी जैल सिंह जी के हाथों मिला मौलाना मुहम्मद अली जौहर अवार्ड, बंगाल उर्दू अकेडमी अवार्ड, उत्तर प्रदेश उर्दू अकेडमी अवार्ड, निशान-ए-बलदिया अवार्ड कराची, ग़ालिब इंस्टिट्यूट दिल्ली से मिला मेहशर इनायती अवार्ड विशेष हैं। इस किताब की प्राप्ति के लिए आप रामपुर रज़ा लाइब्रेरी , रामपुर -244901 को लिखें या अज़हर साहब को उनके मोबाइल न. 9412541108 पर बधाई देते हुए संपर्क करें। कुछ भी करें और किताब मँगवाएँ क्योंकि ये किताब आपको निराश नहीं करेगी।

चलते-चलते अज़हर साहब की एक नाज़ुक सी ग़ज़ल चंद शेर आपके हवाले कर निकलता हूँ किसी नयी किताब की तलाश में

गुड़िया जवान क्या हुई मेरे पड़ोस की
आँचल में जुगनुओं को छुपता नहीं कोई
जब से बता दिया है नजूमी ने मेरा नाम
अपनी हथेलियों को दिखता नहीं कोई

नजूमी =ज्योतिषी

देखा है जब से ख़ुद को मुझे देखते हुए
आईना सामने से हटाता नहीं कोई
'अज़हर' यहाँ है मेरे घर का अकेलापन
सूरज अगर न हो तो जगाता नहीं कोई

* * *

कुछ न हासिल हुआ
(कुँवर कुसुमेश)

हमारी किताबों की दुनिया श्रृंखला के आज के शायर आप सब के जाने पहचाने हैं। आप सब के याने उन लोगों के जो अंतर जाल पर या ब्लॉगिंग में सक्रिय हैं। आप समय-समय पर उनकी बेहतरीन ग़ज़लों और उत्साहवर्धक टिप्पणियों से रूबरू होते रहते हैं। जी हाँ, ख़ूब पहचाना, हमारे आज के शायर हैं जनाब कुँवर कुसुमेश और हम उनकी लाजवाब ग़ज़लों की किताब "कुछ न हासिल हुआ" लेकिन जिसे पढ़ कर हमें बहुत कुछ हासिल हुआ, का ज़िक्र करेंगे।

जो बड़े प्यार से मिलता है लपककर तुझसे
आदमी दिल का भी अच्छा हो वो ऐसा न समझ
आज के बच्चों पे है पश्चिमी जादू का असर
अब तो दस साल के बच्चे को भी बच्चा न समझ
ये कहावत है पुरानी सी मगर सच्ची है
तू चमकती हुई हर चीज़ को सोना न समझ

चमकती हुई हर चीज़ भले ही सोना न हो लेकिन चमकती हुई शायरी लिए हुए उनकी ये किताब किसी ख़ज़ाने से कम नहीं। किताब हाथ में लेते ही उसे पढ़ने का मन हो जाता है। बेहतरीन काग़ज़ पर निहायत ख़ूबसूरत ढंग से प्रकाशित ये किताब शायरी की अधिकांश किताबों से कुछ अलग ही है। भारतीय जीवन बीमा निगम से सेवा निवृत हुए कुँवर जी का जन्म तीन फ़रवरी सन उन्नीस सौ पचास में हुआ। गणित जैसे शुष्क विषय में पोस्ट ग्रेजुएशन करने के बाद उनका पिछले तीस वर्षों से शायरी जैसी सरस विधा से जुड़ना किसी चमत्कार से कम नहीं।

आज के अख़बार की सुर्ख़ी हमेशा की तरह
फिर वही दंगा, वही गोली हमेशा की तरह
धर्म के मसले पे संसद में छिड़ी लम्बी बहस
मज़हबों की आग फिर भड़की हमेशा की तरह
आप थाने में रपट किसकी करेंगे दोस्तों
चोर जब पहने मिले वर्दी हमेशा की तरह

कुँवर जी अपनी लेखनी सामाजिक मूल्यों के गिरते स्तर पर ख़ूब चलाई है दोहों और ग़ज़लों के माध्यम से उन्होंने समाज के अनेक अच्छे-बुरे पहलुओं को क़रीब से देख अपने

पाठकों तक पहुँचाया है। पारंपरिक अंदाज़ से हटकर इनकी अधिकतर ग़ज़लें रोज़मर्रा की ज़िन्दगी से जुड़ी हैं।

साँप सड़कों पे नज़र आएँगे

और बाँबी में सपेरा होगा

वक़्त दोहरा रहा है अपने को

फिर सलीबों पे मसीहा होगा

आदमियत से जिसको मतलब है

देख लेना वो अकेला होगा

कुँवर जी की शायरी की सबसे बड़ी ख़ासियत है उसकी भाषा। हिंदी-उर्दू ज़बान का अद्भुत संगम उनकी शायरी में झलकता है। सरल शब्दों के प्रयोग से वो अपने अशआर में आम इंसान की परेशानियों और ख़ुशियों को बहुत ख़ूबी से दर्शाते हैं। उनकी शायरी आम जन की शायरी है। पढ़ते वक़्त लगता है जैसे वो हमारी ही बात कर रहे हों, यही कारण है कि पढ़ते वक़्त उनके अशआर अनायास ही ज़बान पर चढ़ जाते हैं और हम उन्हें गुनगुनाने लगते हैं। ये ही एक शायर के कलाम की कामयाबी है।

बरी होने लगे गुंडे, लफंगे

अदालत क्या, यहाँ की मुंसिफ़ी क्या

इसे इंसान कह दूँ भी तो कैसे

न जाने हो गया है आदमी क्या

कभी लाएगी तब्दीली जहाँ में

'कुँवर' मुफ़लिस की आँखों की नमी क्या

कुँवर जी की रचनाएँ आकाशवाणी लखनऊ से प्रसारित होती रहती हैं। उनकी रचनाओं पर पुरस्कारों की झड़ी सी लगी है, वर्ष 1996 में उन्हें कादम्बिनी द्वारा पुरस्कृत भी किया जा चुका है इसके अलावा खानकाह सूफ़ी दीदार चिश्ती कल्याण, जिला ठाणे, महाराष्ट्र द्वारा शहंशाहे-क़लम की मानद उपाधि से उनका अलंकरण, प्रतिष्ठित सरस्वती साहित्य वाटिका द्वारा उन्हें सरस्वती साहित्य सम्मान। रोटरी क्लब लखनऊ द्वारा सम्मान, नगर राजभाषा कार्यान्वयन समिति तथा शबनम साहित्य परिषद सोजत सिटी द्वारा महाराणा सम्मान, नगर सुरक्षा क्लब देहरादून और महाराष्ट्र दलित साहित्य समिति भुसावल द्वारा काव्य साधना, पुरस्कार भी मिल चुका है। इन सब पुरस्कारों के अलावा उन्हें सबसे बड़ा सम्मान उनके दिन दूनी रात चौगनी गति से बढ़ते पाठकों द्वारा मिला प्यार है।

बुरा न देखते, सुनते, न बोलते जो कभी
कहाँ हैं तीन वो बन्दर तलाश करना है
कयाम दिल में किसी के करूँगा मैं लेकिन
अभी तो अपना मुझे घर तलाश करना है
सही है बात कुँवर अटपटी भी है लेकिन
कि अपने मुल्क में रहबर तलाश करना है

शायरी की इस बेजोड़ किताब को उत्तरायण प्रकाशन, लखनऊ ने प्रकाशित किया है। किताब प्राप्ति के लिए आप प्रकाशक को उनके पते -उत्तरायण प्रकाशन, एम-168, आशियाना, लखनऊ -22602, पर लिख सकते हैं या फिर उनसे मोबाइल न पर बात कर मँगवाने का तरीक़ा पूछ सकते हैं। सबसे अच्छा और कारगर तरीक़ा है कुँवर, जी को उनके मोबाइल 09415518546 पर उनकी लाजवाब शायरी के लिए दाद देते हुए उनसे किताब प्राप्ति का आसान रास्ता पूछना। आपको जो रास्ता पसंद हो चुनें लेकिन इस ख़ूबसूरत किताब को अपनी लाइब्रेरी में ज़रूर जगह दें। चलते-चलते उनकी एक और ग़ज़ल के तीन शेर पढ़लें

साँस चलती भी नहीं है, टूटती भी है नहीं
अब पता चलने लगा, ये मुफ़लिसी भी ख़ूब है
हो मुबारक आपको यारों दिखावे का चलन
आँख में आँसू लिये लब पर हँसी भी ख़ूब है
हाथ में लाखों लकीरों का जखीरा है कुँवर
आसमाँ वाले तेरी कारीगरी भी ख़ूब है

* * *

सहराई फूल
(माधो प्रसाद सक्सेना 'आज़ाद' लखनवी)

रिवायती ग़ज़लों की किसी किताब का ज़िक्र किये एक लम्बा अरसा बीत गया है। आप ग़ौर करें तो पाएँगे कि पिछले कुछ सालों में ग़ज़ल लेखन के क्षेत्र में क्रांति सी आ गयी है। आज की ग़ज़लें आम इंसान के सुख दुःख परेशानियों और जद्दोजेहद कि नुमाइंदगी करने लगीं हैं .ऐसे में रिवायती ग़ज़लें अपनी पहचान खोती जा रही हैं क्यूँ कि वो अब आम इंसान से नहीं जुड़ पातीं, लेकिन साहब रिवायती ग़ज़लें पढ़ने का अपना लुत्फ़ है

सबसे तू रस्मो-राह करता जा
ग़ैर से भी निबाह करता जा
मैं दुआ ही दिया करूँगा तुझे
तू मुझे, गो, तबाह करता जा
मना करता है कौन जाने को
दिल पे भी इक निगाह करता जा

मैंने सोचा पाठक दिवाली के मूड में होंगे और उस मूड को रिवायती ग़ज़लें ही देर तक बख़ूबी क़ायम रख सकती हैं लिहाज़ा इस ख़ास मौक़े पर आज किताबों कि दुनिया में जनाब माधो प्रसाद सक्सेना "आज़ाद" लखनवी साहब की संकलित ग़ज़लों की बेमिसाल किताब 'सहराई फूल' आपकी ख़िदमत में लेकर हाज़िर हुआ हूँ।

न जानो उसको आशिक़ जिस को मिट जाना नहीं आता
नहीं वह शम'अ जिसके पास परवाना नहीं आता
इसे ज़िद है न जाएगा तुम्हारे आस्ताने में
तुम्हीं समझाओ दिल को, मुझको समझाना नहीं आता

आस्ताने : ठिकाना

जला कर शम'अ तुर्बत पर, कहा ये नाज़ से उसने
अरे उठ मरने वाले तुझको जल जाना नहीं आता

तुर्बत : क़ब्र

भला वह हुस्न ही क्या हुस्न जिस पर दिल न माइल हो
नहीं वह दिल कि जिस दिल को उलझ जाना नहीं आता

'आज़ाद' लखनवी साहब का जन्म सन 1890 में लखनऊ में हुआ। अपने सत्तर वर्ष के जीवन काल में उन्होंने लगभग पाँच सौ ग़ज़लें और नज़्में कहीं, जो उनके जीते जी पुस्तकाकार रूप में प्रकाशित नहीं हो पायीं। सन 1961 में उनके इंतेकाल के लगभग साठ

वर्षों बाद उनके नाती श्री अनिल चौधरी और अलवर के श्री राधे मोहन राय जी के सम्मिलित प्रयासों से उनमें से कुछ ग़ज़लें इस पुस्तक में प्रकाशित की गयी हैं।

ख़ुदा जाने मेरे दिल को हुआ क्या
बताओ तो सही तुमने कहा क्या
तेरी फ़ुर्क़त में जो दम तोड़ता हो
दुआ उसके लिए कैसी दवा क्या

फ़ुर्क़त : वियोग

मसल डाला जो चुटकी से मेरा दिल
तुम्हीं बोलो कि तुमको मिल गया क्या

आज़ाद साहब अपनी रचनाओं को बहुत ख़ूबसूरती से एक रजिस्टर में दर्ज किया करते थे और उम्मीद करते थे की किसी दिन उनका ये रजिस्टर एक किताब कि शक्ल में मंज़रे-आम पर आएगा, लेकिन उनका सपना उनके सामने साकार नहीं हो पाया।

आज़ाद साहब कि शायरी पढ़ते हुए आप किसी और ही दुनिया की सैर पर निकल जाते हैं। उनकी शायरी में विरह प्रेम पीड़ा और एक तरफ़ा मुहब्बत और उसके तमाम पहलुओं का ज़िक्र मिलता है। इश्क़े-हक़ीक़ी में सरोबार उनकी चंद ग़ज़लें तो लाजवाब हैं।

कोई बतलाए यह मुझको कि परवाने पे क्या गुज़री
बड़ा अरमान था मरने का मर जाने पे क्या गुज़री
शराबे-हुस्न वो आँखों से तो अपनी पिलाते हैं
कोई पूछे कि साग़र और पैमाने पे क्या गुज़री
चमन में चार तिनकों से नशेमन को बनाया था
फ़लक से बिजलियों के फिर चमक जाने पे क्या गुज़री

अगर आप ख़ालिस उर्दू में रचित शायरी पसंद करते हैं और उर्दू लिपि पढ़ नहीं पाते तो ये ये किताब आपके लिए किसी वरदान से कम नहीं। उनकी हर ग़ज़ल में उर्दू के ख़ूबसूरत लफ़्ज़ों कि भरमार है, जो हिंदी पाठकों के लिए समझना थोड़ी मुश्किल ज़रूर लेकिन उनके आसान मानी भी साथ दिए होने की वजह से पढ़ी और समझी जा सकती है। वैसे भी ये उस ज़माने की शायरी है जब इंसान सीधे सरल ईमानदार और दूसरों कि मदद को हमेशा तत्पर रहा करते थे। आज़ाद साहब रेलवे में स्टेशन मास्टर थे और अपनी सेवा काल के दौरान बनारस मिर्ज़ापुर फ़ैज़ाबाद आदि स्थानो पर तैनात रहे। वो जहाँ रहे दूसरों कि मदद करते रहे और अपने घर में नियमित रूप से शायरी कि महफ़िलें सजाते रहे।

सख़्त-जानी से मेरी तंग आ गया जल्लाद भी
कुंद हो कर रह गया है ख़ंजरे-फ़ौलाद भी

51 किताबें ग़ज़लों की भाग-1

यह कोई शिकवा नहीं है पूछना है इस क़दर
तुम नहीं आये तो क्यूँ आई तुम्हारी याद भी
शौक़ से ज़ुल्मो-सितम करते रहो आज़ाद पर
लेकिन इतना चाहिए सुनते रहो फ़रियाद भी

इस किताब में श्री राधे मोहन राय साहब का ग़ज़ल और आज़ाद साहब के व्यक्तित्व पर लिखा लेख दिलचस्प और पढ़ने लायक़ है। ग़ज़ल क्या है कैसे कही जाती है और क्यूँ इतनी लोकप्रिय है जैसे विषयों पर उन्होंने से विस्तार से चर्चा की है।

आज़ाद साहब के कलाम के लिए श्री राधे मोहन राय साहब लिखते हैं - आज़ाद लखनवी कि ग़ज़ल उपमा-रूपक कि दृष्टि से ही नहीं, विषय वस्तु और शैली कि दृष्टि से भी पूरी तरह रवायती ग़ज़ल कही जा सकती है, उनका कलाम निहायत पाकीज़ा है।

न छुरी है न तो ख़ंजर है न तलवार है इश्क़
आप ही ज़ख़्म है और आप ही वार है इश्क़
हर जगह एक नये भेस में आता है नज़र
है अजब ढंग, कहीं गुल है कहीं ख़ार है इश्क़
इश्क़ ही इश्क़ है बस दोनों जहाँ में रौशन
इश्क़ क्या चीज़ है इक मतला-ए-अनवार है इश्क़

मतलाए-अनवार :प्रकाश पुंज

अयन प्रकाशन, महरौली, दिल्ली द्वारा प्रकाशित इस ग़ज़ल संग्रह में किमाम के पान और तम्बाकू, हुक़्क़े और पतंग बाज़ी के शौक़ीन जनाब आज़ाद साहब कि चुनिंदा अस्सी ग़ज़लें और ग्यारह नज़्में शामिल हैं। किताब प्राप्ति के लिए आप जैसा कि मैं हर बार बताता हूँ आप अयन प्रकाशन के श्री भूपल सूद साहब जो ग़ज़ब के इंसान हैं से उनके मोबाइल न. 9818988613 पर संपर्क करें.

चलते-चलते लीजिए पढ़िए आज़ाद साहब की एक ग़ज़ल के कुछ और शेरः

हमें क़त्ल करके वो पछता रहे हैं
हम उनकी नदामत से शर्मा रहे हैं

नदामतः पश्चाताप

तेरी याद में और तसव्वुर में तेरे
बहरहाल दिल अपना बहला रहे हैं
क़फ़स में भी है हमको यादे नशेमन
परेशान तिनके नज़र आ रहे हैं

क़फ़सः क़ैद, यादे नशेमन : घौंसले की याद

* * *

सुलगती सोचों से
(अशरफ़ गिल)

जिस को भी अपने जिस्म में रहने को घर दिया
उन्हीं के हाथ से मिरी मुट्ठी में जान बंद
जिन की ज़बान मेरी ख़मोशी ने खोल दी
उन को गिला कि क्यों रही मेरी ज़बान बंद
बाज़ार असलहे का रहे रात भर खुला
राशन की दिन ढले ही मगर हर दुकान बंद
'अशरफ़' ग़ज़ल को अपनी कभी तेग़ भी बना
कर सर क़लम सितम का दुखों की दुकान बंद

रिवायती शायरी की बात को पिछली पोस्ट से आगे बढ़ाते हुए आज किताबों की दुनिया श्रँखला की इस कड़ी में ज़िक्र करते हैं जनाब 'अशरफ़ गिल' साहब की किताब "सुलगती सोचों से' का।

कल तलक जिस में रह न पाएँगे
उसको अपना मकान कहते हैं
अपने बस में न अपने क़ाबू में
जिसको अपनी ज़बान कहते हैं
हो ख़िज़ाँ और बहार का हमदम
तब उसे गुलसितान कहते हैं
उसके ज़ोर-ओ-सितम से हूँ वाक़िफ़
सब जिसे मेहरबान कहते हैं

अशरफ़ गिल साहब का ख़मीर पंजाब की सर ज़मीं से उठा है। अशरफ़ जोड़ासियान गाँव, तहसील वज़ीराबाद, जिला गुज़राँवाला, (अब पाकिस्तान) में सन 1940 में पैदा हुए। पंजाब यूनिवर्सिटी, लाहौर से बी. ए. करने के बाद आप अकाउंटिंग की शिक्षा के लिए सिटी कॉलेज फ्रिज़नो, केलिफ़ोर्निया अमेरिका चले गए और वापस पाकिस्तान लौट कर यूनाइटेड बैंक में अफ़सर की हैसियत से बरसों नौकरी की। बाद में निजी कारोबार अपना कर अमेरिका में ही बस गए।

रहा जोश हमको कमाल का न रहा ध्यान कोई ज़वाल का
यही भूल की न समझ सके क्या हलाल है क्या हराम है

मेरे पास आएँ जो एक क़दम, बढ़ूँ उनकी सिम्त मैं दो क़दम
जो मिलाएँ मुझसे नहीं क़दम, उन्हें दूर ही से सलाम है
वही जिंदगानी मिरी हुई, मेरे हुक्म पर जो चली रुकी
जो बिखर गयी न सिमट सकी, वही आप लोगों के नाम है

अशरफ़ साहब हर फ़न मौला इंसान हैं वो ग़ज़लें तो लिखते ही हैं उन्हें बख़ूबी गाते भी हैं क्योंकि वो ख़ुद मौसिकी के रसिया हैं। वो आम और ख़ास के दिलों में उतरने का हुनर और मिडिया के भरपूर इस्तेमाल का सलीक़ा भी जानते हैं। उन्होंने पंजाबी गाने न सिर्फ़ लिखे, बल्कि उन्हें गाया भी। उर्दू फ़िल्मों के गीत भी लिखे। 'सुलगती सोचों से' उनकी देव नागरी में छपी पहली किताब है जिसके ज़रिये अब वो हिंदी पाठकों से भी रूबरू हो रहे हैं। चूँकि गिल साहब पंजाबी, उर्दू, फ़ारसी और अंग्रेज़ी ज़बान से वाक़िफ़ हैं इसलिए इन ज़बानों की मिठास उनकी शायरी में भी आ गयी है।

मैं वोट मर्ज़ी के इक रहनुमा को दे बैठा
तभी हुकूमती दरबारियों की ज़द में हूँ
किताबें भेजूँ जिन्हें वो जवाब देते नहीं
मैं उन की रद्दी की अलमारियों की ज़द में हूँ
मसीहा भेज दो घर मेरे तुम न आओ
भले तुम्हारी याद की बीमारियों की ज़द में हूँ
जो देखा लिख दिया शेरों में हू-ब-हू शायद
किया है जुर्म जो अख़बारियों की ज़द में हूँ

गिल साहब की ग़ज़लों से गुज़रते हुए आपको शायरी के अनेक रंग दिखाई देंगे। इंसानी ग़म-ख़ुशी, दर्द-राहत, प्यार-नफरत, जफ़ा-वफ़ा, गुल-काँटे, अमीरी ग़रीबी, दोस्ती-दुश्मनी, आशिक़-माशूक़ ही नहीं बल्कि अपने आस-पास घटती अच्छाई-बुराई को भी उन्होंने अपनी ग़ज़लों में समेटा है।

मिरी ग़ज़ल के हज़ार मानी, मिरी ग़ज़ल के हज़ार पैकर
मिरे ज़माने के सानी भी, रंग मेरी ग़ज़ल के देखें
सदा सहारों के आसरे पर हुए हैं बे आसरा जहाँ में
बहुत चले राह पर किसी की अब अपनी मर्ज़ी से चल के देखें
जिन्होंने बख़्शी हैं सर्द आहें, भरी हैं अश्कों से ये निगाहें
हम उनकी ख़ातिर, ना फिर भी चाहें, पटक के सर हाथ मल के देखें
जो मुल्क एटम बना रहे हैं, वो मुफ़लिसी को बढ़ा रहे हैं
दिलों की धरती हसीं तर है, दिलों का नक़्शा बदल के देखें

दुनिया भर में इस बेमिसाल शायरी के लिए गिल साहब को ढेरों सम्मान और पुरस्कार नवाज़े गए हैं। ये लिस्ट बहुत लम्बी है इसलिए उसे पूरी यहाँ दे पाना संभव नहीं है, बानगी के तौर पर 'अदबी अवार्ड 1999 - केलिफोर्नियाअमेरिका', 'ग़ज़ल अवार्ड, लाहौर', अवार्ड ऑफ ऑनर, पंजाब साहित्य अकेडमी -लुधियाना', सम्मान निशानी, लुधियाना, पंजाब', सम्मान पत्र, पंजाब साहित्य सभा, नवाँ शहर, पंजाब, आदि का ज़िक्र ख़ास तौर पर करना चाहूँगा।

वो हम को भूल जाने से पेश्तर बताएँ
हम अपनी चाहत में कैसे कमी करेंगे
इस दिल पे ज़ख़्म मैंने यूँ ही नहीं सजाये
दिल में कभी तो मेरे ये रौशनी करेंगे
कुछ देर अक़्ल को भी देते रहे हैं छुट्टी
कुछ काम हमने सोचा बेकार भी करेंगे

गिल साहब की लाजवाब 105 ग़ज़लों, जिनकी तरतीब और तर्जुमा जनाब एफ एम सलीम (9848996343) ने किया है, से सजी, एजुकेशनल पब्लिशिंग हाउस, दिल्ली -6 द्वारा प्रकाशित इस किताब की प्राप्ति टेढ़ी खीर है। भला हो मेरे मुंबई निवासी प्रिय मित्र और बेहतरीन शायर जनाब सतीश शुक्ला रक़ीब साहब का जिन्होंने बिन माँगे ही ये कीमती तोहफा डाक से मुझे भेज दिया। किताब के चाहने वाले अलबत्ता जनाब गिल साहब को, जो फ़िलहाल अमेरिका रहते हैं, उनके ई-मेल ashgill88@aol.com पर संपर्क कर इस किताब की प्राप्ति का रास्ता पूछ सकते हैं। आप उनकी बेहतरीन ग़ज़लों का लुत्फ़ उनकी साइट www.asssshrafgill.com पर पढ़ और youtube:ashrafgillv पर क्लिक करके देख सुन सकते हैं. जो लोग अमेरिका में उनसे संपर्क के इच्छुक हैं वो उन्हें उनके इस पते पर लिखे ASHRAF GILL , 2348, W.CARMEN AVE, FRESNO, CA, 93728, या 5593896750 / 559233126 पर फ़ोन करें। आख़िर में, अगली किताब की खोज पर चलने से पहले उनकी एक ग़ज़ल के ये अशआर भी पढ़वाता चलता हूँ।

दिल में जिस वक़्त ग़म पिघलते हैं
अश्क आँखों से तब ही ढलते हैं
जब मुहब्बत की बात चलती है
गुफ़्तगू का वो रुख़ बदलते हैं
चन्द लम्हे कि उम्र भर के लिए
दर्द बन कर बदन में पलते हैं
जैसे तैसे गुज़ार ले 'अशरफ़'
तेरी ख़ुशियों से लोग जलते हैं

***

संगे-मील
(मेला राम 'वफ़ा')

हो रही है शाम से साकिन घड़ी की सुइयाँ
पाँव फैलाता है क्या एक-एक पल फ़ुर्क़त की रात

साकिन : रुक जाना -फ़ुर्क़तः जुदाई

सर्द-सर्द आहों से यूँ आँसू मिरे जमते गए
हो गया तामीर इक मोती-महल फ़ुर्क़त की रात
दर्द में डूबे हुए हैं शेर सारे ऐ वफ़ा
किस क़यामत की कही तूने ग़ज़ल फ़ुर्क़त की रात

आप समझ ही गए होंगे की आज 'किताबों की दुनिया' श्रँखला में हम किस तरह की शायरी की किताब की चर्चा करने वाले हैं। नहीं समझे? हम समझाते हैं, आज हम उस तरह की रिवायती शायरी की चर्चा करेंगे, जिस तरह की शायरी आजकल बहुत कम या बिल्कुल ही पढ़ने सुनने को नहीं मिलती। शायरी का ये दौर ख़त्म हुए अरसा हो गया है लेकिन साहब इस शायरी का अपना नशा है जो सर चढ़ के बोलता है:

क्या मेहरबानियाँ थीं क्या मेहरबानियाँ हैं
वो भी कहानियाँ थीं ये भी कहानियाँ हैं
इक बार उसने मुझको देखा था मुस्कुराकर
इतनी-सी है हक़ीक़त बाक़ी कहानियाँ हैं
सुनता है कोई किसकी किसको सुनाये कोई
हर एक की ज़बाँ पर अपनी कहानियाँ हैं
कुछ बात है जो चुप हूँ मैं सब की सुन के वरना
याद ऐ 'वफ़ा' मुझे भी सब की कहानियाँ हैं

इन शेरों में आये तख़ल्लुस से आप इतना जो जान ही गए होंगे कि हम किसी वफ़ा' साहब की शायरी का ज़िक्र करने वाले हैं, अब जब आप इतना जान गए हैं तो ये भी जान लें कि हमारे आज के बाकमाल शायर का पूरा नाम था मेला राम वफ़ा'। चौंक गए? क्यूँकि हो सकता है आपने ये नाम पहले न सुना हो, सच बात तो ये है कि हमारी या हमारे बाद की पीढ़ी में से बहुत कम ने शायद ही ये नाम सुना हो। इस नाम और इस किताब से अगर जनाब राजेंद्र नाथ 'रहबर' साहब मेरा तारुफ़ न करवाते तो मैं भी आपकी तरह उनकी शायरी से अनजान रहता। 'रहबर' साहब ने बड़ी मेहनत से वफ़ा साहब की ग़ज़लों को 'संगे-मील' किताब की शक्ल में दर्ज किया है।

नहीं, हाँ हाँ, नहीं आसाँ बसर करना शबे-ग़म का
शबे-ग़म ऐ दिले नादाँ बसर मुश्किल से होती है
गुज़र जाती है राहत की तो सौ सौ उमें ब-आसानी
घड़ी भी इक मुसीबत की बसर मुश्किल से होती है
ये दर्दे इश्क़ है, ये जान ही के साथ जायेगा
दवा इस दर्द की ऐ चारागर मुश्किल से होती है

चारागरः चिकित्सक

जनाब मेला राम जी का जन्म 26 जनवरी 1895 को गाँव दीपोके जिला सियालकोट (पाकिस्तान) में हुआ। शायरी के अलावा उन्होंने पहले लाहौर के बहुत से उर्दू अख़बारों जैसे 'दीपक', 'देश', 'वन्दे मातरम', 'भीष्म', 'वीर भारत' आदि में संपादक की हैसियत से काम किया और फिर ख़ुद के दैनिक अख़बार 'भारत', 'लाहौर', 'पंजाब मेल', 'अमृत' आदि नामों से निकलने लगे जो बहुत मक़बूल हुए।

आपने नेशनल कॉलेज लाहौर में उर्दू फ़ारसी के अध्यापन का काम भी किया। अख़बारों के साथ उनकी शायरी का शौक़ भी परवान चढ़ता रहा हालाँकि अख़बारों में बहुत अधिक ध्यान देने से उनकी शायरी की गुणवत्ता पर असर पड़ा

महफ़िल में इधर और उधर देख रहे हैं
हम देखने वालों की नज़र देख रहे हैं
भागे चले जाते हैं उधर को तो ख़बर क्या
रुख़ लोग हवाओं का जिधर देख रहे हैं
शिकवा करें ग़ैरों का तो किस मुँह से करें हम
बदली हुई यारों की नज़र देख रहे हैं

'वफ़ा' साहब बड़े देश भक्त थे, देश प्रेम का जज़्बा कूट-कूट कर उनके दिल में भरा हुआ था, देश को ग़ुलामी की ज़ंजीरों से आज़ाद कराने के लिए शायरी के बे-ख़ौफ़ इस्तेमाल में उर्दू का क़ाबिले-ज़िक्र शायर, यहाँ तक की 'जोश मलीहाबादी' भी वफ़ा साहब का मुक़ाबला नहीं कर सकते। उन्हें एक बाग़ियाना नज़्म लिखने के जुर्म में दो साल की क़ैद भी भुगतनी पड़ी। बानगी के तौर पर पढ़ें उसी नज़्म के कुछ अंश

ऐ फ़िरंगी कभी सोचा है ये दिल में तू ने
और ये सोच के कुछ तुझ को हया भी आई
तेरे क़दमों से लगी आई ग़ुलामी ज़ालिम
साथ ही उसके ग़रीबी की बला भी आई
तेरी कल्चर में चमक तो है मगर इस में नजर
कभी कुछ रौशनी-ए-सिद्क़ो-सफ़ा भी आई

सिद्क़ो सफ़ा - सच्चाई

तेरी संगीने चमकने लगी सड़कों पे यूँ ही
लब पे मज़लूमों के फरयाद ज़रा भी आई

1941 में वफ़ा साहब की देश भक्ति और सियासी नज़्मों का संग्रह 'सोज़-ए-वतन' के नाम से प्रकाशित किया गया। 1959 में उनकी अदबी, सियासी, और रूहानी ग़ज़लों का संग्रह 'संग-ए-मील' के नाम से उर्दू में प्रकाशित हुआ। संगे-मील में अपने कलाम को वफ़ा साहब ने चार भागों में बाँटा था 1. महसूसात 2. सियसियात 3. रूहानियत और 4. ग़ज़लियात, किताब में उनकी ग़ज़लियात वाला भाग ही प्रकाशित किया गया है।

ये बात कि कहना है मुझे तुम से बहुत कुछ
इस बात से पैदा है कि मैं कुछ नहीं कहता
कहलाओ न कुछ ग़ैर की तारीफ़ में मुझसे
समझो तो ये थोड़ा है कि मैं कुछ नहीं कहता
कहने का तो अपने है 'वफ़ा' आप भी क़ाइल
कहने को ये कहता है कि मैं कुछ नहीं कहता

"संग-ए-मील" ग़ज़ल संग्रह का संपादन और लिप्यंतरण मशहूर शायर जनाब राजेंद्र नाथ 'रहबर' साहब ने किया है और इसे जनाब तिलक राज 'बेताब' साहब ने प्रकाशित किया है। उर्दू शायरी के क़द्रदानों के पास ये नायाब किताब ज़रूर होनी चाहिए। इस किताब की प्राप्ति के लिए आप जनाब रहबर साहब से 0186 -2227522 या 09417067191 पर संपर्क कर सकते हैं।

पंजाब सरकार से "राज कवि" का ख़िताब पाने वाले जनाब मेला राम 'वफ़ा' साहब 19 सितम्बर 1980 को इस दुनिया-ए-फ़ानी को अलविदा कह गए और अपने पीछे शायरी की वो विरासत ड़छोड़ गए, जो आने वाली सदियों तक उनके नाम को ज़िंदा रखेगी। चलते-चलते उनकी ग़ज़ल के ये चंद शेर और आपको पेश करता हूँ-

ग़मे-फ़िराक़, शदीद इस कदर न था पहले
दुआ है अब न मिले राहते-विसाल मुझे

ग़मे-फ़िराक़ :वियोग का दु:ख, शदीद तीव्र, राहते विसालः मिलन का सुख

तिरी ख़ुशी हो अदू की ख़ुशी के ताबे क्यों
तिरी ख़ुशी का भी होने लगा मलाल मुझे

अदू: दुश्मन, ताबे :अधीन

कभी जो उसने इजाज़त सवाल की दी है
जवाब दे गयी है ताक़त-ए-सवाल मुझे

* * *

पास तक फ़ासले
(जया गोस्वामी)

उर्दू शायरी पर अगर आप एक नज़र डालें तो वो ज़्यादातर गुल, गुलशन, तितलियाँ, बहार, ख़ार, दश्त, ख़िज़ाँ, बादल, हवा, फलक, चाँद, सितारे, ख़्वाब, नींदें, सहरा, झील, समंदर, दरिया, साहिल, कश्ती, तूफ़ाँ, महबूब, आँखें, होंट, हिज्र, फ़िराक़, विसाल, भूलना, याद, मय, सुबू, मयख़ाना, ज़ाहिद, पाक, होश, रब, जन्नत, जहन्नुम, दोस्त, दुश्मन, रक़ीब, वफ़ा, बेवफ़ाई, शाम, रात, शम'अ, परवाना, अँधेरा, उजाला, हार, जीत, ख़ंजर, दवा, ख़ामुशी, शोर, इंतज़ार, इज़हार, परिंदा, तीर, निशाना, मुस्कराहट, आँसू या अश्क, तबस्सुम, ज़ख़्म, बरसात, मौसम, वग़ैरह-वग़ैरह लफ़्ज़ों के इर्द-गिर्द ही रची गयी है।

मज़े बात ये है कि इन्हीं लफ़्ज़ों के सहारे तमाम शायर पिछली तीन सदियों से अब तक और आने वाले कल को भी ऐसा तिलिस्म रचते रहे थे, रचते रहे हैं और रचते रहेंगे, जिसके हुस्न में गिरफ़्तार लोग इसकी तरफ़ खिंचते रहे थे, खिंचते रहे हैं और खिंचते रहेंगे। हमारी आज "किताबों की दुनिया" श्रृंखला की शायरा 'जया गोस्वामी' ने उर्दू के इन तमाम ख़ाबसूरत लफ़्ज़ों के जुड़वाँ भाई जैसे हिन्दी शब्दों को लेकर अपनी ग़ज़लों की किताब 'पास तक फ़ासले' में वैसा ही तिलिस्म रचा है जैसा कि शायर उर्दू लफ़्ज़ों से रचते आये हैं।

कब अचानक शुष्क काँटे पुष्प डाली हो गये
लौ लगी जब से अँधेरे दिन, दिवाली हो गये
दिग्भ्रमित मन ने समर्पित प्रेम की जब राह पायी
कामना बंजारने और तन मवाली हो गये
सच समझ कर ज़िन्दगी भर तक जिन्हें संचित किया
उस प्रवंचक मोह के अभिलेख जाली हो गये
युग-युगों के मोह तम में प्रेम चन्द्रोदय हुआ
ज्योति के वे क्षण युगों से शक्तिशाली हो गये

भाषा सिर्फ़ अभिव्यक्ति का एक माध्यम है इसलिए अगर बात ख़ूबसूरत होगी तो वो हर भाषा में ख़ूबसूरत लगेगी। उर्दू हिंदी के झगड़े में ग़ज़ल को घसीटने वालों को समझना चाहिए कि कोई शेर अगर बुरा है, तो वो उर्दू में भी उतना ही बुरा लगेगा जितना हिंदी में और ये ही बात अच्छे शेर पर भी लागू होती है अच्छा शेर अच्छा ही लगेगा वो चाहे जिस भाषा में कहा गया हो।

जब से मन पर कंकरीट के बाँध रचे दुनियादारी ने
आँखों से बहते पानी की बाढ़ रुक गयी, धीरे-धीरे

उधर कलुष रिश्तों के बरगद इधर अकेलेपन का आतप
स्वाभिमान की आहत शाख़ा इधर झुक गयी, धीरे-धीरे

उर्दू के शायरों जैसे ज़फर इक़बाल, एहतराम इस्लाम आदि ने हिंदी भाषा में कमाल की ग़ज़लें कही हैं लेकिन चूँकि वो हिंदी में कही गयी हैं इसलिए उर्दू पसंद लोगों को हलकी लगती हैं। मुस्लिम शायरों की बात छोड़ें, अफ़सोस इस बात का है कि ग़ज़लों पर जान छिड़कने वाले हिंदी भाषी पाठक भी जो कि उर्दू भाषा न पढ़ सकते हैं न लिख सकते हैं, हिंदी या उर्दू में ग़ज़लें कहने वाले ग़ैर मुस्लिम शायरों को शायर मानने तक को तैयार नहीं होते। ऐसे माहौल में एक ऐसी शायरी की किताब की चर्चा करना जिसमें शायरा ने शुद्ध हिंदी में कमाल की ग़ज़लें कही हैं, एक जोखिम भरा काम है और मुझे इस जोखिम को उठाने में मज़ा आ रहा है।

आप क्या आये कि सम्मोहन नदी में बह गए हम
यह न जाना डूब कर 'स्व' से रहित हो जाएँगे
शब्द जो अभिव्यक्ति के संचित किये थे उम्र भर
क्या पता था देखते ही अनकहित हो जाएँगे
स्वप्न पागलपन हताशा कामनाएँ और मन
ये सभी अब आप में अंतर्निहित हो जाएँगे
स्नेह के दो बोल या फिर बोलती सी चितवनें
आप फेंको तो सही हम अनुग्रहित हो जाएँगे

पाँच फ़रवरी 1939 को जयपुर में जन्मी जया जी ने प्रारम्भ में हिंदी साहित्य का अध्ययन 'साहित्य सदावर्त' में पंजाब विश्व विद्यालय से 'प्रभाकर' परीक्षा पास की, तदुपरांत 1962 में जे जे स्कूल ऑफ़ आर्ट्स मुंबई से ड्राइंग और पेंटिंग में इंटर आर्ट किया। उसके बाद आपने राजस्थान विश्व विद्यालय से संस्कृत और समाजशास्त्र विषयों में एम. ए. किया। इतना ही नहीं आपने 'वैदिक सौर देवता' विषय पर शोध कार्य भी किया है। उनकी ग़ज़लों में प्रस्तुत बिम्ब कैनवास पर बनी पेंटिंग का आभास कराते हैं।

बादलों के बीच उगते सूर्य का चित्रण किया तो
तूलिका ने सूर्य में मुख केश में बादल उतारे
नयन-खंजन गिरिशिखिर उत्तुंग वक्षों से बनाये
इंद्रधनुषी ओढ़नी में टैंक गए सब चाँद तारे
नेह की चित्रित नदी पर अश्रु रंगों में बहे जो
सेतु बन मिलवा दिए उसने नदी के दो किनारे

राजस्थान आवासन मण्डल में वरिष्ठ कार्मिक प्रबंधक पद से सेवानिवृत जया जी का काव्य लेखन ख़ास तौर पर ग़ज़ल, उम्र के पचास बसंत पार करने के बाद जागा। उन्हीं के

शब्दों में "आयु के पचासवें दशक में अचानक न जाने क्यों और कैसे कुछ छंद बद्ध रचने की ललक जागी, मैं स्वयं नहीं जान पायी। चुनौतियाँ स्वीकार करना अपनी फ़ितरत में होने के कारण ही शायद मैं इस कठिन साध्य विद्या में प्रवेश करने की हिम्मत कर सकी।"

उनकी इसी हिम्मत के फलस्वरूप उनके दो ग़ज़ल संग्रह "अभी कुछ दिन लगेंगे" और "पास तक फ़ासले" क्रमशः 1995 और 2010 में प्रकाशित हो कर लोकप्रिय हो चुके हैं।

हों न हों वे पास उनकी याद अपने पास तो है
वो नहीं अपने हमें अपनत्व का आभास तो है
क्या हआ जो हम तरसते ही रहे अपनी हँसी को
आज अपनी ज़िन्दगी जग के लिए परिहास तो है
भूल कर भी याद उनको हम कभी आएँ न आएँ
याद हम करते उन्हें इस बात का विश्वास तो है

बहुआयामी प्रतिभा की धनी जया जी की वार्ताओं का सतत् प्रसारण आकाशवाणी से होता रहा है इसके अतिरिक्त ललित कला अकादमी एवं सूचना केंद्र की कला दीर्घाओं में उनकी एकल चित्र प्रदर्शनियाँ लगती रही हैं। उन्होंने चित्रकला में 'शल्पायन' नामक नयी शैली का विकास भी किया है। राष्ट्रीय स्तर की सभी प्रमुख पत्र-पत्रिकाओं में उनकी ग़ज़लों, गीतों, कविता और लेखों का प्रकाशन होता रहा है।

देह की मैं थिरकनें हूँ नृत्य में तो भाव हो तुम
पायलों के बोल मैं हूँ और तुम रुनझुन रहे हो
कामना की तकलियों पर नेह के धागे गुंथे जो
मैं नयन से कातती तुम चितवनों से बुन रहे हो
धड़कनों के स्वर तुम्हारे नाम के सम्बोधन बने हैं
साँस की अनुगूँज से यूँ लग रहा तुम सुन रहे हो

जया जी के इस ग़ज़ल संग्रह के पहले खण्ड में 32 ग़ज़लें शुद्ध हिंदी में है और दूसरे खण्ड में आम हिन्दुस्तानी ज़बान में कही गयी 50 ग़ज़लें हैं। हिंदी ग़ज़लों की बानगी ऊपर प्रस्तुत की चुकी है आइए अब नज़र डालते हैं उन ग़ज़लों पर जो आम ज़बान में ख़ास बातें कहती हैं। ये ग़ज़लें जया जी की व्यापक सोच को दर्शाती हैं मानव मन की वेदनाएँ, संवेदनाएँ, व्यथाएँ तो इनमें हैं ही लेकिन इन सब के साथ प्रेम की अतल गहराइयों की झलक भी दिखाई देती है।

बिना विधिवत रूप से किसी गुरु की शरण में गए, उनकी लिखी कुछ ग़ज़लों में कहीं व्याकरण दोष मिल सकता है और शायद ये बात ग़ज़ल प्रेमियों को नागवार भी गुज़रे लेकिन मेरी गुज़ारिश है कि उसे नज़र अंदाज़ करते हुए उनके कहन की ईमानदारी पर तालियाँ बजाई जाएँ।

तुम न थे दिल पास था तुम आ गए तो दिल गया
है ग़ज़ब फिर भी रहे हम इस ठगी से बेख़बर
क्या अँधेरों की घुटन को जान पायेगी शमा
जो सदा रौशन रही है तीरगी से बेख़बर
इस तरह भी याद में खोया हुआ कोई न हो
सामने तुम और हम मौजूदगी से बेख़बर

कैनेडा से प्रकाशित होने वाली हिंदी पत्रिका "हिंदी चेतना" के पन्ने पलटते हुए मेरी नज़र जया जी की लिखी एक कविता पर पड़ी। परिचय में उनका फ़ोटो, पता, टेलीफ़ोन न. और ग़ज़ल संग्रहों की संक्षिप्त जानकारी दी गयी थी। ये पता लगने पर कि वो भी जयपुर निवासी हैं मैंने ग़ज़ल संग्रहों की प्राप्ति का रास्ता पूछने को उन्हें तुरंत फ़ोन किया, औपचारिक बातचीत के दौरान ही मैं उनके अपनत्व से बाग़-बाग़ हो गया, लगा जैसे मुद्दतों बाद बड़ी बहन मिल गयी हो। उन्होंने बड़े स्नेह से आशीर्वचनों के साथ अपनी दोनों किताबें मुझे भेंट में दे दीं।

तू न था पर हाथ में ख़त देख कर
फिर कबूतर पास आये आदतन
जब किसी ने नाम तेरा ले लिया
ज़ख़्म सारे सनसनाये आदतन
दे गया क़ासिद फटे ख़त हाथ में
ले लिए, सर से लगाए आदतन

आज के इस दौर में आत्म प्रशंसा और आत्म प्रचार से ख़ुद को सर्वश्रेष्ठ साबित करने में लगी होड़ से कोसों दूर जया जी एक सच्चे साधक की तरह एकांत में बैठी साहित्य साधना में लगी हैं। इस पुस्तक की प्राप्ति का रास्ता पूछने के लिए आप उन्हें 09829539330 अथवा उनके 206, पद्मावती कालोनी किंग रोड जयपुर स्थित घर के नंबर 01413224860 पर फ़ोन करें और ऐसे श्रेष्ठ लेखन बधाई दें।

अंत में नयी किताब की तलाश में निकलने से पहले आइए उम्र के 76 वसंत देख चुकी दिल से युवा जया जी के उत्तम स्वास्थ्य और दीर्घ सुखमय जीवन की कामना के साथ दुआ करें कि उनकी लेखनी सतत यूँ ही जवाँ रहे।

आख़िरी में उनका ये शेर अपने साथ लेते जाइए-

जल चुकी दे कर महक वो धूप बत्ती हूँ
फ़र्क़ क्या अटकी रहूँ या फिर बिखर जाऊँ

* * *

ये जगह धड़कती है
(डॉ. ओम प्रभाकर)

आज हम अपनी बात मशहूर शायर शकील ग्वालियरी द्वारा लिखे लेख की इन पंक्तियों से करते हैं कि उर्दू शायरी में ग़ज़ल ऐसी विधा है जिसे सैंकड़ों सालों से समझा जा रहा है। जिनका दावा है कि उन्होंने ग़ज़ल को उसके हक़ के मताबिक़ समझ लिया है, वो एक मकाम पर ठहर गए हैं। और कछ वो हैं जो ग़ज़ल को बकवास समझ कर ख़ारिज किये हैं, वो सब किनारे पर खड़े तमाशाई हैं। उन्हें ग़ज़ल की तूफ़ानी ताक़त का अंदाज़ा नहीं है।

निकले हैं दीवार से चेहरे

बुझे-बुझे बीमार से चेहरे

मेरे घर के हर कोने में

आ बैठे बाज़ार से चेहरे

दादी के संदूक़ से निकले

चमकीले दीनार से चेहरे

मज़हब की दस्तार पहन कर

चमक रहे तलवार से चेहरे

दस्तार : पगड़ी

हमारे आज के शायर डॉ. ओम प्रभाकर उनमें से हैं जिन्हें ग़ज़ल की ताक़त का बख़ूबी अंदाज़ा है, तभी तो उन्होंने हिंदी भाषा में डाक्टरेट करने के बावजूद उर्दू सीखी और शेर कहने में महारत हासिल की। उसी का नतीजा है उनका पहला ग़ज़ल संग्रह 'ये जगह धड़कती है' जिसका ज़िक्र हम करने जा रहे हैं।

पुराने चोट खाए पत्थरों के चाक सीनों में
लिए छैनी-हथौड़ी हाथ में मैमार ज़िंदा हैं

मैमार : भवन निर्माता, मिस्त्री

हैं टीले दीमकों के, था जहाँ पहले कुतुबख़ाना
वहाँ कीड़े-मकौड़े-घास-पत्थर-ख़ार ज़िंदा हैं

कुतुबख़ाना : पुस्तकालय

हैं इन गड्ढों में शायद तख़्ते-शाही मसनदें-क़ाज़ी
उधर वो ठोकरें खाती हुई दस्तार ज़िंदा हैं

मसनदे-क़ाज़ी : न्यायाधीश का आसन, दस्तार : पगड़ी

5 अगस्त 1941 को जन्मे श्री ओम प्रभाकर पीएच. डी. तक शिक्षा प्राप्त हैं। आप

शासकीय स्नातकोत्तर (पोस्ट ग्रेजुएट) महाविद्यालय एवम शोध केंद्र, भिंड (म.प्र.) में हिंदी के प्रोफ़ेसर एवम विभागाध्यक्ष रहे। बाद में जीवाजी विश्वविद्यालय ग्वालियर के डीन ऑफ फैकल्टी ऑफ आर्ट्स नियुक्त हुए। आजकल उनका स्थाई निवास स्थान देवास म.प्र. है।

डॉ. प्रभाकर का रचना संसार बहुत विविधता पूर्ण है। उन्होंने अलगअलग विषयों पर लेख, कविताएँ, शोध समीक्षाएँ, कहानियाँ, नज़्में और ग़ज़लें कही हैं। देश की प्रतिष्ठित पत्र-पत्रिकाओं से प्रकाशित हुई हैं।

कुछ रचनाएँ उर्दू, बांग्ला, गुजराती, अंग्रेज़ी, पंजाबी, अरबी और ब्रेल लिपि में अनूदित हुई हैं।

कभी तेरे कभी मेरे सहारे
मज़े से इश्क़ ने कुछ दिन गुज़ारे
जहाँ दरया था अपना रेत है अब
मगर फिर भी अलहदा हैं किनारे
दुखी मत हो कि सूरज, चाँद, तारे
चलो आधे मेरे, आधे तुम्हारे

शकील साहब किताब की भूमिका में आगे लिखते हैं कि ओम प्रभाकर की ग़ज़ल के अल्फ़ाज़ और बंदिशों पर भाषागत बुद्धिजीविता की छाप नहीं है। वो शब्दों की ऐसी संगती पेश करते हैं जो उनके सहज उपचेतन की सतह पर ख़ुद-ब-ख़ुद उभरती है। वो ज़िन्दगी की सच्चाइयों को कला के सत्य के साथ क़ुबूल करते हैं। इसी वजह से उनकी ग़ज़ल हक़ीक़त और ख़्वाब के दरमियान अपना रास्ता बनाती है।

मोजिज़ा क़िस्मत का है या है ये हाथों का हुनर
आ गिरा मेरा जिगर ही आज नश्तर पर मेरे

मोजिज़ा : चमत्कार
गो कि रखता हूँ मैं दुश्मन से हिफ़ाज़त के लिए
नाम तो मेरा मगर लिक्खा है ख़ंजर पर मेरे
ढूँढ़ता रहता हूँ अपना घर मैं शहरे-ख़्वाब में
रात भर सोता है कोई और बिस्तर पर मेरे

उनकी लिखी 'पुष्परचित', 'कंकाल राग', 'काले अक्षर भारतीय कविताएँ (कविता संग्रह), 'एक परत उखडी माटी' (कहानी संग्रह), 'तिनके में आशियाना' (उर्दू ग़ज़लों का मज़्मुआ), 'अज्ञेय का कथा साहित्य', 'कथाकृति मोहन राकेश' (शोध समीक्षा), 'कविता -64' और 'शब्द' (सम्पादन) पुस्तकें प्रकाशित हो कर चर्चित हो चुकी हैं। उन्हें 'पुष्परचित' और बयान पाण्डुलिपि पर म. प्र. साहित्य परिषद और उ.प्र. हिंदी संस्थान द्वारा पुरस्कृत किया चुका

है। वर्ष 2010 -2011 के उलिए म. प्र. उर्दू अकेडमी द्वारा ग़ैर उर्दू शायर को दिया जाने वाला 'शाम्भूदयाल सुख़न अवार्ड' भी मिल चुका है।

याद रखने से भूल जाने से
कट गए दिन किसी बहाने से
घर में भूचाल आ गया गोया
सिर्फ़ दरवाज़ा खटखटाने से
कुल बग़ीचा ही बन गया नगमा
एक पंछी के चहचहाने से

ओम प्रभाकर साहब की ग़ज़लों में हमें अक्सर कुछ ऐसे चौंकाने वाले शेर मिलते हैं, जिससे उनका अपने वज़ूद में गुम और उससे लबरेज़ होने के बजाय उस पर आलोचनात्मक निगाह डालने का हौसला भी दिखाई देता है और ये हौसला उन्हें अपने समकालीन शायरों से अलग करता है। हमारी सभ्यता के ह्रास और संस्कृति के पतन की पीड़ा भी उनकी शायरी में झलकती है।

मैं वो हूँ या तुम्हारा दौरे-हाज़िर
सड़क पर कौन वो औंधा पड़ा है
मवेशी हैं, न दाना है, न पानी
कभी थे, इसलिए खूटा गढ़ा है
कुल आलम अक्स है मेरी जुबाँ का
मेरे लफ़्ज़ों में आईना जड़ा है

मशहूर शायर जनाब शम्सुर्रहमान फ़ारूक़ी साहब ने इसी किताब की दूसरी भूमिका में लिखा है कि ओम जी की ग़ज़लों में बेतकल्लुफ़ी का लहजा और एक तरह की साफ़गोई का अंदाज़ है। हालाँकि वो हिंदी से आये हैं लेकिन वो ग़ज़ल के लहज़े में शेर कहते हैं और ऐसे मज़मून लाते हैं जिन्हें आमतौर पर ग़ज़ल में नहीं बरता जाता। ये बहुत बड़ी बात है और ये ऐसा इम्तिहान है जिसमें ग़ज़लगो शायर नाकाम रहते हैं।

हमारी ख़लवतों की धुन दरो-दीवार सुनते हैं
चमन में रंगो-बू की बंदिशों को ख़ार सुनते हैं

ख़लवतों : एकांत

हवा सरगोशियाँ करती है जो चीड़ों के कानों में
उसे उड़ते हुए रंगीन गुल परदार सुनते हैं

रंगीन गुल परदार : पंख वाले रंगीन फूल

सभी सुनते हैं घर में सिर्फ़ अपनी-अपनी दिलचस्पी
धसकते बामो-दर की सिसकियाँ बीमार सुनते हैं

भारतीय ज्ञानपीठ द्वारा प्रकाशित 'ये जगह धड़कती है' किताब में ओम जी की लगभग 99 ग़ज़लें संग्रहित हैं। इस किताब की प्राप्ति के लिए आप भारतीय ज्ञानपीठ, 18, इंस्टीट्यूशनल एरिया, लोदी रोड, नई दिल्ली-110003 को लिख सकते हैं, उन्हें sales@jnanpith.net पर मेल भेज सकते हैं या फिर सीधे ओम जी से उनके मोबाइल नं. 09977116433 पर संपर्क कर सकते हैं।

ओम जी की एक ग़ज़ल के इन शेरों को आपकी ख़िदमत में प्रस्तुत करते हुए अब मैं निकलता हूँ एक किताब की तलाश में।

जो अक्सर बात करता था वतन पर जान देने की
उसे देखा तो पूरा पेट ही था सर नदारद था
कहीं सर था, कहीं धड़ था, कहीं बाजू कहीं पा थे
मगर क़ातिल न दिखता था कहीं, ख़ंजर नदारद था
वहाँ पर एक आलिशान बंगला मुस्कुराता था
मगर मेरे पिता की क़ब्र का पत्थर नदारद था

* * *

हुनर महकता है
(ज़हीन बीकानेरी)

पैशन और फ़ैशन सुनने में तुकांत शब्द हैं लेकिन दोनों में बड़ा फ़र्क़ है। पैशन आत्मा / रूह का शृंगार है और फ़ैशन बदन का। बिना किसी पैशन के ज़िन्दगी काग़ज़ के उस ख़ूबसूरत फूल की तरह है जिसमें ख़ुशबू नहीं होती। "पैशन" से इंसान का मन महकता है और महके मन से किये काम की प्रशंसा हर ओर होती है। आज हम जिस शायर की किताब का ज़िक्र "किताबों की दुनिया' में करने जा रहे हैं उसको शायरी का 'पैशन' इस क़दर है कि वो सिर्फ़ शायरी में ही जीता है उसे ही ओढ़ता बिछाता है। वो उन फ़ैशनेबल शायरों से अलग है जो व्हाट्सऐप और फ़ेसबुक पर वाह वाही और सस्ती लोकप्रियता पाने के लिए आननफानन में ग़ज़लों की झड़ी लगा देते हैं

मिजाज़ अपना यही सोच कर बदल डाला
दरख़्त धूप को साये में ढाल देता है
ये शायरी तो करिश्मा है दस्ते-कुदरत का
हैं जिसके लफ़्ज़ वही तो ख़याल देता है

दस्ते कुदरत = कुदरत का हाथ

ये काम अहले-ख़िरद के लिए है नामुमकिन
दीवाना पल में समंदर खँगाल देता है

अहले-ख़िरद = बुद्धिमान लोग

हमारे दौर में वो शख़्स अब कहाँ है 'ज़हीन'
जो करके नेकियाँ दरिया में डाल देता है

हमारे आज के शायर हैं, 10 अगस्त 1979 को जन्मे, जनाब 'बुनियाद हुसैन' जो शायरी के हलक़े में 'ज़हीन बीकानेरी' नाम से जाने जाते हैं जिनकी किताब 'हुनर महकता है' का ज़िक्र का हम करेंगे। युवा 'ज़हीन' ने थोड़े से ही वक़्त में शायरी में बड़ा मुक़ाम हासिल किया है। ये मुक़ाम उनके पैशन, मेहनत और जुनून का मिला जुला नतीजा है।

उसने मेरे वजूद को ज़ेरो-ज़बर किया
जब भी किया है वार तो एहसास पर किया

ज़ेरो-ज़बर : छिन्न भिन्न

तूने भुला दिए वो सभी यादगार पल
मैंने तो इंतज़ार तेरा टूटकर किया
आये थे बिन लिबास ज़माने में हम 'ज़हीन'
बस इक कफ़न के वास्ते इतना सफ़र किया

'ज़हीन' बीकानेरी' जैसा की उनके तख़ल्लुस से ज़ाहिर है बीकानेर के जवाँ शायर हैं और बीकानेर के ही अपने उस्ताद जनाब मुहम्मद हनीफ़ 'शमीम' बीकानेरी साहब से उन्होंने ग़ज़ल की बारीकियाँ सीखीं। उनका पहला ग़ज़ल संग्रह 'एहसास के रंग' सन 2008 में प्रकाशित हो कर चर्चित हो चुका है, दूसरा 'हुनर महकता है ग़ज़ल संग्रह 2013 में प्रकाशित हुआ था।

खरे उत्तर न दे सके जो कहीं किसी भी जगह
ये क्या कि वो भी हमें आज़मा के देखते हैं
तमाम रिश्तों में है कौन कितने पानी में
ज़रा-सी तल्ख़नवाई दिखा के देखते हैं
ज़हीन रहता है हर वक़्त जिनकी नज़रों में
वही 'ज़हीन' को नज़रें चुरा के देखते हैं

'ज़हीन' साहब की कामयाबी का राज उनकी सकारात्मक सोच और बुलंद हौसलों में छुपा हुआ है, वो कहते भी हैं कि -ज़मीं पे हैं क़दम, ख़्वाब आसमान के हैं, शिकस्ता पर हैं मगर हौसले उड़ान के हैं। ज़हीन साहब की ख़ासियत है कि वो शायरी में डूबने के साथ साथ अपने कार मेकेनिक के कारोबार को भी बख़ूबी सँभाले हुए हैं। बहुत कम लोग जानते हैं की उन्हें कार के इंजिन हैड को ठीक करने में महारत हासिल है। जिस तरह वो इंजन के कलपुर्जों की जटिलता से वाक़िफ़ हैं वैसे ही उन्हें इंसानी फ़ितरत उसके रंजो-ग़म, ख़ुशियाँ, दुःख, बेबसी, उदासी, घुटन की भी जानकारी है तभी तो वो इन जज़्बात अपनी को ग़ज़लों में बख़ूबी पिरो पाते हैं।

उसने अश्कों के दिए कैसे जला रखे हैं
रात के घोर अँधेरों में वो तन्हा होगा
याद आएगा तुम्हें गाँव के पेड़ों का हजूम
जिस्म जब शहर की गर्मी से झुलसता होगा
जब भी अँगड़ाई मेरी याद ने ली होगी
'ज़हीन' उसने आईना बड़े ग़ौर से देखा होगा

'सर्जना' प्रकाशन शिवबाड़ी बीकानेर द्वारा प्रकाशित "हुनर महकता है" किताब में 'ज़हीन' साहब की क़रीब 90 ग़ज़लें संगृहीत हैं। किताब में दी गयी एक संक्षिप्त भूमिका में डा.मुहम्मद हुसैन जो उर्दू डिपार्टमेंट, डूंगर कॉलेज में सद्र हैं, लिखते हैं कि "शायरी महज़ ज़हन की तरंग नहीं बल्कि ये एक संजीदा तख़लीक़ी अमल है। बुनियाद हुसैन 'ज़हीन' में ये संजीदगी नज़र आती है जो उनके शैरी मुस्तक़बिल की तरफ़ इशारा करती है।"

सारी ख़ुशियाँ इसके पैरों में रहती हैं
जब चिड़िया की चौंच में दाने रहते हैं
रंजो-ग़म की धूप यहाँ आये कैसे
इस बस्ती में लोग पुराने रहते हैं
सिर्फ़ भरम उम्मीद का रखने की ख़ातिर
रिश्तों के सब बोझ उठाने रहते हैं
बे-घर हैं दुःख-दर्द ज़हीन' इनके अक्सर
ख़ुशियों के घर आने जाने रहते हैं

'ज़हीन' साहब की शायरी की सबसे बड़ी ख़ासियत है उसकी सादा बयानी। वो जो कहते हैं सुनने पढ़ने वाले के दिल में सीधा उतर जाता है उनकी बात समझने के लिए न तो लुगद या शब्दकोष का सहारा लेना पड़ता है और न ही अधिक दिमाग़ लगाना पड़ता है। वो अपनी बात घुमा-फिरा कर नहीं कहते, जो जैसा है सामने रख देते हैं। मेरी नज़र में ये बात एक कामयाब शायर की निशानी है। ये ऐसा हुनर है जो बहुत साधना और क़ाबिल उस्ताद की रहनुमाई से हासिल होता है। जन-साधारण में लोकप्रिय होने के लिए यही ख़ासियत काम आती है। शायरी में इस्तेमाल किये बड़े लफ़्ज़ और उलझी फ़िलासफ़ी की बातें आपको किसी कोर्स की किताब में शामिल ज़रूर करवा सकती हैं लेकिन किसी के दिल में घर नहीं।

निकहत, बहार, रंग, फ़ज़ा, ताजगी, महक
साँसों में तेरी आके गिरफ़्तार हो गए
उनके ख़ुलूसे-दिल का अजूबा न पूछिए
सुनते ही हाल मेरा वो बीमार हो गए
ऊँची लगी बस एक ही बोली ज़मीर की
जितने थे बिकने वाले ख़रीदार हो गए

ख़ूबसूरत व्यक्तित्व के मालिक बुनियाद हुसैन साहब इन तमाम ख़ूबसूरत ग़ज़लों के लिए दिली दाद के हक़दार हैं। इस किताब की प्राप्ति लिए आप ज़हीन साहब को उनके मोबाइल न 09414265391 पर पहले तो इन लाजवाब ग़ज़लों के लिए बधाई दीजिये और फिर इस किताब को हासिल करने का आसान तरीक़ा पूछिए। शायरी प्रेमियों का फ़र्ज़ बनता है कि वो नए क़ाबिल उभरते हुए शायरों की हौसला अफ़ज़ाही करें क्योंकि आने वाले कल में शायरी का मुस्तक़बिल इन्हीं के मज़बूत कन्धों पर टिकने वाला है।

आख़िर में ज़हीन साहब की एक ग़ज़ल के इन शेरों के साथ विदा लेते हुए आपके लिए अगली किताब की तलाश में निकलता हूँ।

जिस्म लिए फिरते हैं माना हम लेकिन
इक-दूजे की रूह के अंदर रहते हैं
सदियों से बहते देखा है सदियों ने
इन आँखों में कई समंदर रहते हैं
हमदर्दी कमज़ोर बना देती है 'ज़हीन'
हम ज़िंदा अपने ही दम पर रहते हैं

* * *

सितारे टूटते हैं
(इरफ़ान अज़ीज़)

आँख भर आयी कि यादों की धनक सी बिखरी
अब्र बरसा है कि कंगन की खनक सी बिखरी

अब्र = बादल

जब तुझे याद किया रंग बदन का निखरा
जब तिरा नाम लिया कोई महक सी बिखरी
शाख़-ए-मिज़्गाँ पे तिरी याद के जुगनू चमके
दामन-ए-दिल पे तिरे लब की महक सी बिखरी

शाख़-ए-मिज़्गाँ = पलकों की डाली

उर्दू शायरी का पूरा आनंद लेने लिए यूँ तो उर्दू भाषा की जानकारी होनी चाहिए लेकिन भला हो "सुरेश कुमार" जैसे अनेक अनुवादकों का जिनकी बदौलत हम जैसे लोग देवनागरी में इसका आनंद उठा पा रहे हैं। आज उर्दू के हर छोटे बड़े शायर का कलाम देवनागरी में उपलब्ध है लेकिन फिर भी बहुत से ऐसे लाजवाब शायर अभी भी बचे हुए हैं जिन्हें पढ़ने की तमन्ना बिना उर्दू लिपि जाने पूरी नहीं हो पा रही।

मैं उर्दू सीख कर ऐसे शायर और उनकी किताबों का ज़िक्र इस श्रँखला में कर भी दूँ तो भी उनकी किताबें मेरे पाठकों के हाथ शायद ना पहुँचे क्योंकि सभी पाठकों से उर्दू लिपि सीखने की अपेक्षा रखना सही नहीं होगा। इसलिए मैं इस श्रँखला में सिर्फ़ उन्हीं किताबों ज़िक्र करता हूँ जो जो देवनागरी में उपलब्ध हैं और मेरी समझ से पाठकों तक पहुँचनी चाहिये।

उस एक लम्हे से मैं आज भी हूँ ख़ौफ़ज़दा
कि मेरे घर को कहीं मेरी बद्दुआ न लगे

ख़ौफ़ज़दा = भयभीत

वहाँ तो जो भी गया लौट कर नहीं आया
मुसाफ़िरों को तिरे शहर की हवा न लगे
परस्तिशों में रहे मह्व ज़िन्दगी मेरी
सनमकदों में रहे वो मगर ख़ुदा न लगे

परस्तिशों = पूजाओं; मह्व = लिप्त; सनमकदों = मूर्ती गृहों

शब-ए-फ़िराक़ की बेरहमियों से कब है गिला
कि फ़ासले न अगर हों तो वो भला न लगे

शब-ए-फ़िराक़ = विरह की रात

रेशमी एहसास से भरी अपनी शायरी से जादू जगाने वाली हमारी आज की शायरा हैं मोहतरमा 'इरफ़ान अज़ीज़' जिनकी सुरेश कुमार जी द्वारा सम्पादित किताब 'सितारे टूटते हैं' का ज़िक्र हम करने जा रहे हैं। पड़ोसी मुल्क पाकिस्तान की जिन शायराओं ने आधुनिक उर्दू शायरी को नयी दिशा दी है उनमें "इरफ़ाना अज़ीज़" साहिबा का नाम बड़ी इज़्ज़त से लिया जाता है। उन्होंने अपनी ग़ज़लों और नज़्मों से उर्दू शायरी के विकास में बहुत अहम भूमिका अदा की है।

लगाओ दिल पे कोई ऐसा ज़ख़्म-ए-कारी भी
कि भूल जाये ये दिल आरज़ू तुम्हारी भी

ज़ख़्म-ए-कारी = भरपूर घाव

कभी तो डूब के देखो कि दीदा-ए-तर के
समन्दरों से झलकती है बेकिनारी भी
मुहब्बतों से शनासा ख़ुदा तुम्हें न करे
कि तुमने देखी नहीं दिल की बेक़रारी भी
शब-ए-फ़िराक़ में अब तक है याद शाम-ए-विसाल
गुरेज़-पा थी मुहब्बत से हम-किनारी भी

गुरेज़-पा = कपट पूर्ण, अस्पष्ट

एक साध्वी की तरह, लगभग गुमनाम-सी रहते हुए, उर्दू साहित्य की पचास सालों से अधिक ख़िदमत करने वाली इरफ़ाना साहिबा ने अपनी ज़िन्दगी के अधिकांश साल कैनेडा में गुज़ारे जहाँ उनके पति प्रोफ़ेसर थे। केनेडा प्रवास के दौरान उनका घर पूरी दुनिया के शायरों की तीर्थ स्थली बना रहा। फ़ैज़ अहमद फ़ैज़ और अहमद फ़राज़ साहब उनके नियमित मेहमान रहे। लोग कहते हैं कि उनकी शायरी पर फ़ैज़ साहब का रंग दिखाई देता है जबकि इरफ़ाना साहिबा ने इस बात से इन्कार करते हुए कहा कि वो फ़ैज़ साहब से प्रभावित ज़रूर हैं लेकिन स्टाइल उनकी अपनी है।

हसरत-ए-दीद आरज़ू ही सही
वो नहीं उसकी गुफ़्तगू ही सही

हसरत-ए-दीद = देखने की इच्छा

एतिमाद-ए-नज़र किसे मालूम
वो तरहदार ख़ूबरू ही सही

ए' तिमाद-ए-नज़र = देखने का भरोसा ; तरहदार = छबीला ; ख़ूबरू = रूपवान

आदमी वो बुरा नहीं दिल का
यूँ बज़ाहिर वो हीलाजू ही सही

बज़ाहिर = देखने में, एपेंटली; हीलाजू = बहाना ढूँढने वाला

कोई आदर्श हो मुहब्बत का
वो नहीं उसकी आरज़ू ही सही

अनोखे रूपकों और उपमाओं से सजी उनकी आधा दर्जन उर्दू में लिखी शायरी की किताबें मंज़रे आम पर आ चुकी हैं, देवनागरी में ये उनका पहला और एक मात्र संकलन है, अफ़सोस बात तो ये है कि इतनी बड़ी शायरा के बारे में कोई ठोस जानकारी हमें नेट से भी नहीं मिलती। गूगल, जो सबके बारे में जानने का ताल ठोक के दावा करता है, भी इरफ़ाना साहिबा के बारे में पूछने पर बगलें झाकने लगता है। नेट पर आप इस किताब के बारे में भाई अशोक खचर के ब्लॉग के इस लिंक पर क्लिक करने से जान सकते हैं। http://ashokkhacharz6.blogspot.in/2013/09/sitaretootatehaiirfanaaziz.html

छाँव थी जिसकी रहगुज़र की तरफ़
उठ गए पाँव उस शजर की तरफ़
चल रही हूँ समन्दरों पर मैं
यूँ कदम उठ गये हैं घर की तरफ़
जब भी उतरी है मंज़िलों की थकन
चाँद निकला है रहगुज़र की तरफ़

इरफ़ाना साहिबा की शायरी संगीतमय, असरदार चुनौती पूर्ण है और शांति, प्रेम, न्याय की पक्षधर हैं इसीलिए उनकी शायरी का कैनवास बहुत विस्तृत है। उनकी सोच संकीर्ण न होकर सार्वभौमिक है। वो मानव जाति के कल्याण का सपना देखती हैं। मुहब्बत की हिमायती उनकी शायरी में प्रेम सीमाएँ तोड़ कर वेग से नहीं वरन मंथर गति से हौले-हौले बहता नज़र आता है और उसका असर अद्वितीय है।

तिरी फ़ुर्क़त में ज़िंदा हूँ अभी तक
बिछुड़ कर तुझसे तेरा आसरा हूँ

फ़ुर्क़त = वियोग

रही है फ़ासलों की जुस्तजू क्यों
मैं किसके हिज्र में सबसे जुदा हूँ

हिज्र = विछोह

गिला है मुझको अपनी ज़िन्दगी से
मैं कब तेरी मुहब्बत से ख़फ़ा हूँ
खुले सर आज निकली हूँ हवा में
बरहना सर सदाक़त की रिदा हूँ

बरहना सर = नंगे सर; सदाक़त = सच्चाई; रिदा = रजाई

"सितारे टूटते हैं" पढ़ते वक़्त इसके संपादक सुरेश कुमार से हमें सिर्फ़ एक ही शिकायत है कि उन्होंने किताब में इरफ़ाना साहिबा की सिर्फ़ 44 ग़ज़लें ही शामिल की हैं हालाँकि इसके

अलावा किताब में उनकी 43 नज़्में भी हैं पर लगता है जैसे जो है बहुत कम-कम है, भरपूर नहीं है। किताब पढ़ने के बाद एक कसक सी रह जाती है और और पढ़ने की। हमारी तो सुरेश साहब से ये ही गुज़ारिश है कि वो इरफ़ाना साहिबा की शायरी की एक और किताब सम्पादित करें। जिस शायरा के कलाम लिए फ़ैज़ साहब ने फ़रमाया हो कि "इरफ़ाना अज़ीज़" हर ऐतबार से हमारे जदीद शुअरा की सफ़-ए-अव्वल में जगह पाने की मुस्तहक़ है "उसकी चंद ग़ज़लें ही अगर को मिलें तो भला तसल्ली कैसे होगी ?

कहीं न अब्रे-ए-गुरेज़ाँ पे हाथ रख देना
कि बिजलियाँ हैं अभी नीलगं रिदाओं में

अब्रे-ए-गुरेज़ाँ = भागता हुआ बादल; नीलD = नीले रंग की; रिदाओं = चादरों

उसे तो मुझसे बिछुड़ कर भी मिल गयी मंज़िल
मैं फ़ासलों की तरह खो गयी ख़लाओं में
अजीब बात है कि अक्सर तलाश करता था
वो बेवफ़ाई के पहलू मिरी वफ़ाओं में

सबसे अच्छी बात ये है कि इस किताब को प्रकाशित किया है "डायमंड बुक्स" वालों ने ,जिनकी प्रकाशित पुस्तकें हर शहर में और उसके स्टेशन, बस स्टेंड पर मिल जाती हैं, याने इसे पाने लिए आपको पापड़ नहीं बेलने पड़ेंगे। अगर आपको किताब आपके घर के निकटवर्ती पुस्तक विक्रेता के पास न मिले तो आप डायमंड बुक्स वालों को उनके पोस्टल अड्रेस-

"एक्स -30, ओखला इंडस्ट्रियल एरिया, फेज -2 नई दिल्ली - 110020" पर लिखें या 011 -41611861 पर फ़ोन करें। आप किताब को http://pustak.org/home.php?bookid=3458 पर आर्डर कर के घर बैठे भी मँगवा सकते हैं।

अगली किताब की तलाश में निकलने से पहले आइये इरफ़ाना साहिबा की कलम का एक और चमत्कार आपको दिखाते चलें :

जो हम नहीं हैं कोई सूरत-ए-क़रार तो है
किसी को तेरी मुहब्बत पे ऐतबार तो है
यही बहुत है कि इस कारज़ार-ए-हस्ती में
उदास मेरे लिए कोई ग़मगुसार तो है

कारज़ार-ए-हस्ती = जीवन संग्राम ; ग़मगुसार= सहानुभूति रखने वाला

रह-ए-तलब में कोई हमसफ़र मिले न मिले
निगाह-ओ-दिल पे हमें अपने इख़्तियार तो है

* * *

मोती मानुष चून
(देवेन्द्र आर्य)

"मोती मानुष चून" ये तीन शब्द पढ़ते ही हमें रहीम दास जी के दोहे "रहिमन पानी राखिये बिन पानी सब सून, पानी गये न ऊबरे मोती मानुष चून" का स्मरण हो आता है और ये स्वाभाविक भी है क्यों कि हमने अब तक इन तीन शब्दों को इस दोहे के अलावा शायद ही कभी कहीं और पढ़ा हो। हमें पता ही नहीं था कि किसी अलबेले शायर ने इन तीन शब्दों को न केवल अपनी ग़ज़ल के एक शेर में ख़ूबसूरती से पिरोया है बल्कि इसी शीर्षक से अपनी ग़ज़लों की एक किताब भी प्रकाशित करवाई है।

दिल में एक तन्हाई घर करने लगी
बस गयी जब घर-गृहस्थी जिस्म की
रूह की महफ़िल तभी सज पाती है
जब उजड़ जाती है बस्ती जिस्म की
मोती मानुष चून में से क्या है ये
जल गयी जल में ही हस्ती जिस्म की

अब जिस शायर ने रहीम दास जी के दोहे की एक पंक्ति के टुकड़े को किताब का शीर्षक देने का साहस किया है वो यक़ीनन कोई आम शायर तो हो ही नहीं सकता। ज़रूर उसमें रहीम की तरह बेबाक हो कर अपनी बात कहने की कुव्वत होगी, रहीम ही की तरह समाज को कुछ नया कुछ अच्छा समझाने की चाहत होगी और रहीम ही की तरह उसकी भाषा ऐसी होगी जो आम जन मानस की हो याने उसकी अपनी हो, सहज हो ,सरल हो। हम आज 'किताबों की दुनिया' श्रृंखला में चर्चा करेंगे ग़ज़लों की किताब 'मोती मानुष चून' की जिसके शायर हैं जनाब "देवेन्द्र आर्य" साहब।

दिनन के फेर हैं, चुप बैठ देखिए रहिमन
समय बसाने के पहले उजाड़ देता है
ये मुफ़लिसी है कि अज्ञान है कि कमज़र्फ़ी
ये क्या है, वो मुझे जब देखो झाड़ देता है
लगा न बैठे कोई शेरो-शायरी दिल से
अदब दिमाग़ का नक़्शा बिगाड़ देता है
हमारा होना न होना है फ़ायदे से जुड़ा
दरख़्त अपने ही पत्तों को झाड़ देता है

देवेन्द्र आर्य का जन्म 18 जून 1957 में गोरखपुर में हुआ. गोरखपुर विश्विद्यालय से ही देवेन्द्र ने इतिहास में एम. ए. किया. पिछले ग्यारह वर्षों में उनकी ग़ज़लों की चार किताबें प्रकाशित हो चुकी हैं. "मोती मानुष चून" देवेन्द्र जी की चौथी ग़ज़लों की किताब है, इस से पूर्व उनकी ग़ज़लों की ये तीन किताबें किताब के बाहर (किताब महल, इलाहाबाद), ख़्वाब ख़्वाब ख़ामोशी (शिल्पायन, दिल्ली) और उमस (अभिदा प्रकाशन, मुज़फ़्फ़रपुर) प्रकाशित हो चुकी हैं. ग़ज़लों के अलावा उनके गीतों के संकलन ख़िलाफ़ जुल्म के (सहकारी प्रकाशन -सिलसिला), धूप सिर चढ़ने लगी (राजेश प्रकाशन -दिल्ली), सुबह भीगी रेत पर (शैवाल प्रकाशन - गोरखपुर) और आग बीनती औरतें (किताब महल -इलाहबाद) भी प्रकाशित हुए हैं।

ख़िलाफ़ जुल्म के कविता बयान है कि नहीं
अगर नहीं है तो फिर बेज़बान है कि नहीं
सवाल ग्राम-सभा, ब्लाक, बीडीओ के तो हैं
मगर एजेंडे में भूखा किसान है कि नहीं
चलो ये मान लिया जनविरोधी है फिर भी
हलफ उठाने को एक संविधान है कि नहीं

देवेन्द्र जी के ये तेवर अदम गौंडवी साहब की याद दिलाते हैं लेकिन उनकी ग़ज़लों की अपनी एक अलग पहचान है, अलग राह है, अलग सोच है इसीलिए वो भीड़ में भी अकेले खड़े नज़र आ जाते हैं. ग़ज़ल के एक बहुत बड़े उस्ताद मुज़फ़्फ़र हनफ़ी साहब फ़रमाते हैं कि

"ग़ज़ल बड़ी अजीब विधा है, बिल्कुल छुई-मुई जैसी। जहाँ इसके साथ किसी ने अनुचित व्यवहार किया और यह लाजवंती की भाँती अपने आप में सिमटी। आज रचनाकार हिन्दी, मराठी, पंजाबी, बांग्ला, कश्मीरी तो क्या फ्रेंच, अंग्रेज़ी, जर्मन, जापानी आदि भाषाओं में भी ग़ज़ल कह रहे हैं। जहाँ तक हिंदी का सवाल है मेरे स्वर्गीय मित्र दुष्यंत कुमार के अतिरिक्त गिनती के दो-चार कवि गण ही ग़ज़ल की नज़ाकतों को सहार पाए हैं। और मुझे स्वीकार करते हुए प्रसन्नता है कि देवेन्द्र आर्य उनमें से एक हैं।"

क्या क्या न हुआ देश में गाँधी तेरे रहते
क्या होता अगर देश में गाँधी नहीं होते
अब कौन भला पेड़ों को दुलरा के सुलाता
और कौन जगाता जो ये पंछी नहीं होते
स्कूल यूनिफ़ॉर्म सा घर हो गया होता
बच्चे ज़रा नटखट ज़रा पाजी नहीं होते
कुछ टोल फ़्री नंबर हैं मुसीबत के समय में
हम फ़्लैट हैं और फ़्लैट पड़ोसी नहीं होते

हनफ़ी साहब देवेन्द्र जी की ग़ज़लों के बारे में आगे कहते हैं कि " देवेन्द्र की ग़ज़ल लाजवंती जैसी सिमटी न हो कर चंचल तितली की तरह परों को फैला कर थिरकती है। इन ग़ज़लों में भाषा के साथ रचनात्मक बर्ताव की निराली शान देखी जा सकती है। अपने रोजमर्रा के संवेदनशील अनुभवों को सरल स्वभाव वरन् गहरे चिंतन में सँजो कर देवेन्द्र आर्य ने अपनी ग़ज़ल को ग़ज़ल भी रखा है और उर्दू ग़ज़ल से मुख़्तलिफ़ भी कर लिया है। यह कोई मामूली कामयाबी नहीं है। उन्हें इसकी दाद मिलनी चाहिए।"

मैं कहूँ और वह सुने, ना भी कहूँ तो भी सुने
बंदगी किस काम की, कहनी पड़े अपनी रज़ा
खदबदाहट, खिलखिलाहट, तिलमिलाहट और बस
शायरी क्या है, ख़ुद अपनी आहटों का सिलसिला
ज़िन्दगी कविता है जिसका फ़न यही है दोस्तो
अनकहा कहना मगर कह के भी रहना अनकहा

देवेन्द्र जी ने किताब की भूमिका में अपने हवाले से बहुत दिलचस्प और काम की बात कही है जो सभी शायरों पर भी लागू होती है वो कहते है कि "ग़ज़ल इंसानियत की आँख का पानी है। आब हो या हया या ख़ुद्दारी या मौलिकता एक तरह की आंतरिक नमी है जो आभा बनके चेहरे पर चमकती है और जिसके बिना मोती मानुष और चून निरर्थक हैं, निर्जीव हैं। पानीदार होना पानी में रहना और किसी का पानी न उतारना तीनों अन्तर्वस्तु एक ही हैं।" इस किताब की ग़ज़लें पढ़ते वक़्त लगता है कि ये रहीम के 'पानी' को बचाने मददगार हैं।

जीत पाने का सलीक़ा ख़ुद-ब-ख़ुद मिट जाएगा
छीन ली जाएँगी जब भी हार की संभावना
तोड़ देती है ज़रा सी चूक, हलकी सी चुभन
चाहना पर तुम किसी को टूट कर मत चाहना
स्वाद और आस्वाद में क्या फ़र्क़ है क्या साम्य है
कविता लिखने से नहीं कमतर है आटा सानना

'मोती मानुष चून' में देवेन्द्र जी की मार्च 2009 के बाद कही ग़ज़लों में से 105 ग़ज़लें संकलित की गयीं जो कहन के अंदाज़ और कथ्य की नवीनता के कारण बार बार पढ़ी जा सकती हैं। कुछ ग़ज़लों में जो क़ाफ़िये और रदीफ़ के साथ प्रयोग किये गए हैं वो बहुत दिलचस्प और लीक से हट कर हैं। ये प्रयोग देवेन्द्र जी के साहस के प्रतीक हैं। उन्होंने ग़ज़ल के मापदंडों को बरक़रार रखते हुए नया कुछ कर गुज़रने की ठानी है।

शुरू तो हुई थीं विरासत की बातें
मगर छिड़ गई हैं सियासत की बातें
शराफ़त की बातें, नफ़ासत की बातें
लुटेरों के मुँह से हिफ़ाज़त की बातें
मोहल्ला कमेटी के हल्ले के पीछे
सुनी जा रही हैं रियासत की बातें
मुझे भी मज़ा है, कमाई उसे भी
समझता है हाथी महावत की बातें

आज इंटरनेट मोबाइल के इस दौर में ग़ज़ल की लोकप्रियता में ज़बरदस्त इज़ाफ़ा हुआ है। यूँ लगता है मानो जितने ग़ज़ल कहने वाले हैं उतने ही सुनने वाले भी हैं। अक्सर देखा गया है कि जहाँ जिस चीज की बहुतायत से आमद हुई है वहीं उसकी क़द्र और गुणवत्ता में कमी हुई है। ग़ज़लकार तो बहुत हो गए लेकिन या तो वो सदियों से कही गयी, भुगती गयी, सुनी गयी बातों की जुगाली कर रहे हैं या सिर्फ़ शुद्ध रूप से तुक्केबाज़ी। इस भीड़ में सिर्फ़ वो ग़ज़लकार अपनी पहचान बना पा रहे हैं जो ग़ज़ल के मूलरूप से उसके नियम क़ायदे से छेड़-छाड़ किये बिना उसमें नवीनता पैदा करने की ईमानदार कोशिश में लगे हैं। देवेन्द्र आर्य यक़ीनन उनमें एक हैं जो अपनी पहचान बनाये रखने में कामयाब हैं।

बचेगी कितनी ज़मीं हम से आपसे यारो
हमारे बच्चों का जीवन उसी से तय होगा
ये फ़ोरलेन की बातें बहुत हुई अब तक
नए विकास का नक़्शा गली से तय होगा
हमारे मुल्क का मेयार क्या है, कितना है
अमीरी से नहीं ये मुफ़लिसी से तय होगा

केन्द्र सरकार के मैथिली शरण गुप्त पुरस्कार तथा उ. प्र. हिन्दी संस्थान के विजयदेव नारायण साही पुरस्कार से सम्मानित देवेन्द्र जी अभी पूर्वोत्तर रेलवे, गोरखपुर में मुख्य वाणिज्य निरीक्षक के पद पर कार्यरत हैं। देवेन्द्र जी को आप उनकी ग़ज़लों के लिए उनके मोबाइल 09794840990 अथवा 07408774544 पर या उनसे इ-मेल devendrakumar. arya1@gmail.com पर संपर्क कर उन्हें बधाई सकते हैं। इस किताब की प्राप्ति के लिए जैसा कि पूर्व में भी बताया है अयन प्रकाशन के श्री भूपल सूद साहब से 09818988613 पर संपर्क कर सकते

साथ में होके भी जब कोई न हो
सोचिए कैसा लगेगा आपको

या तो फ़्रीज़र में, नहीं तो सीधे फिर
आँच पर रखता है संबंधों को वो
बस यही अंतर है माँ और बाप में
बाप के संग रास्ते भर चुप रहो
चाहते हो शायरी में गर निखार
बाल बच्चों को भी थोड़ा वक़्त दो

अब 105 बेहतरीन ग़ज़लों में से कुछ अशआर छाँट कर आप तक पहुँचाने का काम है तो मुश्किल लेकिन जो काम आसान हो उसे करने में मज़ा भी क्या है? जब तक आप जैसे पाठक मौजूद हैं हम ये मज़े उठाते रहेंगे।

किताब में देवेन्द्र जी की कुछ मुसलसल ग़ज़लें भी शामिल हैं उनमें उर्दू और औरत पर कही उनकी मुसलसल ग़ज़ल कमाल हैं। इस पहले कि आप से रुख़सत हुआ जाय चलिए औरत वाली मुसलसल ग़ज़ल के कुछ अशआर आपको पढ़वाता चलता हूँ :56 : 51 किताबें ग़ज़लों की...

मैके में पी का घर, पी के घर पीहर
औरत की फ़ितरत में होते दो-दो घर
यहाँ रहो तो वहाँ की चिंता मथती है
वहाँ जाओ तो लगता यहीं पे थे बेहतर
शौहर भी क्या क़िस्मत लेकर आते हैं
खाए-पीए, उठे, चले आये दफ्तर
आँसू जैसे मौन हो गयी हो भाषा
हँसी कि जैसे मक्खन सूखी रोटी पर
छाँव भी है, ईंधन भी है और फल भी है
औरत है या चलता फिरता एक शजर
सारे ईश्वर मर्यों की पैदाइश हैं
काश! हुई होती कोई औरत ईश्वर

***

लफ़्ज़ों की घटाये
(बेकल उत्साही)

बात 1952 की है, तत्कालीन प्रधान मंत्री श्री जवाहरलाल नेहरू उत्तर प्रदेश के गोंडा जिले में कांग्रेस द्वारा आयोजित एक चुनाव अभियान के तहत होने वाले कार्यक्रम में आने वाले थे। नेहरू जी के आगमन पर युवा कवि मुहम्मद शफ़ी खान जिन्होंने 1945 में हज़रत वारसी की मज़ार पर अपना नाम बेकल वारसी रख लिया था ने मंच से ओज भरी लेकिन सुरीली आवाज़ में अपनी कविता "किसान भारत का" सुनाई जिसे सुन कर नेहरू जी बहुत प्रसन्न हुए और कहा की ये तो हमारा उत्साही शायर है॥

बस तब से लोग उन्हें "बेकल उत्साही" कहने लगे। आज किताबों की दुनिया श्रँखला में हम उन्हीं "बेकल उत्साही" साहब, जिसे सुनने के लिए दुनिया के किसी भी कोने में मौजूद हर शायरी प्रेमी हमेशा तत्पर रहता है, की ग़ज़लों की किताब "लफ़्ज़ों की घटाएँ" का ज़िक्र करेंगे।

जो मेरा है वो तेरा भी अफ़साना हुआ तो
माहौल का अंदाज़ ही बेगाना हुआ तो
तुम क़त्ल से बचने का जतन ख़ूब करो हो
क़ातिल का अगर लहजा शरीफ़ाना हुआ तो
काबे की जियारत का सफ़र कर तो रहे हो
रस्ते में कहीं कोई सनमख़ाना हुआ तो

सनमख़ाना = मूर्ती गृह

उत्तर प्रदेश के गोंडा जनपद के गाँव गोरमवापुर में 1928 में उनका जन्म हुआ। उन्हें नाम दिया गया 'लोदी मुहम्मद सफी ख़ाँ'। पिता ज़मींदार थे और शेरी-नाशिस्तों के शौक़ीन, घर पर शाइरों का आना जाना रहता था, उन्हीं को देख देख के लिखने की ललक बढ़ी। पहले नात मजलिस का दौर शुरू हुआ फिर गीत नज़्म ग़ज़ल लिखीं आरम्भ गीतों से ही हुआ। बाद में वे दोहे, रुबाई, और ग़ज़लें भी कहने लगे।

दिन भी क्या जो फूल की मानिंद खिल कर सूख जाय
रात वो क्या जो चटानों की तरह भारी न हो
सुनते आये हैं यही हम 'मीर' से 'इक़बाल' तक
वो ग़ज़ल क्या जिसको सुनकर कैफ़ियत तारी न हो
इस सफ़र पर सबको जाना ही है बेकल एक दिन
हो नहीं सकता तेरी हो और मेरी बारी न हो

बेकल साहब शायद अकेले ऐसे शायर कवि हैं जिन्हें दो अलग याने मुशायरों और कवि सम्मलेन के मंचों से बहुत आदर और सम्मान के साथ सुना जाता है। उन्होंने ग़ज़ल में कविता का और कविता में ग़ज़ल का प्रभाव पैदा किया है। लकदक कुरता और अलीगढ़ी पायजामा सर पर ऊँची मख़मली टोपी, काली दाढ़ी में निचले होंट के पास से झरने की तरह गिरती उनकी एक सफ़ेद लट वाली छवि, देखने वाले को मंत्रमुग्ध कर देती है, रही सही कसर उनकी तरन्नुम में पढ़ी अनूठी रचनाएँ पूरी कर देती हैं। वो मुशायरों, कवि सम्मेलनों की आबरू हैं। श्रोता उन्हें ही सुनने की लगातार बारबार फ़रमाइश करते हैं।

कोई मस्जिद, गुरूद्वारे न शिवाले होंगे
सिर्फ़ तू होगा तेरे चाहने वाले होंगे
ऐब चेहरों का छुपा लेना हुनर था जिनका
सोचिए कितने वो आईने निराले होंगे
बेच दे अपनी ज़बाँ, अपनी अना, अपना ज़मीर
फिर तेरे हाथ में सोने के निवाले होंगे
तुम को तो मील के पत्थर पे भरोसा है मगर
मेरी मंज़िल तो मेरे पाँव के छाले होंगे

हिन्दुस्तानी तहज़ीब में रची बसी और ख़ास तौर पर अवध के आंचलिक परिवेश में ढली उनकी शायरी भाषा की सरलता के कारण उर्दू शायरी में अपना अलग मुक़ाम रखती है। गाँव और गाँव वासियों के सुख दुःख जिस तरह से बेकल साहब की शायरी में प्रगट हुए हैं उस तरह से उर्दू शायरी में पहले कभी देखे सुने नहीं गए। उस्ताद चाहे उनकी शायरी पर नाक भों सिकोड़ें लेकिन पाठकों और श्रोताओं ने उनकी शायरी को ख़ूब पसंद किया है। उनकी लोकप्रियता इस बात का प्रमाण है की उनके द्वारा शायरी में किये गए आंचलिक भाषा के प्रयोग बहुत सफल हुए हैं।

अब तो गेहूँ न धान बोते हैं
अपनी क़िस्मत किसान बोते हैं
गाँव की खेतियाँ उजाड़ के हम
शहर जाकर मकान बोते हैं
लोग चुनते हैं गीत के अल्फ़ाज़
हम ग़ज़ल की ज़बान बोते हैं
अब हरम में नमाज़ उगे न उगे
हम फ़ज़ा में अज़ान बोते हैं

सन 1976 में भारत सरकार द्वारा साहित्य के क्षेत्र में उनके उल्लेखनीय योगदान के

लिए "पद्मश्री" से सम्मानित किया गया। वे 1989 से 1992 तक राज्य सभा के सदस्य भी रहे। इस दौरान उन्होने अवध प्रदेश की समस्याओं और मुद्दों को गंभीरता के साथ संसद में उठाया। संसद की कई समितियों के भी वे मेम्बर रहे।

उस दौर में जब दक्षिण में हिन्दी विरोधी लहर चल रही थी बेकल जी ने दक्षिण में घूम घूम कर अवधी और हिन्दी कवि सम्मेलन किए और वहाँ के लोगों को अपनी बात समझाने की भरसक कोशिश की।

पल दो पल को सावन की शहजादी उतरी थी
मेरे खेत की मिट्टी कितनी सौंधी लगती है
बरसों बाद बिदेस से अपने गाँव में लौटा हूँ
अब मुखिया की लाल हवेली छोटी लगती है
बीच सड़क इक लाश पड़ी थी और ये लिक्खा था
भूख में जहरीली रोटी भी मीठी लगती है

बेकल साहब की रोमांटिक ग़ज़लों को बहुत से गायकों ने अपना स्वर दिया है। उनकी ग़ज़लें लोगों की जुबाँ पे चढ़ कर बहुत मक़बूल हुईं। जयपुर के प्रसिद्ध ग़ज़ल गायक अहमद हुसैन मुहम्मद हुसैन बंधुओं के वो चहेते शायर रहे। ग़ज़ल प्रेमियों ने उनकी इस ग़ज़ल को उनकी आवाज़ में ज़रूर सुन कर गुनगुनाया होगा :

सादगी सिंगार हो गयी
आइनों की मार हो गयी
आँख ही थी ज़ख़्म की दवा
आँख ही कटार हो गयी
चाँद नाव में उतर पड़ा
अब नदी अपार हो गयी
दोस्तों का कारवाँ तो है
दोस्ती गुबार हो गयी

बेकल साहब की लगभग दो दर्जन किताबें शाया हो चुकी हैं लेकिन ऐसी किताब जिसमें सिर्फ़ उनकी ग़ज़लें ही संकलित हों "लफ़्ज़ों की घटाएँ" ही है। उनकी ग़ज़लों की किताबें न होने के पीछे एक कारण है, बेकल साहब का कहना है कि वो मूलरूप से ग़ज़लकार नहीं हैं, गीत उनकी पहली पसंद था, है और रहेगा। इस किताब में भी उनकी सिर्फ़ 87 ग़ज़लें ही हैं जिन्हें सुरेश कुमार जी ने संकलित किया है। किताब के प्रकाशक हैं "डायमंड बुक्स पब्लिकेशनस" जिनकी किताबें आपको सरलता से किसी भी किताबों की दुकान से मिल सकती हैं।

जब से हम तबाह हो गये
तुम जहाँपनाह हो गये
हुस्न पर निखार आ गया
आइने सियाह हो गये
आँधियों की कुछ ख़ता नहीं
हम ही गर्दे-राह हो गये
दुश्मनों को चिट्ठियाँ लिखो
दोस्त ख़ैरख़्वाह हो गये

अगर आपको अपने निकटवर्ती पुस्तक विक्रेता के पास ये किताब न मिले तो आप डायमंड बुक्स वालों को 011 -511611861 -865 पर फ़ोन करें या sales@ diamondpublication.com पर मेल करें। किताब को ऑन लाइन मंगवाने के लिए डायमंड बुक्स की वेब साइट पर जा कर आर्डर दें। www.diamondpocketbooks. com

चलते-चलते आइये उनकी एक बेहद लोकप्रिय ग़ज़ल के ये शेर पढ़ें और हाँ अगर आपने उन्हें पूरे मंच और श्रोताओं को अपनी मधुर आवाज़ से अपनी
गिरफ़्त में लेते नहीं देखा सुना तो समझिए आपने बहुत कुछ खोया है।

ज़ुल्फ़ बिखरा के निकले वो घर से
देखो बादल कहाँ आज बरसे
ज़िन्दगी वो सँभल ना सकेगी
गिर गयी जो तुम्हारी नज़र से
मैं हर इक हाल में आपका हूँ
आप देखें मुझे जिस नज़र से
फिर हुई धड़कनें तेज़ दिल की
फिर वो गुज़रे हैं शायद इधर से

* * *

रौशनी किस जगह से काली है
(फ़ज़ल ताबिश)

नहीं चुनी मैंने वो ज़मीन जो वतन ठहरी

नहीं चुना मैंने वो घर जो खानदान बना

नहीं चुना मैंने वो मज़हब जो मुझे बख़्शा गया

नहीं चुनी मैंने वो ज़बान जिसमें माँ ने बोलना सिखाया

और अब

मैं इन सबके लिए तैयार हूँ

मरने मारने पर

कितनी सच्ची और अच्छी नज़्म है ये। मैंने जब से पढ़ी है तब से दिमाग़ में घूम रही है। काश इस नज़्म और इसमें छुपी सच्चाई को यदि हम सभी समझ लें, मान लें तो सोचिए दुनिया में कितना अमन चैन क़ायम हो जाय। इतनी छोटी और मूलभूत सच्चाई को नकारने के कारण ही आदि काल से नर संहार हो रहा है और शायद आगे भी होता रहेगा।

ऐसी अनेकों बेजोड़ नज़्मों के रचयिता जनाब "फ़ज़ल ताबिश" साहब हमारी "किताबों की दुनिया" श्रृंखला के अगले शायर हैं जिनकी किताब " रौशनी किस जगह से काली है " की चर्चा हम आज करेंगे।

शहर दर शहर हाथ उगते हैं

कुछ तो है जो हर इक सवाली है

'मीर' का दिल कहाँ से लाओगे

ख़ून की बूँद तो बचा ली है

जिस्म में भी उतर के देख लिया

हाथ ख़ाली था अब भी खाली है

रेशा-रेशा उधेड़ कर देखो

रौशनी किस जगह से काली है

5 अगस्त 1933 में जन्में ताबिश साहब, भोपाल की हिन्दी उर्दू दुनिया के महत्वपूर्ण सेतु थे। 1969 में उर्दू में एम ए करने के बाद वे लेक्चरर हो गए। 1980 से 1991 तक मध्य प्रदेश उर्दू अकादमी के सचिव रहे और अगस्त 1993 में मध्य प्रदेश शिक्षा विभाग से पेंशन पा कर रिटायर हुए और 10 नवंबर 1995 को दुनिया-ए-फ़ानी से रुख़्सत हो गए।आपने शायरी, कहानियाँ, अनुवाद, नाटक और एक अधूरा आत्मकथात्मक उपन्यास ("वो आदमी", जो बाद में राजकमल प्रकाशन ने प्रकाशित किया) याने साहित्य की हर विधा में लिखा है।

बरगद ने अपने बाल न कटवाए उम्र भर
हर चन्द उसकी उम्र कटी आदमी के साथ
दीवारें होंठ बन्द किये घूरती रहीं
दरवाज़े दिल लगाते रहे हर किसी के साथ
'ताबिश' किसी उम्मीद पे सर रख के सो रहो
सड़कें भी सो रही हैं थकी चाँदनी के साथ

जनाब"फ़ज़ल ताबिश" साहब किसी एक ख़ास विचारधारा के साथ नहीं थे,वो ज़िन्दगी के साथ जुड़े थे, वो पहले से ही बने बनाये हुए रास्तों से कतरा कर निकल जाते थे, उनकी शायरी ज़िन्दगी से लिए गए तजुर्बों की देन है। वो उर्दू ज़बाँ के बाँके शायर थे इसीलिए उनकी शायरी अपने समकालीन शायरों की भीड़ से अलग एक ख़ास मुक़ाम हासिल किये हुए है।

सिवाय प्यार के कोई भी हुनर नहीं सीखा
बहुत न सीखना हमको कमाल रास आया
शराब पी के भी हम बेख़बर गुज़र न सके
हमारे पाँव के नीचे कोई नहीं कुचला
सितमगरों को सितम से नहीं मिली फ़ुर्सत
सितमगरों ने ख़ुशी का मज़ा नहीं चक्खा

फ़ज़ल ताबिश मूल रूप से उर्दू के आदमी होने के बावजूद हिन्दी साहित्य-जगत के लिए कोई अपरिचित नाम नहीं है। उनके दो नाटक-'डरा हुआ आदमी' और 'अखाड़े के बाहर से' पुस्तकालय में, वाणी प्रकाशन, दिल्ली से लगभग 25 वर्ष पूर्व हिन्दी में ही मंचित भी हुए थे। वह उर्दू के उन गिनती के नाटककारों में से थे, जिसके नाटक मंचित भी हो सके और उन्होंने ब.व. कारंत और अलखनन्दन जैसे प्रतिष्ठित निर्देशकों के साथ काम किया। इसी प्रकार फ़िल्मों में उन्होंने मणि कौल की मुक्तिबोध-साहित्य पर आधारित फ़िल्म अनीता देसाई के अंग्रेज़ी उपन्यास, 'इन कस्टडी' पर बनी फ़िल्म 'मुहाफ़िज' के संयोजक-सहायक की चुनौतीपूर्ण ज़िम्मेदारी अपने सिर ली।

न कर शुमार के हर शै गिनी नहीं जाती
ये ज़िन्दगी है हिसाबों से जी नहीं जाती
सुलगते दिन में थी बाहर, बदन में शब को रही
बिछड़ के मुझसे बस इक तीरगी नहीं जाती
नक़ाब डाल दो जलते उदास सूरज पर
अँधेरे जिस्म में क्यों रौशनी नहीं जाती
मचलते पानी में ऊँचाई की तलाश फ़िज़ूल
पहाड़ पर तो कोई भी नदी नहीं जाती

किताब के फ़्लैप पर लिखी बात कि "ताबिश साहब की ग़ज़लों में एक मासूम उदासी है, मगर बेरुख़ी नहीं है। उमड़ता हुआ ख़्वाब, एक चुभता हुआ शीशा है जो दिल में जज़्ब होता है, एक टहलती हुई हवा का झौंका जो ख़ुद को दुलार लेता है। फ़ज़ल साहब की शायरी की पच्चीकारी शब्दों में नहीं दिखती मगर संवेदना के स्तर पर बहुत बारीक दिखती है" किताब पढ़ने के बाद एक दम सही लगती है।

रिश्ता खज़ियाया हुआ कुत्ता है
एक कोने में पटक रक्खा है
रात को ख़्वाब बहुत देखे हैं
आज ग़म कल से ज़रा हल्का है
मैं उसे यूँ ही बचा देता हूँ
वो निशाने पे खिंचा बैठा है

यूँ तो ताबिश साहब का लिक्खा हिंदी पाठकों के लिए अख़बारों रिसालों में छपता रहा है लेकिन मुकम्मल तौर पर उनकी बहुत सारी ग़ज़लें पहली बार हिंदी में एक ही जगह इस किताब "रौशनी किस जगह से काली है' में शाया हुई हैं, इस किताब का उर्दू से देवनागरी में लिप्यान्तरण अंजलिका चतुर्वेदी ने किया है और जिसे "भारतीय ज्ञानपीठ' ने प्रकाशित किया है। लगभग 100 पृष्ठों की इस किताब में उनकी ग़ज़लों के अलावा कुछ प्रसिद्ध नज़्में और चुनिंदा अशआर भी शामिल किये गए हैं।

सूरज ऊँचा होकर मेरे आँगन में भी आया है
पहले नीचा था तो ऊँचे मीनारों पर बैठा था
माज़ी की नीली छतरी पर यादों अंगारे थे
ख़्वाहिश के पीले पत्तों पर गिरने का डर बैठा था
दिल ने घण्टों की धड़कन लम्हों में पूरी कर डाली
वैसे अन्जानी लड़की ने बस का टाइम पूछा था

मणिकौल की फ़िल्म "सतह से उठता आदमी" कुमार साहनी फ़िल्म "ख़याल गाथा" में अभिनय कर चुके ताबिश साहब को 1962 में मिनिस्टी ऑफ़ साइंटिफ़िक रिसर्च एंड कल्चरल अफ़ेयर्स ने उन्हें "बिना उनवान" उर्दू ड्रामा पर पहला पुरस्कार अता किया था। उनकी प्रतिभा विलक्षण थी तभी तो मर्चेंट आइवरी की फ़िल्म "मुहाफ़िज़' के लिए उन्होंने लोकेशन ऑर्गेनाइजर की हैसियत से काम किया और स्क्रिप्ट लेखन में सहायता की।

इक दिन ऐसा भी हो सूरज से पहले जानूँ
दिन शरमाते देखे हैं इक शब शरमाती देखू

रेलिंग से लटकी औरत बच्चा भी तो थामे है
पैसेंजर कुछ भी सोचें मैं उस से बच्चा ले लूँ
जिस गुड़िया के दबने से सीटी बजने लगती है
'ताबिश' उसके क़दमों में क्यों न अपना सर रख दूँ

उर्दू-हिंदी शायरी में इस तरह की कहन और शेर बहुत मुश्किल से मिलते हैं। ताबिश साहब ने अपनी ज़मीन ख़ुद तलाश की है और कामयाब शेर कहे हैं। अपनी ज़िन्दगी पढ़ने-पढ़ाने में खर्च करने वाला ही ऐसे अनूठे शेर कह सकता है। जैसी कि कहावत है, कुछ लोग अपनी ज़ात में एक अंजुमन होते हैं, और यह कहावत फ़ज़ल ताबिश से ज़्यादा किसी दूसरे पर लागू नहीं होती। सुबह के तड़के दम से रात देर तक उनकी व्यस्तता, और उस व्यस्तता के प्रति उनकी चाह एक अजूबा थी, और उसी के साथ-साथ उनका दम-खम सड़कों पर पैदल चलना ज़्यादा पसन्द करते थे जब किसी काम की जल्दी हो। अगर मुहब्बत और मुरव्वत उनका ख़मीर था, तो उनके सफ़ाई और बेबाकी से अपनी बात कहने में अभी आड़े नहीं आ सका और किसी से मतभेद या अपने दिल की बात वह बहुत खुलकर सामने रखते थे। इस तरह कि दोस्ताना बेतकल्लुफ़ी क़ायम रह सके।

चाँद, सूरज, बाग़ा, सड़कें और सितारे
कल तलक मेरे लिए क्या क्या नहीं था
हो न हो मुझमें कमी-सी आ गयी है
मैं तो बचपन में भी यूँ रोया नहीं था
वो तो हम ख़ुद थे जो उसको दोस्त समझे
वो किसी को दोस्त बतलाता नहीं था

किताब प्राप्ति के लिए जैसा ऊपर बताया है आपको ज्ञानपीठ से संपर्क करना पड़ेगा संपर्क के लिए आप या तो 18, इंस्टीट्यूशनल एरिया, लोदी रोड, नई दिल्ली जायें या उन्हें 011-24698417 पर फ़ोन करें या 9350536020 मोबाइल पर कॉल करें या उनकी वेब साइट www.jnanpith.net पर सीधे ऑन लाइन आर्डर करें। कुछ भी करें बस ये किताब मँगवा कर पढ़ें।

मैं किस-किस की आवाज़ पर दौड़ता
मुझे चौ-तरफ़ से पुकारा गया
वहाँ ज़र्ख़्म पर बात ही कब हुई
फ़क़त आँसुओं को शुमारा गया
हवस थी उसे मेरी हर चीज़ की
मगर मुझसे सब कुछ न हारा गया

पोस्ट कुछ लम्बी होती जा रही है और आज के दौर में किसके पास इतनी फुर्सत है कि अपना समय शायरी की किताब की चर्चा पढ़ने में लगाये, फिर भी कुछ ऐसे शैदाई हैं जिनकी वजह से ये श्रँखला अब तक दम नहीं तोड़ पायी है। जब तक शेरो शायरी और ग़ज़लों का जुनून लोगों के दिल में मौजूद है तभी तक इस श्रँखला को चलाये रखने में आनंद है। आइये चलते-चलते उनकी एक ग़ज़ल के ये शेर पढ़ते हैं

कैसे दरवाज़े पे दस्तक सुनें ख़ामोश रहें
इससे बेहतर है कि लाइट ही बुझा दी जाए
गालियाँ सुनते हुए उम्र हुई है 'ताबिश'
अब बुरे काम करें और दुआ ली जाए

***

वाबस्ता
(पवन कुमार)

मुझे ये ज़िन्दगी अपनी तरफ़ कुछ यूँ बुलाती है
किसी मेले में कुल्फ़ी जैसे बच्चों को लुभाती है
क़बीलों की रिवायत, बंदिशें, तफ़रीक़ नस्लों की
मुहब्बत इन झमेलों में पड़े तो हार जाती है
तफ़रीक़ : भेदभाव
किसी मुश्किल में वो ताक़त कहाँ जो रास्ता रोके
मैं घर से जब निकलता हूँ तो माँ टीका लगाती है

बच्चों को कुल्फ़ी जैसे लुभाने की बात करने वाला शायर यक़ीनन उस्ताद ही होगा। किस सहजता से इस बाकमाल शायर ने अपनी बात पढ़ने वालों तक पहुँचा दी है। ऐसी दिलकश शायरी का हुनर उस्तादों की सोहबत और लगातार की गयी मेहनत के बिना आना असंभव है। हमारे आज के शायर हुनर मंद मेहनती तो हैं ही अपने क़ाबिल उस्तादों के चहेते भी हैं।

दिखाते ही नहीं जो मुद्दतों तिश्नालबी अपनी
सुबू के सामने आकर वो प्यासे टूट जाते हैं
किसी कमज़ोर को मज़बूत से चाहत यही देगी
कि मौजें सिर्फ़ छूती हैं, किनारे टूट जाते हैं
गुज़ारिश अब बुज़ुर्गों से यही करना मुनासिब है
ज़ियादा हों जो उम्मीदें तो बच्चे टूट जाते हैं

असली शायर वो ही है जो अपने वक़्त की अच्छी बुरी बातें सही ढंग से सबके सामने रखे। ज़्यादा उम्मीद से बच्चों के टूट जाने की बात आज के दौर की तल्ख़ सच्चाई है और इस सच्चाई को बेहद शायराना अंदाज़ से शेर में पिरोया गया है! ऐसे ढेर सी ग़ज़लें और लाजवाब शेर समेटे जिस किताब "वाबस्ता" का ज़िक्र हम आज करने जा रहे हैं उसके शायर हैं जनाब 'पवन कुमार' साहब!

जब-जब पलकें बंद करूँ कुछ चुभता है
आँखों में इक ख़्वाब सजा कर देख लिया
बेतरतीब सा घर ही अच्छा लगता है
बच्चों को चुपचाप बिठा कर देख लिया

कोई शख़्स लतीफ़ा क्यों बन जाता है
सबको अपना हाल सुना कर देख लिया

बेतरतीब-सा घर वाला शेर मेरे दिल के बहुत क़रीब है, बच्चों पर बहुत से शेर पढ़े हैं लेकिन ऐसा शेर बहुत कम नज़र से गुज़रा है जिसमें बच्चों की शैतानियों का लुत्फ़ उठाने की बात इस सलीक़े से की गयी हो। आप सोच रहे होंगे की ऐसे कमाल के शेर कहने वाले शायर आख़िर हैं क्या? चलिए बता देते हैं, ख़ूबसूरत पर्सनेलिटी के स्वामी श्री पवन कुमार जी का जन्म मैनपुरी उत्तर प्रदेश में 8 अगस्त 1975 को हुआ याने इस हिसाब से वो बहुत युवा शायर हैं। बी एस सी, लॉ ग्रेजुएशन -सेंट जॉन्स कॉलेज, आगरा से करने के बाद उन्होंने भारतीय प्रशासनिक सेवा की परीक्षा 2008 में उत्तीर्ण की और तब से वो उ. प्र. संवर्ग में सेवा रत हैं।

उतरा है ख़ुदसरी पे वो कच्चा मकान अब
लाज़िम है बारिशों का मियाँ इम्तिहान अब

ख़ुदसरी - मनमानी

कुर्बत के इन पलों में यही सोचता हूँ मैं
कुछ अनकहा है उसके मिरे दर्मियान अब

कुर्बत - सामीप्य, नज़दीकी

याद आ गयी किसी के तबस्सुम की इक झलक
है दिल मेरा महकता हुआ ज़ाफ़रान अब

नौकरी के सिलसिले में एक बार पवन जी का बरेली के मीरगंज क़स्बे जाना हुआ जहाँ उनकी मुलाक़ात जनाब 'अकील नोमानी' साहब से हुई, बक़ौल पवन जी "जनाब अकील नोमानी के साथ पहली मुलाक़ात से ही एक अजीब-सा अज़ीज़ाना राब्ता क़ायम हो गया जो आज तक जारी-ओ-जारी है! आज ये मज़मूआ 'वाबस्ता' अगर आपके हाथों में और आपकी नज़रों के सामने है तो इसका सबसे बड़ा श्रेय जनाब 'अकील नोमानी' को ही है।" अब अकील साहब पवन जी के बारे में क्या फ़रमाते हैं ये भी पढ़ लें "पवन कुमार एक ख़ुशमिज़ाज इंसान, ज़िम्मेदार सरकारी अफ़सर और मोहतात लबोलहजे के शायर हैं। मुझे उनकी शायरी से भी कुर्बत हासिल है और अक्सर उनके किसी न किसी शेर ने ठहर कर मुझे ग़ैरोफ़िक्र की दावत भी दी है।"

उदास रात के चौखट पे मुन्तज़िर आँखें
हमारे नाम मुहब्बत ने ये निशानी की
तुम्हारे शहर में किस तरह ज़िन्दगी गुज़रे
यहाँ कमी है तबस्सुम की, शादमानी की

शादमानी : ख़ुशी

उसे बताये बिना उम्र भर रहे उसके
किसी ने ऐसे मुहब्बत की पासबानी की

शायरी के शुरुआती दौर में उनके मित्र मनीष शुक्ल, जी ने उनकी बहुत हौसला अफ़ज़ाही की। मनीष ख़ुद बहुत उम्दा शायर हैं। मनीष शुक्ल जी के अलावा जनाब 'वसीम बरेलवी' साहब से भी उनका राब्ता है और आज भी वो उनसे बहुत कुछ सीखते हैं। मेरा ये मानना है कि सीखने की कोई उम्र नहीं होती और जो इंसान सीखना छोड़ देता है उसकी तरक़्क़ी वहीं रुक जाती है।

खुला रहता है दरवाज़ा सभी पर
तुम्हारा दिल है या बारहदरी है
वही मसरूफ़ दिन बेकैफ़ लम्हे
इसी का नाम शायद नौकरी है
बेकैफ़ :आनंद रहित
भटकना भी नहीं बस में हमारे
जिधर देखो तुम्हारी रहबरी है

इस किताब पर रिज़र्व बैंक अधिकारी जनाब 'मयंक अवस्थी' साहब जिनकी उर्दू शायरी पर कमाल की पकड़ है ने कहा है कि "पवन कुमार की ग़ज़लों के आँचल में इनकी गोद में और पलकों में इत्मीनान की वो धरती और वो आसमान इस आसानी से विस्तार ले जाता है कि आप ख़ुद बहुत मुतमईन हो कर अपने आप को इनके हवाले कर देते हैं। पवन कुमार के शेर आपके शेर बन कर आपकी ज़ुबान पर अपना रास्ता तय करते मिलते हैं। इनकी ग़ज़लों की एक ख़ासियत यह भी है कि तमाम मुश्किलों झंझावातों के बावजूद उनके यहाँ एक उम्मीद की लौ निरंतर जलती सुलगती रौशनी देती मिलती है"

यूँ तो हरपल इन्हें भिगोना ठीक नहीं
फिर भी आँख का बंजर होना ठीक नहीं
हर आँसू की अपनी क़ीमत होती है
छोटी-छोटी बात पे रोना ठीक नहीं
बेहतर कल की आस में जीने की ख़ातिर
अच्छे-ख़ासे आज को खोना ठीक नहीं

आकर्षक कलेवर और आकार में छपी इस किताब की भूमिका में मशहूर शायर जनाब "शीन काफ निज़ाम" कहते हैं पवन की ग़ज़लें पढ़ कर कहा जा सकता है कि उन्होंने अपने एहसास को सलीक़े से अल्फ़ाज़ देने की कोशिश की है" शीन काफ निज़ाम साहब की ये बात

पाठक द्वारा किताब के वरक़ पलटते हुए और उन पर शाया अल्फ़ाज़ से रूबरू होते हुए महसूस की जा सकती है।

लहरों को भेजता है तकाज़े के वास्ते
साहिल है क़र्ज़दार समंदर मुनीम है
वो ख़ुश कि उसके हिस्से में आया है सारा बाग़
मैं ख़ुश कि मेरे हिस्से में बादे-नसीम है
साया है कम तो फ़िक्र नहीं क्यों कि वो शजर
ऊँचाई की हवस के लिए मुस्तक़ीम है

मुस्तक़ीम-सीधा खड़ा हुआ

'वाबस्ता' में पवन जी की क़रीब 50 ग़ज़लें और क़रीब 35 नज़्में शामिल हैं। इस किताब को 'प्रकाशन संस्थान, 4268 -B /3, अंसारी रोड, दरियागंज, नई दिल्ली -द्वारा छापा गया है। किताब प्राप्ति के लिए या तो आप प्रकाशन संस्थान को उनके फ़ोन 011 -23253234 पर संपर्क करें, उन्हें info @prakashansansthan .com पर मेल करें या फिर पवन जी को सीधा उनके मोबाइल न 09412290079 पर संपर्क करें। अगली किताब की तलाश पे निकलने से पहले लीजिए पढ़िए इस किताब में दी गयी एक ग़ज़ल के ये शेर :

ख़्वाब गिरते ही टूट जाते हैं / कैसी फिसलन है तेरी राहों में
शाम चुपचाप आके बैठ गयी / तेरे जलवे लिए निगाहों में

* * *

गुफ़्तगू अवाम से है
(ज्ञान प्रकाश विवेक)

वहाँ हैं त्याग की बातें, इधर हैं मोक्ष के चर्चे
ये दुनिया धन की दीवानी इधर भी है उधर भी है
हुई आबाद गलियाँ, हट गया कफ़र्यू, मिली राहत
मगर कुछ कुछ पशेमानी इधर भी है उधर भी है
हमारे और उनके बीच यूँ तो सब अलग सा है
मगर इक रात की रानी इधर भी है उधर भी है

किताबों की दुनिया श्रृंखला के हमारे आज के शायर "ज्ञान प्रकाश विवेक" हिन्दी के उन चंद शायरों में शुमार किए जाते हैं जिनमें उर्दू शायरी की रवानी भी है और हिन्दी कविता की सामाजिकता पक्षधरता भी। हम आज उनकी किताब "गुफ़्तगू अवाम से है" का ज़िक्र करेंगे। पाठकों को ये भी बता दूँ कि ज्ञान जी ग़ज़ल विधा में ही श्रेष्ठ नहीं हैं वरन् उनका कलम कहानी और साहित्य के अन्य क्षेत्रों में भी अपना लोहा मनवा चुका है।

हरेक शख़्स मेरा दोस्त है यहाँ लोगों
मैं सोचता हूँ कि खोलूँ दुकान किसके लिए
ग़रीब लोग इसे ओढ़ते-बिछाते हैं
तू ये न पूछ कि है आसमान किसके लिए
बड़ी सरलता से पूछा है एक बच्चे ने
अगर ये शहर है, तो फिर मचान किसके लिए

एक ज़माने में जब कमलेश्वर लिंक ग्रुप की पत्रिका 'गंगा' का संपादन कर रहे थे तो उन्होंने पत्रिका के संपादकीय में ज्ञान प्रकाश विवेक की ग़ज़लें उसी तरह प्रकाशित की थीं जिस तरह से सारिका पत्रिका के दौर में उन्होंने संपादकीय में दुष्यंत कुमार की ग़ज़लें छापी थीं। उस दौर में गंगा पढ़नेवालों की स्मृतियों में ज्ञान प्रकाश जी के ऐसे शेर बचे होंगे -

मैं कहता हूँ मेरा कुछ अपराध नहीं है
मुंसिफ़ कहता है जुर्माना लगा रहेगा
लाठी, डामर, चमरोधा, बीड़ी का बण्डल
साथ ग़रीबी का नजराना लगा रहेगा
बहुत ज़रूरी है थोड़ी सी ख़ुद्दारी भी
भेड़ बना तो फिर मिमियाना लगा रहेगा

30 जनवरी 1949 को बहादुरगढ़, हरियाणा में जन्मे ज्ञान जी का नाम हिंदी ग़ज़लकार के रूप में दुष्यंत कुमार के साथ लिया जाता है। उनके ग़ज़ल संग्रह "धूप के हस्ताक्षर", "आँखों में आसमान" और "इस मुश्किल वक़्त में" प्रकाशित हो कर धूम मचा चुके हैं। "गुफ़्तगू अवाम से है" ग़ज़ल संग्रह सन 2008 में वाणी प्रकाशन द्वारा प्रकाशित हुआ था और अब तक याने सात आठ साल बाद भी उतना ही लोकप्रिय है। संग्रह पढ़ते हुए इसकी इतनी बड़ी लोकप्रियता का अंदाज़ा अपने आप लगने लगता है। संग्रह की सभी 66 ग़ज़लें पाठकों को आप बीती सी लगती हैं। सुगम सरल भाषा की ये ग़ज़लें पढ़ते समय सीधे पाठक के दिल में उतर जाती हैं और यही शायर की सबसे बड़ी कामयाबी है।

पहाड़ों पर चढ़े तो हाँफना था लाज़मी लेकिन
उतरते वक़्त भी देखीं कई दुश्वारियाँ हमने
किसी खाने में दुःख रक्खा, किसी में याद की गठरी
अकेले घर में बनवायीं कई अलमारियाँ हमने
सजाया मेमना, चाकू तराशा, ढोल बजवाये
बलि के वास्ते निपटा लीं सब तैयारियाँ हमने

लुधियाना के प्रसिद्ध शायर मुफ़लिस साहब ज्ञान जी के लिए क्या ख़ूब फ़रमाते हैं जनाब "ज्ञान प्रकाश 'विवेक' जी की ग़ज़लें पढ़ना हमेशा ही अपने आप में एक अनुभव रहता है आसान और सादा अल्फ़ाज़ में भी संजीदा ख़यालात के इज़हार में महारत रखने वाले अदब और सक़ाफ़त को एक ख़ास मुक़ाम पर पहुँचाने वाले इस अज़ीम शाइर 'विवेक' जी न सिर्फ़ चर्चित बल्कि एक स्थापित साहित्यकार हैं बल्कि ग़ज़लियात की दुनिया में एक पुख़्ता दस्तख़त के तौर पर भी तस्लीम किये जाते हैं।

बस और कुछ न किया मैंने एक उम्र के बाद
पिता की जेब से पैसे चुराना छोड़ दिया
हवाएँ पूछती फिरती हैं नन्हें बच्चों से
ये क्या हुआ कि पतंगें उड़ाना छोड़ दिया
अगर बड़े हों मसाइल तो रंजिशें अच्छी
ज़रा-सी बात पे मिलना-मिलाना छोड़ दिया

दस से अधिक कहानी संग्रह तीन से अधिक उपन्यास दो कविता संग्रह और एक आलोचनात्मक पुस्तक के रचयिता ज्ञान जी को हरियाणा साहित्य अकादमी द्वारा तीन बार पुरस्कृत किया जा चुका है। इसके अलावा सन 2000 में उन्हें राजस्थान पत्रिका द्वारा सर्वश्रेष्ठ कथा सम्मान से भी सम्मानित किया जा चुका है। दिसंबर 2014 को सहारनपुर में साहित्यिक संस्था 'समन्वय' की ओर से जीपीओ रोड पर हुए समारोह में उन्हें 25 वें सारस्वत सम्मान से

सम्मानित किया गया। ज्ञान प्रकाश जी का कहना है कि हिंदी ग़ज़ल अपने दमखम अपनी हलचल और वैभव के साथ मौजूद है और हमेशा मौजूद रहेगी।

तुम्हारी प्रार्थना के शब्द हैं थके हारे
सजा के देखिए कमरे में ख़ामुशी मेरी
मुझे भँवर में डुबोकर सिसकने लगता है
बहुत अजब है समंदर से दोस्ती मेरी
खड़ा हूँ मशक लिए मैं उजाड़ सहरा में
किसी की प्यास बुझाना है बंदगी मेरी

वाणी प्रकाशन, 21 -ए, दरियागंज नई दिल्ली, से उनके फ़ोन न 011-23273167 पर संपर्क करके या उन्हें vaniprkashan @gmail.com पर मेल से पूछ कर इस किताब की प्राप्ति की सकती है। आप चाहें तो ज्ञान जी को उनके स्थाई पते : 1875 सेक्टर -6, बहादुरगढ़ 124507 पर पत्र लिखें या उन्हें 09813491654 पर संपर्क करके पुस्तक प्राप्ति का आसान रास्ता पूछे मर्ज़ी आपकी है।

मेरी तो सिर्फ़ इतनी सी गुज़ारिश है कि आप इस विलक्षण प्रतिभा के धनी शायर की शायरी का लुत्फ़ लें

ज़िंदा रहने का हुनर उसने सिखाया होगा
जिसने आंधी में चराग़ों को जलाया होगा
तू ज़रा देख जमूरे की फटी एड़ी को
उसको रोटी के लिए कितना नचाया होगा
थाप ढोलक की, डली गुड़ की, दिया मिट्टी का
ख़ूब त्यौहार ग़रीबों ने मनाया होगा

66 ग़ज़लों के बेजोड़ संग्रह से सिर्फ़ कुछ शेर आप तक पहुँचाना निहायत ही मुश्किल काम है जनाब लेकिन क्या किया जाय पूरी किताब तो आप तक पहुँचाई नहीं जा सकती मेरा काम तो सिर्फ़ ख़ूबसूरत मंज़िल तक जाने वाले रास्ते की झलक दिखाना ही है, मंज़िल तक पहुँचने के लिए चलना तो आपको ही पड़ेगा। पोस्ट की लम्बाई का बहाना बनाते हुए आपसे विदा होने से पहले ज्ञान जी की एक और ग़ज़ल के ये शेर पढ़वाते चलते हैं और बताते हैं कि कैसे ज्ञान जी का कलाम अजीब नहीं सबसे जुदा और दिलकश है :।

तेरे अश्क जलते हुए दिये, तेरी मुस्कुराहटें चाँदनी
मैं तुझे कभी न समझ सका, तेरी दास्तान अजीब है

यहाँ मुद्दतों से खड़ा हूँ मैं, यही सोचता कि कहाँ हूँ मैं
यहाँ सबके घर में दुकान है, यहाँ हर मकान अजीब है
नहीं मौसमों का गिला इसे, नहीं तितलियों से शिकायतें
तेरे बंद कमरे का जाने मन, तेरा फूलदान अजीब है
मुझे इल्म है मेरे दोस्तों मेरा तुम मज़ाक़ उड़ाओगे
मैं बिना परों का परिंद हूँ कि मेरी उड़ान अजीब है

***

ज़मीं आसमाँ से आगे
(ख़ुर्शीद अकबर)

ऐ सखी, साजन के आगे ध्यान रहता है कहाँ
तेल चावल में गिरा या सारा आटा दाल में
थाप, थिरकन, झाल, ढोलक, स्वाद, सुर, संगत, सहज
सौंधी मिट्टी की महक है उस बदन-चौपाल में
नूर की तख़्ती पे कुदरत की सियाही बूँद भर
दो-जहाँ तहरीर हैं रुख़्सार ऊपर खाल में

तहरीर =लिखित, रुख़्सार =गाल, खाल = तिल

रूमानियत से भरे इन शेरों को पढ़ कर आप ज़रूर आह या वाह कर रहे होंगे। रूमानियत और शायरी का शुरू से ही चोली दामन का साथ रहा है, धीरे-धीरे वक़्त के साथ इंसान की जीने के लिए की गयी जद्दोजहद शायरी का विषय बनी। आज के दौर में इस तरह के नाज़ुक मिज़ाज शायरी ज़रा कम ही पढ़ने सुनने को मिलती है।

आज लोगों में प्रेयसी के गालों पे तिल देखने तक का वक़्त नहीं है उस पर शेर कहना तो दूर की बात है। आगे बढ़ें उस से पहले रूमानियत से लबरेज़ ज़रा ये शेर भी पढ़ते चलें-

मन मोर मधुर वन में नाचे है पवन चाहे
सावन में सुहागन को सौ बार सजन चाहे
जल-स्रोत न जल धारा जंगल ही जला सारा
तृष्णा से व्याकुल है क्या मृग-नयन चाहे
तू मुझको पिया चाहे मैं तुझ से जीया चाहूँ
सब रंग रहें रौशन धरती को गगन चाहे

जनाब हमारी आज की "किताबों की दुनिया" श्रँखला में किसी ऐसी किताब का ज़िक्र नहीं हो रहा जिसमें सिर्फ़ रूमानियत भरी है बल्कि ऐसी किताब का ज़िक्र हो रहा है जिसमें पाँच खण्ड हैं और हर खण्ड का अपना अलग मिज़ाज, रंग और तासीर है। तो आइये शुरू करते हैं हिंदी में पहली बार छप रहे उर्दू के जाने माने शायर जनाब "ख़ुर्शीद अकबर" की ग़ज़ल के अनछुए लहजे की असर अंगेज़ किताब "ज़मीं आसमाँ से आगे" की चर्चा :

ये और बात कि बिखरा है वो बचाने में
तमाम उम्र लगी एक घर बनाने में

ये और बात कि भूखे रहे तेरे बन्दे
लिखा हुआ था तेरा नाम दाने-दाने में
ख़ुदा के घर मे वही चन्द लोग थे 'ख़ुर्शीद'
ग़ज़ब की भीड़ लगी थी शराबख़ाने में

शायरी में सहजता बहुत ज़रूरी होती है, शायर जो बात कहना चाहता है वो सीधी पाठक तक पहुँचनी चाहिए तभी उसका असर होता है। भारी भरकम शब्दों का दार्शनिक अंदाज़ में सहारा लेकर शायरी के माध्यम से कही बात नक्क़ादों मतलब समीक्षकों को या फिर बहुत पहुँचे हुए लोगों को भले पसंद आ जाय लेकिन मुझ जैसे आम पाठक के सर से बहुत ऊपर निकल जाती है। ख़ुर्शीद साहब की ग़ज़लों के शेर मुझ जैसे आम पाठक के लिए तो हैं हैं साथ ही उर्दू साहित्य के नए नवेले अंदाज़ से रूबरू भी करवाते हैं।

मेरे उसके बीच का रिश्ता इक मजबूर ज़रूरत है
मैं सूखे जज़्बों का ईंधन वो माचिस की तीली-सी
देखूँ कैसी फ़स्ल उगाता है मौसम तन्हाई का
दर्द के बीज की नस्ल है ऊँची, दिल की मिट्टी गीली-सी
मुझको बाँट के रख देती है धूप-छाँव के खेमों में
कुछ बेग़ैरत सी मसरूफ़ी कुछ फ़ुर्सत शर्मीली-सी

बेग़ैरत=निर्लज्ज

मैंने इस किताब की चर्चा अलग-अलग खण्डों के हिसाब से न कर सभी खण्डों को मिला कर की है, खण्ड के हिसाब से चर्चा तो बहुत लम्बी हो जाती जो शायद पाठकों के सब्र का इम्तिहान लेती। मुझे मालूम है कि आज सबके पास समय की कमी है फिर भी आप अपने इतने कम समय में से कुछ समय मेरी पोस्ट को दे रहे हैं ये क्या कम बात है? मो. ख़ुर्शीद आलम अन्सारी जिनका कलमी नाम ख़ुर्शीद अकबर है 5 जुलाई 1959 में मिल्की चक, बरबीघा,जिला शेखपुरा बिहार में पैदा हुए। आपने राजनीति विज्ञान एवं उर्दू साहित्य में ऍम.ए. करने के बाद सन 1975 से शायरी की शुरुआत कर दी।

दुनिया की निगाहों में हर चंद खटकते हैं
काँटे से कोई सीखे फूलों को मगन रखना
ये आँख का क़िस्सा है, वो होंट की जुम्बिश है
इक शहर चिराग़ों में, फूलों में चमन रखना
उस हिज़्र-पशेमाँ ने रातों को दुआ दी है
ख़्वाबों में चुभन रखना बिस्तर में शिकन रखना

उर्दू पढ़ने लिखने वाले लोगों में ख़ुर्शीद अकबर' साहब का कलाम पसंद करने वालों की अच्छी-ख़ासी तादाद है, हिंदी में भी उन्हें पसंद किया जाता है लेकिन ऐसे लोगों की तादाद अपेक्षाकृत कम है, कारण बहुत साफ़ है, उनकी ग़ज़लें हिंदी भाषा में बहुत कम दिखाई देती हैं। वो मुशायरों के लोकप्रिय शायर भी नहीं है हालाँकि मुशायरों में वो शिरकत करते हैं लेकिन सामयीन की दाद बटोरने के लिए अपनी शायरी से समझौता नहीं करते। गूगल महाशय भी उनके बारे में ज़्यादा कुछ बताने में कामयाब नहीं हैं। मुझे उम्मीद है कि इस किताब के माध्यम से उन्होंने हिंदी पाठकों के एक बड़े समूह को अपना दीवाना बना लिया होगा।

हम अपने सर के नीचे आस का तकिया नहीं रखते
इन आँखों के कटोरों में कभी शिकवा नहीं रखते
ग़रीबी झाँकती है तह-ब -तह पैबन्द से बाहर
मगर हम जेब पर एहसान का बखिया नहीं रखते
हमारी ये इबादत हाकिम-ए-आला को डसती है
कि हम ख़ुदसर जबीं से बाँध कर सजदा नहीं रखते

ख़ुदसर =आज़ाद, विद्रोही। जबीं = पेशानी, माथा।,

उर्दू लिपि में अकबर साहब की ग़ज़लों की किताबें "समुन्दर ख़िलाफ़ है", "बदन कश्ती, भँवर ख़्वाहिश", "फ़लक़ पहलू" बहुत मक़बूल हो चुकी हैं ये दोनों किताबें अमेज़न पर उपलब्ध भी हैं। ग़ज़लों के अलावा उनकी आलोचनात्मक किताब "एक भाषा : दो लिखावट, दो अदब" भी बहुत चर्चित हुई है। उन्हें उनके पहले ग़ज़ल संग्रह पर "बिहार उर्दू अकादमी पुरस्कार', दूसरे ग़ज़ल संग्रह पर "भारतीय साहित्यकार संसद, समस्तीपुर का पुरस्कार, साहित्य साधना सम्मान, बिहार उर्दू अकेडमी द्वारा अदबी ख़िदमात अवार्ड आदि अनेक पुरस्कारों से नवाज़ा गया है। उनकी रचनाएँ उर्दू हिंदी की मुख्य पत्र पत्रिकाओं में नियमित रूप से छपती रहती हैं।

रहता हूँ दूर-दूर ही दरिया बदन से मैं
ज़ालिम से मेरी प्यास का रिश्ता निकल न जाय
ख़ुशरंग तितलियों के त'आकुब में देखना
आँखों में जो है रंग ज़रा-सा निकल न जाय

त'आकुब पीछा करना

दुश्मन के बाद सामने आएगा कोई और
फिर उसके बाद अपना क़बीला निकल न जाय

दोहा, कतर आदि देशों की यात्रा के दौरान अपने कलाम से लोगों के दिलों में बस जाने वाले ख़ुर्शीद अकबर साहब की 156 बेहतरीन ग़ज़लों की इस किताब को "ख़ुशबू-रंग", 'शोआ'अ-रंग (रौशनी-रंग)", एहतिजाज़-रंग (विद्रोहरंग), "कशिश-रंग" और "ग़ज़ल-रंग"

                                                  51 किताबें ग़ज़लों की भाग-1

के शीर्षक से पाँच खण्डों में बाँट कर यश पब्लिकेशन दिल्ली द्वारा छापा गया है । किताब की प्राप्ति के लिए आप यश पब्लिकेशन को उनके ई मेल yashpublication @hotmail. com पर लिख सकते हैं या उन्हें 011 - 9899938522 अथवा 9910189445 पर सम्पर्क कर सकते हैं ।

छनन-पाज़ेब ख़ुशबू की झनन-झनकार बाजे
हवा हौले थिरकती है चमन-साकार बाजे
अगन भी वो पवन भी वो नयन भी वो सजन भी
रग-ए-जाँ पास अनहद नाद की तकरार बाजे
बड़े मासूम हैं नयना से नयना पूछते हैं
सबा के पाँव में घुघरू है या तलवार बाजे

सबा=पुरवैया

बदन की नाव भव-सागर भँवर के बीच डोले
धिनाधिन ध्यान-धुन इस पार से उस पार बाजे

सबसे बेहतर तो ये रहेगा कि आप ख़ुर्शीद अकबर साहब को, जो बिहार प्रशासनिक सेवा के अधिकारी हैं, उनके घर "आरज़ू मंज़िल, शीशमहल कॉलोनी, आलमगंज, पटना -800007 (बिहार) के पते पर चिट्ठी लिखें या उनसे उनके मोबाइल न. 9431095707 या 9631629952 पर सम्पर्क करें और किताब प्राप्ति का आसान रास्ता पूछे । किताब आने पर किसी शांत-सी जगह पर इत्मीनान और फ़ुर्सत से बैठे और आहिस्ता-आहिस्ता एक एक ग़ज़ल को पढ़ते हुए उसका भरपूर आनंद लें । अगली किताब की तलाश में निकलने से पहले अकबर साहब की एक और ग़ज़ल के ये शेर भी आपको पढ़वाते चलते हैं

मेरे आँसू को जुगनू बोलती है
मेरी तहज़ीब उर्दू बोलती है
मुहब्बत सो गयी ऊँचे घरों में
अभी गलियों में ख़ुशब बोलती है
ज़ुबाँ क्या जानती है इसके आगे
भरे नयना को जादू बोलती है
ग़ज़ल क्या चीज़ है ख़ुर्शीद अकबर
सुना है चश्म-ए-आहू बोलती है

चश्म-ए-आहू = हिरण की आँख

***

एक हाथ की ताली
(सूर्यभानु गुप्त)

फागुनी बयार चल रही है। इस पोस्ट के आने तक ठण्ड अलविदा कह चुकी है और होली दस्तक दे रही है। फागुन का महीना ही मस्ती भरा होता है तभी तो इस पर हर रचनाकार ने अपनी कलम चलायी है। आज अपनी बात की शुरुआत फागुन पर कही एक मुसलसल ग़ज़ल के कुछ शेरों से करते हैं :

धूप पानी में यूँ उतरती है
टूटते हैं उसूल फागुन में
चोर बाहर दिलों के आते हैं
जुर्म करने कुबूल फागुन में
एक चेहरे के बाद लगते हैं
सारे चेहरे फ़ुज़ूल फागुन में
चाँदनी रात भर बिछाती है
बिस्तरों पर बबूल फागुन में

शेरो शायरी के आशिक़ इस अनूठी क़ाफ़िया-पैमाई पर वाह वाह कर उठे होंगे। फागुन की चाँदनी रातों में तन्हा रहने वालों का ऐसा बेजोड़ चित्रण बहुत कम दिखाई देता है।

हुनर वही होता है जिसमें हज़ारों बात दोहराई गयी बात को बिल्कुल अलग ढंग से पेश किया जाय। नयी बात कहना आसान है लेकिन उस से पाठक को मुग्ध कर लेना मुश्किल होता है। इस से पहले कि हम आज के शायर और किताब की चर्चा करें ये शेर आपके सामने रखते हैं

दुनिया ने कसौटी पे, ता उम्र कसा पानी
बनवास से लौटा तो शोलों पे चला पानी
हर लफ़्ज़ का मानी से, रिश्ता है बहुत गहरा
हमने तो लिखा बादल और उसने पढ़ा पानी
हम जब भी मिले उससे, हर बार हुए ताज़ा
बहते हुए दरिया का, हर पल है नया पानी
इस मोम के चोले में, धागे का सफ़र दुनिया
अपने ही गले लग के रोने की सज़ा पानी

बहुत साल पहले मुंबई के लोकप्रिय शायर कवि मित्र 'देवमणि पांडे" जी के ब्लॉग पर

जब से ये ग़ज़ल पढ़ी थी तब से इस शायर की किताब को ढूँढ़ने की ठान ली थी और साहब कहाँ-कहाँ इसे नहीं तलाशा लेकिन असफलता हाथ लगी, शायर के पास भी इसकी कोई प्रति नहीं बची थी। आख़िर जहाँ चाह वहाँ राह की तर्ज पर सन 2014 के दिल्ली विश्व पुस्तक मेले में वाणी प्रकाशन की स्टाल पर ये मिल ही गयी।

आज हम उसी बेमिसाल शायर जनाब "सूर्यभानु गुप्त" जी की किताब "एक हाथ की ताली" का ज़िक्र करने जा रहे हैं!

हर लम्हा ज़िन्दगी के पसीने से तंग हूँ
मैं भी किसी कमीज़ के कॉलर का रंग हूँ
रिश्ते गुज़र रहे हैं लिए दिन में बत्तियाँ
मैं बीसवीं सदी की अँधेरी सुरंग हूँ
माँझा कोई यक़ीन के क़ाबिल नहीं रहा
तन्हाइयों के पेड़ से अटकी पतंग हूँ

पद्य प्रेमियों के लिए 144 पृष्ठ की इस किताब में क्या नहीं है? इस पतली सी किताब में वो सब कुछ है जिसे पाठक पढ़ना चाहते हैं जैसे गीत, त्रिपदियाँ, चतुष्पदियाँ, हाइकु, दोहे, मुक्त कविताएँ और ग़ज़लें! चूँकि हम अपनी इस श्रृंखला में सिर्फ़ ग़ज़लों की बात करते हैं इसलिए बाक़ी की विधाओं में लिखी रचनाएँ पढ़ने के लिए आपको पुस्तक पढ़नी होगी। ख़ुशख़बरी ये है कि अब शायद ये पुस्तक वाणी प्रकाशन पर उपलब्ध है। गुप्त जी की कुल जमा 22 ग़ज़लें ही इस किताब में है और सारी की सारी ऐसी कि सभी आप तक पहुँचाने का मन हो रहा है लेकिन ये संभव नहीं इसलिए आप थोड़े को बहुत मान कर संतोष करें

दिल में ऐसे उतर गया कोई
जैसे अपने ही घर गया कोई
एक रिमझिम में बस, घड़ी भर की
दूर तक तर-ब-तर गया कोई
दिन किसी तरह कट गया लेकिन
शाम आई तो मर गया कोई
इतने खाए थे रात से धोखे
चाँद निकला कि डर गया कोई

22 सितम्बर, 1940 को नाथूखेड़ा (बिंदकी), जिला फ़तेहपुर में जन्में सूर्यभानु जी अपना जीवन मुंबई में ही गुज़ार रहे हैं। आपने 12 वर्ष की उम्र से ही कविता लेखन आरम्भ कर दिया था। पिछले 50 वर्षों के बीच विभिन्न काव्यविधाओं में 600 से अधिक रचनाओं के अतिरिक्त 200 बालोपयोगी कविताएँ प्रमुख प्रतिष्ठित पत्र-पत्रिकाओं में प्रकाशित हुई हैं। विलक्षण प्रतिभा के इस लेखक की एक मात्र किताब "एक हाथ की ताली" उनके लेखन

के आरम्भ से 40 सालों बाद प्रकाशित हुई है। अपने नाम और प्रतिष्ठा के प्रति इतनी घोर उदासीनता बहुत कम देखने सुनने को मिलती है। उनका संत स्वभाव ही शायद इसका मूल कारण रहा है, तभी तो ऐसे अद्भुत शेर कहने वाला शायर अपने समकालीनों की तरह मक़बूल नहीं हुआ।

अपने घर में ही अजनबी की तरह
मैं सुराही में इक नदी की तरह
किस से हारा मैं ये मेरे अंदर
कौन रहता है ब्रूस ली की तरह
मैंने उसको छुपा के रक्खा है
ब्लैक आउट में रौशनी की तरह
बर्फ़ गिरती है मेरे चेहरे पर
उसकी यादें हैं जनवरी की तरह

जिन लोगों ने धर्मयुग पढ़ा है वो सूर्यभानु गुप्त जी को भूल नहीं सकते। धर्मवीर भारती जी ने उनकी बहुत सी ग़ज़लें नियमित रूप से धर्मयुग में प्रकाशित की थी, इसके अलावा वो कादंबनी, नवनीत जैसी और भी बहुत सी प्रतिष्ठित पत्रिकाओं में छपते रहे हैं। दुष्यंत कुमार के ग़ज़ल संग्रह "साये में धूप" से पहले आये "एक हाथ की ताली' की ग़ज़लें अपने नए अनूठे अंदाज़ और ताज़गी से जन-जन के दिलों पर राज़ कर रहीं थीं। आपने उनके क़ाफ़िया पैमाई के नमूने तो ऊपर देखे ही हैं अब पढ़ें ये ग़ज़ल जिसमें उन्होंने रदीफ़ में कमाल किया है-

खोल से अपने मैं निकलता हूँ
धान-सा कूटता है सन्नाटा
एक दिन भीगता है मेले में
साल भर सूखता है सन्नाटा
ख़ुद को ख़ुद ही पुकार कर देखो
किस क़दर गूँजता है सन्नाटा
ख़त्म होते ही हर महाभारत
ख़ैरियत पूछता है सन्नाटा

मुंबई महानगर में सूर्यभानु गुप्त और जावेद अख़्तर ने साथ-साथ अपना सफ़र शुरू किया था। जावेद को मंज़िलें मिलीं। सूर्यभानु गुप्त को आज भी मंज़िलों की तलाश है। शायर बनना कितना मुश्किल काम हैं, इसे बताने के लिए उनका ही एक शेर देखें-

जो ग़ालिब आज होते तो समझते
ग़ज़ल कहने में क्या कठिनाइयाँ हैं

हालाँकि उनकी ढेरों रचनाएँ गुजराती, उर्दू, पंजाबी और अंग्रेज़ी में अनूदित हो चुकी हैं लेकिन लोकप्रियता के जिस शिखर पर उन्हें होना चाहिए था वो वहाँ कभी नहीं पहुँचे। इस संत स्वभाव के व्यक्ति को शायद अपने आपको बेचने की कला नहीं आती होगी। ख़ामोशी से अपना काम करने वाले इस बेजोड़ शायर की एक लम्बी ग़ज़ल के ये शेर देखें

कँचियाँ टूटती हैं शब्दों की
साधुओं की जटा है ख़ामोशी
इक तबस्सुम से पार हों सदियाँ
गोया मोनालिज़ा है ख़ामोशी
घर की एक-एक चीज़ रोती है
बेटियों की विदा है ख़ामोशी
दोस्तों ख़ुद तलक पहुँचने का
मुख़्तसर रास्ता है ख़ामोशी
ढूँढ़ ली जिसने अपनी कस्तूरी
उस हिरन की दिशा है ख़ामोशी

सूर्यभानु जी की ग़ज़लें किसी विशेषता का ठप्पा लगा कर शोरूम में नहीं सजतीं, वो बिना किसी स्कूल विशेष का प्रतिनिधित्व किये अपनी पहचान आप बनाती हैं। ये शायर की दूरदृष्टि और रचना शिल्प ही है जो अस्सी नब्बे के दशक में कही गयी इन ग़ज़लों को आज भी ताज़ा रखे हुए है। भारतीय बाल-कल्याण संस्थान, कानपुर और परिवार पुरस्कार (1995), मुम्बई द्वारा सम्मानित गुप्त की एक ग़ज़ल इन शेरों को पढ़वाते हुए अब हम आपसे विदा लेते हैं।

हमारी दुआ है की गुप्त जी स्वस्थ रहते हुए शतायु हों और यूँ ही अपने अनूठे सृजन से हमें नवाज़ते रहें। जो पाठक उन्हें बधाई देना चाहे वो उन्हें उनके इस पते पर "सूर्यभानु गुप्त, 2, मनकू मेंशन, सदानन्द मोहन जाधव मार्ग, दादर(पूर्व), मुम्बई - 400014, दूरभाष 022-24137570" संपर्क कर सकते हैं।

सुबह लगे यूँ प्यारा दिन
जैसे नाम तुम्हारा दिन
पेड़ों जैसे लोग कटे
गुज़रा आरा-आरा दिन
उम्मीदों ने टाई सा
देखी शाम, उतारा दिन
रिश्ते आकर लौट गए
हम-सा रहा कुँवारा दिन

* * *

आँसूओं का तर्जुमा
(इरशाद ख़ान 'सिकंदर')

दहलीज़ मेरे घर की अँधेरों से अट न जाय
पागल हवा चराग़ से आकर लिपट न जाय
हमसाये चाहते हैं मिरे घर को फूँकना
और ये भी चाहते हैं घर उनके लिपट न जाय
पा ही गया मैं इश्क़ के मकतब में दाख़िला
दुनिया सँभल, कि तुझसे मिरा जी उचट न जाय

एक दुबले पतले साँवले से लड़के ने, जो दूर से देखने पर किसी स्कूल का विद्यार्थी लगता है, जब ये शेर मुझे सुनाये तो हैरत से मुँह खुला ही रह गया "दुनिया सँभल कि तुझसे मिरा जी उचट न जाय" मिसरा दसों बार दोहराया और अहा हा हा कहते हुए उस से पूछा कि ये शेर किसके हैं बरख़ुरदार? जवाब में लड़के ने अपना चश्मा ठीक करते हुए शरमा कर सर झुकाया और बोला "मेरे ही हैं नीरज जी" सच कहता हूँ एक बार तो उसकी बात पे बिल्कुल यक़ीन नहीं हुआ और जब हुआ तो उसे गले लगते हुए मैंने भरे गले से कहा - जियो !

तुम्हें जिस पर हँसी आई मुसलसल
वो जुमला तो अखरना चाहिए था
वहाँ पर ज़िन्दगी ही ज़िन्दगी थी
उसी कूचे में मरना चाहिए था
किसी की मुस्कराहट छीन बैठे
सलीक़े से मुकरना चाहिए था
समझ आया है ये बीनाई खो कर
उजालों से भी डरना चाहिए था

आज 'किताबों की दुनिया' में हम चर्चा कर रहे हैं नौजवान शायर जनाब इरशाद ख़ान 'सिकंदर' साहब की किताब 'आँसुओं का तर्जुमा' की जो 2016 के दिल्ली विश्व पुस्तक मेले के दौरान मंज़र-ए-आम पर आयी और आते ही छा गयी । लोकप्रियता की नयी मिसाल क़ायम करने वाली इस किताब के पीछे इरशाद की हर हाल में ज़िंदा रहने और होने की ज़िद के साथ-साथ ज़िन्दगी के सच्चे खरे तजुर्बे छुपे हुए हैं ।

फिर उसके बाद सोच कि बाकी बचेगा क्या
तू सिर्फ़ कृष्ण भक्ति से 'रसखान' काट दे

महफ़िल की शक्ल आपने देखी है उस घड़ी
दानाँ की बात जब कोई नादान काट दे
कमतर न आँकिए कभी निर्धन के अज़्म को
अपनी पे आये पानी तो चट्टान काट दे

गंगा-जमुनी तहज़ीब की नुमाइंदगी करती इरशाद की ग़ज़लें सीधे पढ़ने सुनने वालों के दिल में उत्तर जाती हैं। ये तय करना मुश्किल है कि इरशाद उर्दू के शायर हैं या हिंदी के। 8 अगस्त 1983 को जन्मे इरशाद ने शायरी की राह अपने आप चुनी, बक़ौल इरशाद शायरी ऐसी विधा थी जिससे उनके पूरे ख़ानदान में किसी का भी दूर दूर तक कोई नाता नहीं रहा था। पूरे कट्टर धार्मिक परिवेश में पले-बढ़े इरशाद के पीछे शायरी की बला कब और कैसे पड़ गयी ये उन्हें ख़ुद भी नहीं मालूम। अब उनके नक़्शे-क़दम पर उनकी छोटी बहन परवीन ख़ान बहुत सधे हुए क़दमों से चल रही है।

हौसला भले न दो उड़ान का
तज़किरा तो छोड़ दो थकान का
ईंट उगती देख अपने खेत में
रो पड़ा है आज दिल किसान का
मुझमें कोई हीरे हैं जड़े हुए
सब कमाल है तेरे बखान का
मैं चराग़ से जला चराग़ हूँ
रौशनी है पेशा ख़ानदान का

'लफ़्ज़' पत्रिका के संपादक संचालक जनाब 'तुफ़ैल चतुर्वेदी' साहब ने उर्दू के बेहतरीन युवा शायरों की पूरी खेप तैयार करने में बहुत महत्त्वपूर्ण काम किया है और आज भी कर रहे हैं। उनके मार्गदर्शन और उस्तादी में जनाब 'विकास राज' और 'स्वप्निल तिवारी' जैसे बहुत से शायरों ने अपने हुनर को सँवारा और धार दी। इन दो शायरों की तरह इरशाद भी ख़ुद फ़ारिगुल-इस्लाह ही नहीं हुए बल्कि बहुत अच्छे शेर कहने वाले कई शायरों की रहनुमाई भी कर रहे हैं।

कल तेरी तस्वीर मुकम्मल की मैंने
फ़ौरन उस पर तितली आकर बैठ गयी
रोने की तरक़ीब हमारे आई काम
ग़म की मिट्टी पानी पाकर बैठ गयी
वो भी लड़ते-लड़ते जग से हार गया
चाहत भी घर बार लुटा कर बैठ गयी

तुफ़ैल साहब के अलावा इरशाद की शायरी को सजने सँवारने में उर्दू के बहुत बड़े शायर जनाब फ़रहत एहसास और डॉ. अब्दुल बिस्मिल्लाह साहब का भी बहुत बड़ा हाथ रहा है। इरशाद भाई ने इस किताब में अपनी बात कहते हुए लिखा भी है कि -तक़दीर जब-जब मुझे मेरी हार गिनवाती है मैं अपनी जीत के तीन नाम, यानी तुफ़ैल साहब, फरहत एहसास और जनाब अब्दुल बिस्मिल्लाह साहब, गिनवाकर तक़दीर की बोलती बंद कर देता हूँ।

जिस्म दरिया का थरथराया है
हमने पानी से सर उठाया है
अब मैं ज़ख़्मों को फूल कहता हूँ
फ़न ये मुश्किल से हाथ आया है
जिन दिनों आपसे तवक्क़ो थी
आपने भी मज़ाक़ उड़ाया है
हाले-दिल उसको क्या सुनाएँ हम
सब उसी का किया-कराया है

प्रसिद्ध शायर 'ज्ञान प्रकाश विवेक' जी ने लिखा है कि 'सिकंदर की ग़ज़लों में सादगी की गूँज हमें निरंतर महसूस होती है, उनकी ग़ज़लों में बड़बोलेपन का कोई स्थान नहीं है। विनम्रता इन ग़ज़लों को ऐसे संस्कार में रचती है कि दो मिसरे कोई शोर नहीं मचाते। शायरी का अगर दूसरा नाम तहज़ीब है तो उसे यहाँ महसूस किया जा सकता है।

तेरी फुर्क़त का अमृत पिया
और उदासी अमर हो गयी

फुर्क़त-जुदाई

यूँ हुआ फिर करिश्मा हुआ
मिटटी ही कूजागर हो गयी
मुझको मिट्टी में बोया गया
मेरी मिट्टी शजर हो गयी

इरशाद की शायरी की ये तो अभी शुरुआत ही है हमें उम्मीद है कि आने वाले वक़्त में वो और भी बेहतरीन शायर बन के मक़बूल होगा, जिसकी शायरी में इश्क़ के अलावा दुनिया के रंजो-ग़म, ख़ुशियाँ, मजबूरियाँ, घुटन, टूटन, बेबसी के रंग भी नुमायाँ होंगे। उर्दू शायरी को इस नौजवान शायर से बड़ी उम्मीदें जगी हैं। और क्यों न जगें? जिस शायर की पहली ही किताब चर्चा में आ जाये उस से-भविष्य में और अच्छे की उम्मीद बँध ही जाती है। अब इरशाद का मुक़ाबला ख़ुद इरशाद से होगा उसे अब अपनी हर कहन को अपने पहले कहे से बेहतर कहना होगा ये काम जितना आसान दिखता है उतना है नहीं लेकिन हमें यक़ीन है कि

इरशाद के बुलंद हौसले उसे सिकंदर महान बना कर ही छोड़ेंगे।

मैं भी कुछ दूर तलक जाके ठहर जाता हूँ
तू भी हँसते हुए बच्चे को रुला देती है
ज़ख़्म जब तुमने दिए हों तो भले लगते हैं
चोट जब दिल पे लगी हो तो मज़ा देती है
दिन तो पलकों पे कई ख़्वाब सजा देता है
रात आँखों को समंदर का पता देती है

इस किताब के प्रकाशन के लिए एनीबुक डॉट कॉम की जितनी तारीफ की जाय कम है। बडे प्रकाशक जहाँ नए और कम प्रचलित लेखकों कवियों या शायरों को छापने से बचते हैं वहीं एनीबुक ने न केवल इरशाद खान 'सिकंदर' की किताब को छापा बल्कि बहुत ख़ूबसूरत अंदाज़ में छापा। इसके पीछे 'पराग अग्रवाल' जी - जो इसके कर्ता-धर्ता हैं, का शायरी प्रेम झलकता है। किताब की प्राप्ति के लिए आप एनीबुक को उनके हाउस न. 1062 , ग्राउंड फ्लोर, सेक्टर 21, गुड़गांव पर लिखे या contactanybook@gmail.com पर मेल करें। सबसे आसान है की आप इरशाद भाई को उनके मोबाइल 9818354784 पर बधाई देते हुए किताब प्राप्ति का आसान रास्ता पूछे या फिर पराग अग्रवाल जी से उनके मोबाइल फ़ोन 9971698930 पर बात कर किताब मँगवा लें। चाहे जो करें लेकिन इस होनहार शायर की किताब आपकी निजी लाइब्रेरी में होनी ही चाहिए। अगली किताब की तलाश से पहले आपको पढ़वाते हैं इरशाद की एक ग़ज़ल के ये शेर-

क्या किसी का लम्स फिर इंसाँ बनाएगा मुझे
उसके जाते ही समूचा जिस्म पत्थर हो गया
कारवाँ के लोग सारे गुमरही में खो गए
मैं अकेली जान लेकर तन्हा लश्कर हो गया
क्या करूँ ग़म भी छुपाना ठीक से आता नहीं
दास्ताँ छेड़ी किसी ने मैं उजागर हो गया

* * *

पत्थर में कोई है
(सरदार आसिफ़ ख़ाँ)

बहुत पहले की बात है 'दीपक भारतदीप' की लिखी सिंधु-केसरी पत्रिका में एक कविता पढ़ी थी, आज किताबों की दुनिया की इस श्रँखला में उसी कविता की शुरुआत की इन पंक्तियों से अपनी बात शुरू करते हैं, पूरी कविता तो वैसे भी अब याद नहीं:

सादगी से कही बात
किसी को समझ नहीं आती है
इसलिए कुछ लोग
शृंगार रस की चाशनी में डुबो कर सुनाते हैं
अलंकारों में सजाते हैं
तो कुछ वीभत्स के विष से डराते हैं

आज हम उसी सादी, सरल और सीधी ज़बान के उस्ताद शायर और उनकी लाजवाब किताब की चर्चा करेंगे, जो अपने अशआरों को न अलंकारों से सजाता है और ना ही वीभत्स रस से डराता है, जिनके लिए मयंक अवस्थी जी के शेर का मिसरा-ए-ऊला "सादगी पहचान जिसकी ख़ामुशी आवाज़ है" एक दम सटीक बैठता है। धीरज धरिये उनका नाम भी बताते हैं लेकिन पहले ज़रा उनके ये शेर देखें:

नहीं चल पाऊँगा मैं साथ उसके
ये दुनिया बेसबब ज़िद पर अड़ी है
हवा ने फाड़ दी तस्वीर लेकिन
अभी इक कील सीने में गड़ी है
मियाँ इस शहर में किस को है फ़ुर्सत
हमारी लाश ख़ुद जाकर गड़ी है
निकल आया अँधेरे में कहाँ मैं
मिरी परछाईं बिस्तर पर पड़ी है

शायर का नाम बताने से पहले शुक्रिया करना चाहूँगा एक बेहतरीन शायर छोटे भाई समान "अखिलेश तिवारी" जी का जिनके सौजन्य से इस बाकमाल शायर की शायरी से रूबरू का मौक़ा मिला। हमारे आज के शायर हैं 1954 शाहजहाँपुर उ.प्र. में जन्में जनाब "सरदार आसिफ़ ख़ाँ" जिनकी किताब "पत्थर में कोई है" की चर्चा हम करेंगे।

     51 किताबें ग़ज़लों की भाग-1

अगर चेहरा बदलने का हुनर तुमको नहीं आता
तो फिर पहचान की परची यहाँ जारी नहीं होती
समंदर से तो मजबूरी है उसकी, रोज़ मिलना है
बहुत चालाक है लेकिन नदी, खारी नहीं होती
हवा की शर्त हम क्यों मानते क्यों इस तरह दबते
हमें गर साँस लेने की ये बीमारी नहीं होती

सरदार आसिफ़ उस शायर का नाम है जिसे चाहे अब तक वो शोहरत न मिली हो जिसके वो हक़दार हैं लेकिन उनकी शायरी आम शायरी से बिल्कुल अलग है। बक़ौल जनाब इफ़्तेख़ार अमाम साहब "आसिफ़ न पुरानी शायरी करता है न जदीद, बल्कि इसका तो अपना एक अलग रास्ता है जिसे सोच-शायरी का नाम दिया जा सकता है।"

अपनी शायरी के प्रति उदासीन इस शख़्स ने न जाने क्यों अपनी कुछ ग़ज़लें फाड़ दीं जला दीं या खो दी अगर उन्हें आज जाँच परख कर छापा जाता तो हिंदी /उर्दू अदब में बड़ा इज़ाफ़ा हो सकता था।

घर पे हमारे नाम की तख़्ती नहीं लगी
शोहरत की शक्ल ही हमें अच्छी नहीं लगी
उँगली को एक खार ने ऐसा दिया है ज़ख़्म
आँगन में फिर गुलाब की टहनी नहीं लगी
बच्चे सभी उदास हैं क्या खोलें मुट्ठियाँ
शायद किसी के हाथ वो तितली नहीं लगी
क्या कह रहे हैं आप उसे छू के आये हैं?
जिन्दा हैं कैसे आपको बिजली नहीं लगी

बी. एस.सी, एम. ए., बी.एड. करने के बाद आसिफ़ साहब शाहजहाँपुर में कई वर्षों तक शिक्षक रहे और फिर पी. सी.एस. के इम्तिहान पास कर ज़िला अधिकारी पद पर टिहरी गढ़वाल में नियुक्त हुए। बाद में इसी पद पर देहरादून, ग़ाज़ियाबाद, इटावा, बदायू, बिजनौर और मुरादाबाद जनपद में कार्यरत रहे। 1983 में प्रोन्नत होकर सहारनपुर मण्डल के उपनिदेशक (पंचायती राज) पद पर नियुक्त हुए और वर्तमान में उपनिदेशक (पंचायती राज) मुरादाबाद के पद के साथ-साथ उपनिदेशक (समाज कल्याण) मुरादाबाद मण्डल का कार्य भार भी सँभाल रहे हैं।

हो हल्ला कर रहा था बहुत अपनी प्यास का
देखा जो मेरा हाल तो सहरा हुआ ख़मोश

क्या फिर खंडहर में रात किसी ने किया क़याम
है इक चिराग़ ताक़ में रखा हुआ ख़मोश
पहचानने लगेगी उसे जल्द ही वह भीड़
इक शख़्स है जो कोने में बैठा हुआ ख़मोश

इस कोने में बैठे ख़मोश शख़्स को भीड़ ने पहचाना और ख़ूब पहचाना क्योंकि ये शख़्स बामक़सद शायरी करता है, किसी को सामने रख कर, मुशायरे या कवि सम्मेलन की तालियाँ और वाह-वाह को ध्यान में रखते हुए शायरी नहीं करता। वो बहुत इमानदारी से फ़रमाते हैं कि "मैं बहुत पढ़ा लिखा आदमी भी नहीं हूँ कि जो चाहे जब चाहूँ लिख लूँ। मैं ख़ालिस इल्हाम हूँ, मैंने भाषाई कुंठाओं को तोड़ कर ग़ज़ल रूपी एक अहम विद्या को नितांत व्यक्तिगत तौर पर समझने परखने का प्रयास किया है"

हैं मयकदे में आप, मुझे क्यों हो ऐतराज़
दुःख यह हुआ कि आप का बेटा भी साथ है
बेवा हुई तो आना पड़ा उसको माँ के घर
गुर्बत है, वो है, छोटा सा बच्चा भी साथ है
हालाँकि उसके क़ब्र में लटके हुए हैं पाँव
लेकिन नए मकान का नक़्शा भी साथ है

"पत्थर में कोई है' से पहले आसिफ़ साहब का देवनागरी में पहला ग़ज़ल संग्रह "दरिया-दरिया रेत" के बाद उर्दू में "चाँद काकुल" और "डूबते जज़ीरे" ग़ज़ल संग्रह मंज़र-ए-आम पर आ कर मक़बूल हो चुके हैं। जितना उन्होंने लिखा है उसका छोटा सा अंश ही उनकी इन चार किताबों पाया है। इसके अलावा उनकी दो संग्रह देवनागरी और उर्दू में अभी शाया होने को हैं। किडनी की बीमारी से लड़ते हुए उन्होंने अपनी शायरी पर उस परेशानी की आँच नहीं। आने दी और लगातार लिखते रहे हैं।

किसी का पाँव जल सकता है भाई
दिया क्यों रख दिया है रौशनी में
यही तो जब्र मुझ पर हो रहा है
किसी को देखना होगा किसी में
परी वरना तिरी उँगली पे नाचे
कमी कुछ है तिरी जादूगरी में
अज़ानें शोर कितना कर रही हैं
ख़लल पड़ने लगा है बंदगी में

हिंदी-उर्दू के बीच पुल का काम करती उनकी ग़ज़लें आम इंसान की उसी की ज़बान में कही गयी ग़ज़लें हैं। आसिफ़ साहब कम छपते हैं मगर हिंदी-उर्दू के लगभग सभी प्रतिष्ठित पत्र पत्रिकाओं में उनकी ग़ज़लें आती रहती हैं। हिंदी के 'संवेद' और उर्दू के 'शबख़ून जैसी प्रतिष्ठित पत्रिकाओं में उनकी कई कई ग़ज़लें एक साथ छपी हैं। इसके अलावा इंतेसाब, अलअंसार, तहरीके अदब, बज़्मे-सुख़न, सुख़नवर आदि पत्रिकाओं में लगातार इनकी ग़ज़लें छपती हैं। पाठकों का एक बड़ा वर्ग उनकी नयी ग़ज़लों के के इंतज़ार में पलक पाँवड़े बिछाए रहता है। 'शायर' में इनकी शायरी के ऊपर मुकम्मल गोशा छपा है।

जो माथे पर तुम्हारे बल पड़ा है
तो क्या क़द में कोई तुमसे बड़ा है
मैं अब सूरज को सर पर रख चुका हूँ
मिरा साया कहीं मुर्दा पड़ा है
अगर आँखों में रहना सीख जाये
तो क़तरा भी समंदर से बड़ा है

'पत्थर में कोई है' ग़ज़ल संग्रह सन 2013 में "राही प्रकाशन" शाहजहाँपुर से प्रकाशित हुआ है जिसे आप काकुल हाउस बिजलीपुरा शाहजहाँपुर, सेठी बुक स्टाल, बिजनौर या इमरान बुक डिपो, 419 मटिया महल, जामा मस्जिद, दिल्ली कर मँगवा सकते हैं। इसके अतिरिक्त और कोई जानकारी देने में मैं सक्षम नहीं हूँ। आइये अगली किताब की तलाश में निकलने से पहले पढ़ते आसिफ़ साहब की एक ग़ज़ल के ये बेजोड़ शेर-

तेरा तिलिस्म अब भी है दीवारो-दर में क़ैद
लगता है जैसे अब भी मिरे घर में कोई है
यादों के फूल हैं कि दरीचे की चाँदनी
कहती है गहरी नींद कि बिस्तर में कोई है
हालाँकि उसने ग़ौर से देखा नहीं मुझे
शक उसको हो गया है कि पत्थर में कोई है

* * *

फ़ैसले हवाओं के
(मौनी गोपाल 'तपिश')

अगर इंसान सूरज चाँद आदि पर से नज़र हटा कर गैलेक्सी के बाक़ी तारों की और नहीं देखता तो कैसे पता चलता कि कुछ तारे चाँद सूरज से कई गुना बड़े और विशाल हैं और जिनके सामने हमारे सूरज चाँद भी बौने लगते हैं; इसी तरह अगर हम किताबों की दुनिया श्रँखला में अगर ग़ालिब, मीर मज़ाज, इक़बाल आदि की ही चर्चा करते रहते तो न जाने कितने ही अंजान शायरों और उनकी पुख़्ता बेमिसाल शायरी से हमारा परिचय न हो पाता । हमें कैसे पता लगता की कोई शायर है जो कहता है किः

मुहब्बत में मेरे जज़्बात को ऐसे रसाई दे
सरापा इश्क़ कहलाऊँ ज़माने को दिखाई दे
ये जादू है धड़कना दिल का, शेरों में सुनाई दे
ग़ज़ल सर चढ़ के बोले सारे आलम को दिखाई दे

दिल के धड़कने के जादू को अपने शेरों में ढालने वाले उस शायर का परिचय आज हम अपनी इस श्रँखला में करवा रहे हैं जिसकी ग़ज़लें वाक़ई सर चढ़ के बोलती हैं । ये पुरकशिश व्यक्तित्व और बा-वक़ार सोच वाला शायर निहायत ही शर्मीला इंसान है जो शोहरत के तामझाम से कोसों दूर अपने हाल में मस्त अपनी रचना शीलता में डूबा हुआ है, उसका कहना है किः

जाँनशीं से दुश्मन तक सारे रिश्तों-नातों को, फेंक दें समंदर में
लहर-लहर बेदारी की हसीं रिदा ओढ़े, आओ फिर ग़ज़ल कह लें
रिदा : चादर
वो कि एक चेहरा है या किताब या दरिया या कोई समंदर है
नीमबाज़ आँखों में उसकी झाँक कर देखें, आओ फिर ग़ज़ल कह लें
दर्दनाक चेहरों पर मुस्कुराहटें ओढ़ें, ख़ुद को जा-ब-जा बेचें
हम 'तपिश' तुम्हें गुज़रा वक़्त मान कर सोचें, आओ फिर ग़ज़ल कह लें

मक़्ते में आये तख़ल्लुस से आप को शायर के नाम का अंदाज़ा तो हो ही गया होगा, जिन्हें नहीं हुआ उन्हें बता दूँ कि हमारे आज के शायर हैं 31 मार्च 1949 को जन्में ग़ाज़ियाबाद निवासी जनाब "मौनी गोपाल 'तपिश" साहब जिनकी किताब "फ़ैसले हवाओं के" का ज़िक्र हम करने जा रहे हैं, जिसमें उनकी लगभग 50 ग़ज़लें, बहुत से फुटकर शेर, कुछ नज़्में, गीत और मुक्त छन्द भी हैं । ज़ाहिर सी बात है यहाँ तो उनकी सिर्फ़ ग़ज़लों की चर्चा ही होगी:

ज़रा-सी रौशनी महदूद कर दो
अँधेरों को दिया खलता बहुत है
महदूद =हद के भीतर

गिले मुझसे हैं उसको बात दीगर
मुझे उसने कहीं चाहा बहुत है
वो मेरा दोस्त है ये सच है लेकिन
वो तारीफ़ें मेरी करता बहुत है
ये चोटें ऊपरी दिखती हैं यूँ तो
वो अंदर तक कहीं टूटा बहुत है

अपने फेडोरा हैट और फ्रेंच कट दाढ़ी की वजह से दूर से ही पहचान लिए जाने वाले चुंबकीय व्यक्तित्व के स्वामी मौनी साहब की ग़ज़लों का मूल रंग इश्क़ है। ये ऐसा रंग है जो सभी को अपनी और आकर्षित करता है। उनकी ग़ज़लों के शेर हमारे दिल में सहज ही उतर जाते हैं। वो मुहब्बत से भरे इंसान हैं, उनका कहना है कि अगर मैं चुप रहा तो मेरी मुहब्बत मेरी निगाहों से ज़ाहिर हो जाएगी, मैं अपनी मुहब्बत के मोतियों को ग़ज़लों में पिरो देता हूँ क्योंकि ज़िन्दगी में मुहब्बत की जितनी ज़रूरत है उतनी ही ग़ज़लों को भी मुहब्बत की चाहत है।

इश्क़ मुहब्बत के अफ़साने, राँझा, मजनूँ या फ़रहाद
सब गुल, बूटे ख़ुशबू वाले लेकिन हैं तलवार के नाम
साहिल-साहिल, मौजें-मौजें, तूफ़ाँ-तूफ़ाँ सब हमवार
दरिया-दरिया, कश्ती-कश्ती, सब ठहरे पतवार के नाम
हँसना-गाना, रोना-धोना, महके, दहके सब एहसास
मैं तो सब कुछ करना चाहूँ, एक उसी बस प्यार के नाम
नग्मों की ये रंगा-रंगी, तानें, तोडे और आलाप
उसकी थिरकन, उसके ठुमके पायल की झंकार के नाम

मौनी जी की ग़ज़लें ज़िन्दगी के खट्टे-मीठे-कड़वे अनुभवों को बहुत ख़ूबसूरती से बयाँ करती हैं। श्री कुँअर बैचैन ने इस किताब की भूमिका में लिखा है कि -मौनी जी का तख़ल्लुस 'तपिश' उनकी ग़ज़लों में झलकता है। शायरी के लफ़्ज़ों में अगर तपिश न हो तो उसे मरी हुई ही समझो। ये तपिश प्रेम की तपिश है, अध्यात्म की तपिश है, संसार के दुःख-दर्द की तपिश है, आहों की तपिश है, कराहों की तपिश है, बहते हुए गर्म आँसुओं की तपिश है और दुःख के काँटों की चुभन से दुखते हुए ज़ख़्मों के जलन की तपिश है।

तुम्हें ज़िद है अकेले ही चलोगे, सोच कर देखो
ये कुछ आसाँ नहीं तन्हाइयाँ बर्बाद कर देंगीं

हमारा क्या कि हम कर जायेंगे दुनिया से कल पर्दा
तुम्हें इस दर्द की पुरवाइयाँ बर्बाद कर देंगी
पुराने ज़ख़्म ऐसे खोल कर रखने से क्या हासिल
ये अपने पर सितम-आराइयाँ बर्बाद कर देंगी

सितम-आराइयाँ अन्याय पसंदगी

ग़ज़ल सच्ची कहो, अच्छी कहो, जो दिल को छू जाए
'तपिश' ये क़ाफ़िया पैमाइयाँ बर्बाद कर देंगी

ईश्वर में विश्वास रखने वाले लेकिन उसके नाम से होने वाले आडम्बरों और लूट से आहत मौनी जी ने अपना जीवन ग़ाज़ियाबाद में ही गुज़ारा है। यहीं पले-बड़े-पढ़े और यहीं की इंद्रप्रस्थ पॉवर जनरेशन कम्पनी लिमिटेड में 38 वर्ष काम करने के बाद रिटायर हो कर अब परिवार के साथ आनंद का जीवन बिता रहे

"मौसम उदास पथरीले-2003'", "जो तुमसे कहा-2007" के बाद "फ़ैसले हवाओं के" उनका तीसरा ग़ज़ल संग्रह है जिसका लोकार्पण 2015 मई माह के अंत में स्थानीय रोटरी भवन के हाल में अदबी संगम द्वारा आयोजित किया गया था, कार्यक्रम की अध्यक्षता उर्दू अकेडमी दिल्ली के जनाब डॉ. ख़ालिद महमूद साहब ने की थी।

मैं बताऊँ तुम्हें जो जानो तुम
फ़ुर्सतें कितनी जानलेवा हैं
एक लम्हा किसी से मिलने का
मुद्दतें कितनी जानलेवा हैं
उससे मिलना, बिछड़ना फिर मिलना
आदतें कितनी जानलेवा हैं
सिर्फ़ इक अक्स सोचते रहना
चाहतें कितनी जानलेवा हैं

'जानलेवा हैं' वाले रदीफ़ की ये ग़ज़ल वाक़ई जानलेवा है। ऐसे अनूठे रदीफ़ और क़ाफ़िये मौनी साहब ने अपनी इस किताब की ग़ज़लों में सजाए हैं कि दिल पढ़ते हुए अश-अश कर उठता है। 'सरवर हसन सरवर' जी ने किताब के फ़्लैप पर लिखा है कि "मौनी साहब की शायरी में उनके जज़्बों की पाकीज़गी साफ़-साफ़ नज़र आती है। इंसानी रिश्तों में बिखराव और मआशरे में पाई जाने वाली ना-आसूदगी (असंतोष) व महरूमी पर मलाल के साथ मुस्तक़बिल के रौशन और ख़ुशहाल होने की उम्मीद जनाब 'मौनी गोपाल तपिश' साहब के कलाम को हर खासो-आम के दिलों तक पहुँचाती है।

यूँ तो उम्र बीत जाती हैं किसी की याद में
एक पल का वास्ता था एक पल गुज़रा नहीं

सिर्फ़ तनक़ीदें न कर, मुझमें कभी जी कर भी देख
तू कभी शायद कहे, ऐसा ही कर वैसा नहीं
तनक़ीदें=आलोचना

ज़िन्दगी कैसे कटेगी तुझसे बिछुड़ा मैं अगर
एक ख़दशा हर घड़ी था, जिससे मैं उबरा नहीं
ख़दशा=संदेह

इस बेजोड़ किताब की प्राप्ति के लिए आप "अनुभव प्रकाशन - गाज़ियाबाद" से 09811279368 पर संपर्क कर सकते हैं लेकिन जैसा मैं हमेशा कहता आया हूँ कि बेहतर तो यही रहेगा आप मौनी जी से उनके मोबाइल 7503070900 पर बात कर उन्हें बधाई दें और इस किताब की प्राप्ति का आसान रास्ता पूछ लें और जो लोग फ़ोन करने कतराते हैं वो उन्हें mgtapish@gmail.com पर मेल कर सकते हैं।

मेरा अब इस पोस्ट से अलविदा कहने का वक़्त आ गया है लेकिन मलाल ये रह गया है कि मैं मौनी जी के कुछ और बेहतरीन शेर, उनकी नज़्में, गीत और मुक्त छन्द चूँकि आपको नहीं पढ़वा पा रहा इसलिए गुज़ारिश करता हूँ कि जल्द से जल्द आप इस किताब को मँगवाएँ और पढ़ें। मुझे यक़ीन है कि इसे पढ़ते वक़्त आपके दिल से मौनी जी और मेरे लिए दुआएँ ही निकलेंगी। चलते-चलते उनकी एक ग़ज़ल के ये शेर पढ़ते चलें:

ग़म हुए, फिर ग़म हुए, फिर ग़म हुए
आँख के कोने कभी पुरनम हुए?
ज़िन्दगी क्या ज़िन्दगी की बात क्या
जब भी वो हमसे कभी बरहम हुए
बरहम=नाराज़

इश्क़ ठहरा फिर चला फिर रुक गया
फिर वही शिकवे-गिले पैहम हुए
पैहम=साथ

तेरी आँखें, तेरे आरिज़, तेरे लब
ज़िन्दगी में मोजज़े हर दम हुए
आरिज = गाल, मोजज़े = चमत्कार

* * *

बेचेहरगी
(भारत भूषण पंत)

चलिए "किताबों की दुनिया" श्रृंखला की आज की कड़ी शुरू करने से पहले आपको कुछ फुटकर शेर पढ़वाते हैं जो इस पोस्ट के मिज़ाज को बनाए रखने में सहायक होंगें। आपने अगर पहले से ही ये शेर पढ़े हैं तो आपको इस बाकमाल शायर के बारे में बहुत कुछ बताने की ज़रूरत नहीं पड़ेगी और नहीं पढ़े तो हम तो हैं ही बताने को

छतरी लगा के घर से निकलने लगे हैं हम
अब कितने एहतियात से चलने लगे हैं हम
हो जाते हैं उदास कि जब दो-पहर के बाद
सूरज पुकारता है कि ढलने लगे हैं हम
न आँख में कोई आँसू न हाथ में कोई फूल
किसी को ऐसे सफ़र पर रवाना करते हैं?
हमें अंजाम भी मालूम है लेकिन न जाने क्यों
चराग़ों को हवाओं से बचाना चाहते हैं हम
ज़रा-सी धूप चढ़ेगी तो सर उठाएगी
सहर हुई है अभी आँख मल रही है हवा
शरारतों का वही सिलसिला है चारों तरफ़
कहाँ चराग़ जलाएँ हवा है चारों तरफ़

आपको बता देता हूँ कि ये लाजवाब शेर उस्ताद शायर जनाब "वाली आसी" साहब के हैं जिनकी किताबों की दुकान "मकतब-ए-दीनो-अदब" जहाँ व्यापार कम और अदब की ख़िदमत ज़्यादा की जाती थी, पर लखनऊ के तमाम छोटे-बड़े शायरों और तालिब-ए-इल्म का जमावड़ा हुआ करता था। उर्दू शायरी के दीवाने उनसे गुफ़्तगू करने और शायरी के नए अंदाज़ सीखने, इस्लाह लेने के लिए जमा होते थे। उनके बहुत से मुस्लिम और ग़ैर मुस्लिम शागिर्द हुए जिन्होंने उनसे बहुत कुछ सीखा और शायरी में आला मुक़ाम हासिल करने के साथ साथ उनका और अपना नाम भी रौशन किया। उन्हीं के एक ग़ैर मुस्लिम शागिर्द जिनके उस्ताद भाई "मुनव्वर राना" हैं की किताब हम आज आपके लिए लाये हैं।

चाहतों के ख़्वाब की ताबीर थी बिल्कुल अलग
और जीना पड़ रही है ज़िन्दगी बिल्कुल अलग

और कुछ महरूमियाँ भी ज़िन्दगी के साथ हैं
हर कमी से है मगर तेरी कमी बिल्कुल अलग

महरूमियाँ = कमियाँ

आईने में मुस्कुराता मेरा ही चेहरा मगर
आईने से झाँकती बेचेहरगी बिल्कुल अलग

जनाब "भारत भूषण पंत" साहब की ग़ज़लों की किताब "बेचेहरगी", जिसका ज़िक्र हम करने जा रहे हैं, का एक एक शेर इस बात की गवाही देता है कि एक शागिर्द के लिए आला दर्जे के उस्ताद की एहमियत क्या होती है और अच्छा शेर कहना किस कदर सलीक़े का काम है। उनकी हर ग़ज़ल गहरी सोच का परिणाम है। एक ऐसी शायरी जिसमें ज़िन्दगी अपने सभी रंगों के साथ नज़र आती है। यूँ कहना ज़्यादा मुनासिब होगा कि अगर आपको ज़िन्दगी के रंग शायरी के संग देखने हों तो भारत भूषण पंत साहब को पढ़ें।

दिल का बोझ यूँ हल्का तो हो जाता है
लेकिन रोने से अश्कों की भी अरजानी होती है

अरजानी=नुक़्सान, बेकार जाना

रंज उठाने की तो आदत पड़ ही जाती है
मुश्किल तब होती है जब आसानी होती है
हम भी ऐसे हो जायेंगे किसने सोचा था
अपनी सूरत देख के अब हैरानी होती है

फ्रेंच कट दाढ़ी भारत भूषण जी के चेहरे पर फबती तो है लेकिन अमिताभ बच्चन की तरह उनकी पहचान नहीं बनती क्योंकि उनकी असली पहचान तो उनकी शायरी के हवाले से है। बेहद संजीदा किस्म के शायर पंत साहब अपने बारे में ज़्यादा नहीं बोलते लेकिन उनकी शायरी सुनने वालों के सर चढ़ कर बोलती है। आज के मंचीय शायरों को जो मुशायरों में सामईन से अपने हर शेर पर दाद की भीख माँगते हैं पंत साहब से ये बात सीखनी चाहिए की अगर शेर में दम होगा तो दाद ख़ुद-ब ख़ुद सुनने वालों के मुँह से निकलेगी।

वक़्त से पहले सूरज भी कब निकला है
ख़ुद को सारी रात जला कर क्या होगा
तब तक तो ये बस्ती ही जल जाएगी
अपने घर की आग बुझा कर क्या होगा
इन कपड़ों में यादों जैसी सीलन है
इन कपड़ों को धूप दिखा कर क्या होगा
यूँ तो कभी ये ज़ख़्म नहीं भर पाएँगे
दीवारों से सर टकरा कर क्या होगा

3 जून 1958 को जन्मे भारत भूषण जी का स्थायी निवास लखनऊ ही रहा है यहीं से इन्होंने शिक्षा प्राप्त की और यहीं के एक कोऑपरटिव बैंक में काम किया। व्यक्तिगत कारणों से सन 2011 वी आर एस लेने के बाद अब वो पूर्ण रूप से लेखन को समर्पित हैं। अपने आसपास और भीतर की दुनिया को देखने समझने का उनका अपना तरीक़ा है, वो जो महसूस करते हैं उसी को बहुत ईमानदारी के साथ अपनी शायरी में ढाल देते हैं। पंत साहब की शायरी में मन की बेचैनी तो है लेकिन साथ ही तेज़ धूप में किसी घने बरगद के तले मिलने वाले सुकून का एहसास भी है।

यही तन्हाइयाँ हैं जो मुझे तुझसे मिलाती हैं
इन्हीं ख़ामोशियों से तेरा चर्चा रोज़ होता है
ये इक एहसास है ऐसा किसी से कह नहीं सकता
तेरी मौजूदगी का घर में धोका रोज़ होता है
ये मंज़र देख कर हैरान रह जाती हैं मौजें भी
यहाँ साहिल पे इक टूटा घरौंदा रोज़ होता है
मैं इक किरदार की सूरत कई परतों में जीता हूँ
मेरी बेचेहरगी का एक चेहरा रोज़ होता है

उर्दू और हिंदी दोनों लिपि में एक साथ छपी "बेचेहरगी" पंत साहब की तीसरी ग़ज़लों की किताब है जो सन 2010 में प्रकाशित हुई थी, इसमें उनकी 70 लाजवाब ग़ज़लें संगृहीत हैं। इससे पूर्व उनकी पहली किताब "तन्हाइयाँ कहती हैं" सुमन प्रकाशन आलमबाग़ से सन 2005 में और "यूँ ही चुपचाप गुज़र जा" सन 1995 में प्रकाशित हो कर मक़बूल हो चुकी है। उनकी आज़ाद नज़्मों की किताब सन 1988 में "कोशिश" शीर्षक से प्रकाशित हुई थी। उनके उस्ताद भाई मुनव्वर लिखते हैं कि -भारत भूषण ने अपनी शायरी को हमेशा सिसकियों की छत्रछाया में रखा है, किसी भी लफ़्ज़ को चीख़ नहीं बनने दिया। अपनी हर ग़ज़ल में वो अपने दुखों से खेलते दिखाई देते हैं।

हर घड़ी तेरा तसव्वुर, हर नफ़स तेरा ख़याल
इस तरह तो और भी तेरी कमी बढ़ जायेगी
तसव्वुर: कल्पना, नफ़स: साँस
उसने सूरज के मुक़ाबिल रख दिए अपने चिराग़
वो ये समझा इस तरह कुछ रौशनी बढ़ जायेगी
तू हमेशा माँगता रहता है क्यूँ ग़म से निजात
ग़म नहीं होंगे तो क्या तेरी ख़ुशी बढ़ जायेगी?
क्या पता था रात भर यूँ जागना पड़ जायेगा
इक दिया बुझते ही इतनी तीरगी बढ़ जायेगी
तीरगी: अँधेरा

शमीम आरज़ू साहब ने लखनऊ सोसाइटी की साइट पर लिखा है कि "भारत भूषण पंत की शाइरी एहसास की शाइरी है। वह मुशायरे नहीं लूटती लेकिन किसी शिकस्तादिल शख़्स की ग़मगुसारी और चारासाज़ी बख़ूबी करती है। ये वो सिफ़त है जो हर किसी के हिस्से में नहीं आती है। क्योंकि इसका अहतराम करने के लिए ख़ुलूस और हिस्सियत के जिन नाज़ुक दिल जज़्बात की ज़रूरत होती है वो अक्सर मुशायरों की तालियों से ख़ौफ़ खाते हैं। पंत साहब को अदबी खेमों का हिस्सा बनना भी नहीं आता। लेकिन गेसू-ए-ग़ज़ल को सँवारना उन्हें ख़ूब आता है।

कुछ तो घरवालों ने हमको कर दिया माज़ूर सा
और कुछ हम फ़ितरतन उकता गए घरबार से

माज़ूर-मजबूर

तेरे सपनों की वो दुनिया क्या हुई, उसको भी देख
हो चुकी हैं नम बहुत, आँखें उठा अख़बार से
सबसे अच्छा तो यही 'ग़ालिब' तेरा जामे-सिफ़ाल
टूट भी जाये तो फिर ले आइये बाज़ार से

जामे-सिफाल -मिटटी का प्याला

इस किताब का ज़िक्र लखनऊ के शायर मेरे अज़ीज़ अखिलेश तिवारी जी के बिना पूरा नहीं होगा क्योंकि उन्हीं की बदौलत ये किताब मुझे इस शर्त पर पढ़ने को मिली कि मैं इसे पढ़ते ही उन्हें वापस लौटा दूँगा। अखिलेश का ये उपकार मैं कैसे चुकाऊँ ये मेरे लिए अब शोध का विषय बन गया है। जिनके पास अखिलेश जैसे मददगार नहीं हैं उनको इस किताब प्राप्ति के लिए यूनिवर्सल बुक सेलर्स, हज़रत गंज, गौमती नगर लखनऊ को लिखना पड़ेगा या फिर भारत भूषण जी को उनके मोबाइल 9415784911 पर संपर्क करना पड़ेगा। यक़ीन मानें आपके द्वारा इस अनमोल किताब की प्राप्ति के लिए किया गया कोई भी प्रयास व्यर्थ नहीं जायेगा।

भरे घर में अकेला मैं नहीं था
दरो-दीवार थे, तन्हाइयाँ थीं
लड़कपन के मसायल भी अजब थे
पतंगे थीं, उलझती डोरियाँ थीं

मसायल=विषय

बहुत उकता गया था दिल हमारा
कई दिन से मुसलसल छुट्टियाँ थीं
हमारी दास्ताँ में क्या नहीं था
हवा थी, बारिशें थीं, बिजलियाँ थीं

शायरी करने वालों और सीखने वालों के लिए इस किताब में बहुत कुछ है जैसे शेर में लफ़्ज़ किस तरह कितने और कहाँ बरतने चाहिए। सीधी सरल बोलचाल की भाषा में अपनी बात शायराना ढंग से रखने का फ़न ये किताब वरक़ दर वरक़ सिखाती है। आख़िर में फिर से मुनव्वर राना साहब की इस बात को आपतक पहुँचा कर आपसे से विदा लेते हैं "एक नौजवान जिसकी मादरी ज़बान हिंदी हो जिसने उर्दू मेहनत करके सीखी हो, जो एक छोटे से बैंक में एक छोटी सी पतवार के सहारे अपनी ज़िन्दगी की कश्ती को मसायल और उलझनों के दरया में सलीक़े से चला रहा हो, मुशायरों से कोई दिलचस्पी न रखता हो, अपने आपको अकेलेपन की ज़ंजीर में जकड़े हुए हो, जो चेहरे पर हमेशा एक बोझिल सी मुस्कराहट चिपकाये हुए शहर की सड़कों पर किसी फ़साद में जली हुई किताब के वरक़ की तरह टूटता बिखरता और उड़ता चला जा रहा हो, यक़ीनन वो कोई ऐसा मुसव्विर (चित्रकार) होगा, जो क़लम से काग़ज़ पर शायरी नहीं मुसव्वरी कर रहा होगा, आइए हम ऐसे शायर का सूफी मन इंसान का इस्तेक़बाल करें। यही इस शायर का ईनाम भी होगा और मेहनताना भी"

मुसव्विर अपने फ़न से ख़ुद भी अक्सर ऊब जाते हैं
अधूरे ही बना कर कितने मंज़र छोड़ देते हैं
बहुत से ज़ख़्म हैं ऐसे जो देखे भी नहीं जाते
जहाँ घबरा के चारागर भी नश्तर छोड़ देते हैं
कभी जब जमने लगती हैं हमारी सोच की झीलें
तो हम ठहरे हुए पानी में पत्थर छोड़ देते हैं

पोस्ट कुछ लम्बी ज़रूर हो गयी है लेकिन जब शायर बेहतरीन हो तो ऐसी बातें नज़र अंदाज़ कर देनी चाहिए। अगली किताब की तलाश में निकलने से पहले एक आख़री शेर और पढ़ते चलें :

सच कहूँ तो मौजों से डर मुझे भी लगता है
क्या करूँ किनारों पर नाव चल नहीं सकती
सैंकड़ों घर फूँक कर जिसने सजाई महफ़िलें
उस शम'अ का क्या करूँ, उस रौशनी का क्या करूँ
बेचकर मुस्कान अपनी दर्द के बाज़ार में
ख़ुद दुखी हो कर मिली जो उस ख़ुशी का क्या करूँ
है ज़माने की हवा शैतान, पानी दोगला
देवता लाऊँ कहाँ से, आदमी का क्या करूँ
प्यार के इज़हार में बजती तो मैं भी नाचता
जो कमानों पर चढ़ी, उस बाँसुरी का क्या करूँ

* * *

कमान पर चढ़ी बाँसुरी
(ओम प्रकाश चतुर्वेदी 'पराग')

हमारे आज किताबों की दुनिया श्रृंखला के शायर सिर्फ़ शायर ही नहीं थे शायरी से पहले उन्होंने अपने हिंदी गीतों, बाल कविताओं, यात्रा वृतांतों और व्यंग लेखों से बहुत प्रसिद्धि हासिल कर ली थी। ऐसे बहुमुखी प्रतिभा के इंसान ओम प्रकाश चतुर्वेदी 'पराग', साहब की कही ग़ज़लों की अंतिम पुस्तक "कमान पर चढ़ी बाँसुरी" का ज़िक्र हम करने जा रहे हैं।

मुसाफ़िर हूँ तो मैं सहरा का, लेकिन
चमन का रास्ता भी जानता हूँ
ये दुनिया सिर्फ़ ख़ारों से ख़फ़ा है
मैं फूलों की ख़ता भी जानता हूँ
क़फ़स में झूठ के भी ख़ुश नहीं हूँ
सचाई की सज़ा भी जानता हूँ
ग़ज़ल कहता हूँ रचता गीत भी मैं
कहन का क़ायदा भी जानता हूँ

"कहन का क़ायदा भी जानता हूँ" इस किताब के पन्ने पलटते हुए उनकी इस बात की पुष्टि हो जाती है कि वो कहन का क़ायदा सिर्फ़ जानते ही नहीं थे बख़ूबी जानते थे तभी तो "कमान पर चढ़ी बाँसुरी" से पूर्व उनके चार ग़ज़ल संग्रह "नदी में आग लगी है", "फूल के अधर पर पत्थर", "अमावस, चाँदनी, मैं" और "आदमी हूँ मैं मुकम्मल' प्रकाशित हो कर धूम मचा चुके थे। मजे की बात ये है कि पराग साहब आयु की अधिकता और अपने गिरते स्वास्थ्य के कारण अपने इस पाँचवे ग़ज़ल संग्रह के प्रकाशन के पक्ष में नहीं थे, ये तो भला हो उनके मित्र कवि एवं साहित्यकार श्री देवेन्द्र शर्मा 'इंद्र' जी का जिनके अथक प्रयास से ये पुस्तक और इसमें संग्रह की हुई उनकी 62 अनूठी ग़ज़लें पाठकों तक पहुँची।

मैं न मंदिरों का मुरीद हूँ, न ही मस्जिदों का हूँ आशना
मैं तो अंतहीन उड़ान हूँ, मुझे बंदिशों में न क़ैद कर
कभी क़ाफ़िलों में रहा नहीं, किसी कारवाँ में चला नहीं
मुझे रास आई न रौनक़ें, मुझे महफ़िलों में न क़ैद कर
मैं वो आग हूँ जो जली नहीं, मैं वो बर्फ़ हूँ जो गली नहीं
मैं तो रेत पर हूँ लिखा गया, मुझे काग़ज़ों में न क़ैद कर
किसी शर्त पर न जिया कभी, मैं न ज़िन्दगी का ग़ुलाम हूँ
मेरी मौत होगी नज़ीर-सी, मुझे हादसों में न क़ैद कर

अपनी ग़ज़लों के बारे में पराग साहब ने इस किताब की भूमिका में कहा है कि "मैं ग़ज़ल में अपने हृदय की संवेदनाओं और अनुभूतियों को अधिक सहज और प्रभावशाली ढंग से अभिव्यक्त कर पाता हूँ" तभी हमें इन शेरों को पढ़ कर उनके फक्कड़, ख़ुद्दार और अलमस्त व्यक्तित्व की स्पष्ट झाँकी नज़र आ जाती है। शायर अपनी सोच से पाठक के मन में द्वन्द पैदा करता है, उसे सोचने को मजबूर करता है और उसे एक अच्छा इंसान बनने में सहायता करता है। ऐसा शायर भले ही इस दुनिया से रुख़सत हो जाए लेकिन उसकी शायरी हमेशा ज़िंदा रहती है। पाठक उनकी रचनाएँ इंटरनेट की प्रसिद्ध साइट 'रेख़्ता', 'कविता कोष' और अनुभूति इत्यादि पर पढ़ सकते हैं।

खेत सूखे हैं, चमन ख़ुश्क है, प्यासे सेहरा
और तालाब में बरसात, ख़ुदा ख़ैर करे
जिसने कंधे पे मेरे चढ़ के छुआ है सूरज
आज दिखला रहा औक़ात, ख़ुदा ख़ैर करे
मुझसे जितना भी बना मैंने सँवारी दुनिया
अब तो बेक़ाबू हैं हालात, ख़ुदा ख़ैर करे

4 मई 1933 को जगम्मनपुर जनपद जालौन उत्तर प्रदेश में जन्मे ओमप्रकाश जी ने एम ए (हिंदी) और विशारद करने के बाद उत्तर प्रदेश के मनोरंजन कर विभाग में कार्य किया और फिर वहीं से उपायुक्त के पद से सेवा निवृत हुए। उसके बाद का जीवन उन्होंने लेखन ,पत्रकारिता और सामाजिक सेवा को समर्पित कर दिया। उनके गीत संग्रह 'धरती का क़र्ज़', देहरी दीप', 'अनकहा ही रह गया', 'याद आता है जगम्मनपुर', बाल कविता संग्रह 'बड़ा दादा, छोटा दादा', 'मनपाखी', व्यंग संग्रह 'बलिहारी', 'छोडो भी महाराज' और यात्रा वृतांत 'दर्रों का देश लद्दाख' बहुत चर्चित हुए। 11 जनवरी 2016 को ग़ाज़ियाबाद में फेफड़ों की लम्बी बीमारी के बाद उनका निधन हो गया।

मैं अपनी ग़ज़लें लेकर महफ़िल में क्यों जाता
मेरे गीतों को तो चौपालों ने गाया है
माँ का आँचल हो कि शजर की शाख़ों का साया
ठिठुरन और तपन दोनों ने शीश झुकाया है
अब न कभी कहना वह तो डूबे सूरज सा है
काली रातों में भी उसने चाँद उगाया है

पत्रकारिता और संपादन के क्षेत्र में भी 'पराग' जी का बहुमूल्य योगदान रहा है। 'गीताभ' के 10 संस्करणों के अलावा उन्होंने विदुरा, नीराजन, निर्धनविभा, भोर जगी कलियाँ, नूपुर आदि का संपादन किया और बरेली से प्रकाशित 'हास्य-कलश' वार्षिकी का चार वर्षों

तक संयुक्त प्रकाशन किया। जीवन भर उन्होंने क़लम का साथ नहीं छोड़ा और विपरीत परिस्थितिओं में भी लिखते रहे। प्रसिद्ध कवि 'बाल स्वरूप राही' जी ने उनकी शायरी के बारे में लिखा है कि "उनकी शायरी में हुस्न परस्ती भी है, इश्क़ की मस्ती भी है, नाकामियों की पस्ती भी है, चौंका देने वाली ख़ुद परस्ती भी है, घर-बार से बाज़ार में बदलती हुई बस्ती भी है"

उनको दिल्ली का प्रतिष्ठित सम्मान परम्परा साहित्य अवार्ड से भी अलंकृत किया गया था

न चाँदनी, न कभी धूप का मज़ा पाया
रहे हैं आप तो बहुमंज़िले मकानों में
बता रहे हैं जिसे आप टाट का टप्पर
शुमार है वो बुरे वक़्त के ठिकानों में
सुकून ढूँढ़ रहे हैं जो मैकदे में आप
मिलेगा आपको पलकों के शामियानों में

'कमान पर चढ़ी बाँसुरी को अयन प्रकाशन, महरौली ने सन 2014 में प्रकाशित किया है। किताब की प्राप्ति के लिए आप अयन प्रकाशन के श्री भूपी सूद साहब से उनके मोबाइल नंबर 9818988613 पर संपर्क कर सकते हैं। किताब का आवरण छोटी बहर की ग़ज़लों के उस्ताद शायर और कमाल के चित्रकार जनाब विज्ञान व्रत साहब ने तैयार किया है जो देखते ही बनता है। अफ़सोस की बात है कि अपनी ग़ज़लों के लिए दाद के हक़दार 'पराग' साहब हमारे बीच नहीं हैं लेकिन उनकी ग़ज़लों को पढ़ कर दिल से निकली वाह उन तक ज़रूर पहुँचेगी।

'पराग' साहब की एक ग़ज़ल के इन शेरों को आप तक पहुँचा कर हम निकलते हैं एक और किताब की तलाश में

घिर रहे हर सिम्त जालों से उजाले
चाँद से मावस बड़ी है, देखिए तो
होंठ हँसते हैं, थिरकते पाँव, लेकिन
आँख में बदली अड़ी है, देखिए तो
बैठने वाले ही नाक़ाबिल हैं, या फिर
कुर्सियों में गड़बड़ी है, देखिए तो
तुम ज़ुबाँ खोलो कि जब कोई न बोले
शर्त ये कितनी कड़ी है, देखिए तो

* * *

शजर मिज़ाज
(अतुल अजनबी)

आज 'किताबों की दुनिया' श्रृंखला का आग़ाज़ हिन्दुस्तानी ज़बान के लाजवाब शायर स्वर्गीय जनाब 'निदा फ़ाज़ली' साहब की ग़ज़ल के बाबत कही इस बात से करते हैं कि -ग़ज़ल में दर अस्ल 'जो है' का चिलण नहीं होता, यह हमेशा 'जो है' में 'जो नहीं है' उसकी तस्वीरगरी करती है। ग़ज़ल शब्दों के माध्यम से उस विस्मय की रचना करने का नाम है, जो उम्र के साथ हम खोते रहते हैं और जिसके बग़ैर जीवन 'रात-दिन' का हिसाब किताब बन कर रह जाता है।

दिन, थका-माँदा इक और सोता रहा
रात, बिस्तर पे करवट बदलती रही
ज़ेहन की पटरियों पर तेरी याद की
रेल, हर शाम रुक-रुक के चलती रही
आग में तप के सोना निखरता रहा
ज़िन्दगी ठोकरों में सम्भलती रही

हमारे आज के शायर और उनकी शायरी के बारे में निदा साहब इस किताब की, जिसका ज़िक्र हम करने जा रहे हैं, भूमिका में आगे लिखते हैं कि - वो ग़ज़ल के मिज़ाज और इस मिज़ाज के तक़ाज़ों से वाक़िफ़ हैं, वो कहीं भी ऊँची आवाज़ में बात नहीं करते ...वो जब भी जैसी बात करते हैं, उसे सरगोशियों में अदा करते हैं.... इस सरगोशी के अंदाज़ ने इन ग़ज़लों में वो फ़नकारी उभारी है, जिससे ग़ज़ल बड़ी हद तक दूर होती जा रही है :

जरा क़रीब से चंचल हवा गुज़र जाये
अजब ख़ुशी में शजर खिलखिलाने लगते हैं
मिज़ाज अपना कुछ ऐसा बना लिया हमने
किसी ने कुछ भी कहा, मुस्कुराने लगते हैं
किसी भी चीज़ की तारीफ़ इतनी करता हूँ
कि लोग मुझको ही झूठा बताने लगते हैं

रहस्य को ज़रूरत से ज़्यादा न खींचते हुए आपको बता दूँ कि हमारे आज के शायर हैं 10 अक्टबर 1969 को अकबरपुर फ़ैज़ाबाद में जन्में जनाब 'अतुल अजनबी' साहब जिनकी किताब 'शजर मिज़ाज' का ज़िक्र हम कर रहे हैं।

बलाएँ राह की रोकेंगी क्या भला उसको
जो अपनी आँख में मंज़िल बसाए रहता है
किसी दरख़्त से सीखो सलीक़ा जीने का
जो धूप-छाँव से रिश्ते बनाये रहता है
ग़ज़ल मिज़ाज से भटके न, इसलिए ही 'अतुल'
किताबे-मीर को दिल से लगाये रहता है

आप बस अतुल की किताब के कुछ ही वरक़ पलटिये आपको महसूस होगा कि वो ग़ज़ल की फ़ितरत उसके मिज़ाज़ और अदाओं से वाक़िफ़ हैं और क्यों न हों? जो शख़्स हिन्दुस्तान के बेहतरीन शायर जनाब वसीम बरेलवी साहब से इस्लाह लेता हो उसकी शायरी में ये सारी की सारी ख़ूबियाँ नज़र आना लाज़मी है-

जुगनू ही क़ैद होते हैं हर बार दोस्तों
सूरज पे आज तक कभी पहरा नहीं लगा
उस शख़्स ने दिया है मेरा साथ वक़्त पर
जो शख़्स आज तक मुझे अपना नहीं लगा
बच्चों की फ़ीस, माँ की दवा, कितनी उलझनें
कोई भी शख़्स शहर में तन्हा नहीं लगा

जीवाजी यूनिवर्सिटी से एमए (हिंदी) करने के बाद अतुल जी ने लखनऊ यूनिवर्सिटी से एलएलबी की डिग्री हासिल की। वो अब भारतीय जीवन बीमा निगम की ग्वालियर शाख़ा में कम्प्यूटर प्रोग्रामर के पद पर कार्यरत हैं। शायरी के लिहाज़ से ग्वालियर की गौरवशाली परम्परा रही है जो 'शाह मुबारक आबरू' (1700 -1750) जिनका ये शेर तब चल रही शायरी का बेहतरीन नमूना है-

तुम्हारे लोग कहते हैं क़मर है
कहाँ है, किस तरह की है, किधर है

से होती हुई 'मुज़्तर ख़ैराबादी' (जॉनिसार अख़्तर साहब के वालिद), नारायण प्रसाद 'मेहर' और इसी तरह के लाजवाब शायरों का लम्बा सफ़र तय करते हुए 'अतुल' जैसे होनहार फ़नकारों तक पहुँची है।

महक उठेगा बदन उसका फूल-सा इक दिन
जो तेज़ धूप में अपना बदन जलाएगा

विषैले साँपों से डरता है ख़ुद सपेरा भी
बग़ैर ज़हर के जो हैं उन्हें नचाएगा
मैं इस उमीद पे उससे ख़फ़ा नहीं होता
कभी तो हक़ में मेरे फ़ैसला सुनाएगा

अतुल जी की शायरी की बात किताब के फ़्लैप पर लिखे वसीम साहब के इस व्यक्तव्य को बिना आप तक पहुँचाए पूरी नहीं होगी "अतुल ज़हीन है, तल्वा हैं और ग़ज़ल को समर्पित हैं लिहाज़ा हर वक़्त कोशिश में रहते हैं कि मज़ामीन के नए-नए गोशों में शेरी रंग भरे और काग़ज़ पर उतार दें। अतुल की ग़ैर मामूली लगन, बे पायाँ शौक़ और जुनून की हद तक कुछ कह गुज़रने की ख़लिश उन्हें क़ाबिले-तवज्जो और लाइके ज़िक्र बनाए बग़ैर नहीं रहती, जिसे उनके मुस्कुराते भविष्य का इशारिया समझा जाना चाहिए।"

तेरी ख़ुशी की हवा मात खा न जाये कहीं
लिबास ग़म का मुझे तार-तार करना पड़ा
वो अहतियात बरतने का इतना आदी था
जरा सा काम उसे बार-बार करना पड़ा
लचकती शाख़ पे जब बर्फ़ की चट्टान दिखी
तेरे वजूद का तब ऐतबार करना पड़ा
कमाल उसमें था चश्मा निकालने का अगर
मुझे भी अपना बदन रेगज़ार करना पड़ा

चश्मा : पानी का सोता, रेगज़ार : मरुस्थल

यूँ तो हम सब जानते हैं कि अधिकतर पुरस्कारों और सम्मानों का सम्बन्ध शायर और उसकी शायरी की गुणवत्ता से कम और प्रकाशक अथवा शायर के रसूख़ से ज़्यादा होता है लेकिन जब पुरस्कार या सम्मान से किसी अतुल जैसे अच्छे शायर या उसके कलाम को नवाज़ा जाता है, तो उसकी एहमियत समझ में आती है। अतुल कादम्बिनी महोत्सव, ईटीवी उर्दू और ग्वालियर जेसीज द्वारा पुरस्कृत किये गए हैं।

कभी-कभार मेरा फ़ोन जब नहीं बजता
मैं सोचता हूँ तेरी उलझनों के बारे में
हवा से, धूप से मुश्किल है जानना सब कुछ
नदी बताएगी सच, पर्बतों के बारे में
किसान फसल के नखरे उठा तो लेता है
बहुत है फ़िक्र मगर मौसमों के बारे में

"शजर मिज़ाज" अतुल जी का पहला ग़ज़ल संग्रह है जिसे सन 2009 में दिल्ली के शिल्पायन प्रकाशन ने प्रकाशित किया है। इस संग्रह में अतल जी की बेहतरीन 86 ग़ज़लों के अलावा लगभग 50 फुटकर शेर भी दर्ज हैं। किताब का दिलकश आवरण तैयार किया है उमेश शर्मा जी ने। यूँ तो आप इस किताब की प्राप्ति के लिए शिल्पायन प्रकाशन से 011 -22821174 पर सम्पर्क कर सकते हैं लेकिन सबसे बेहतर तो ये रहेगा कि आप अतुल जी को उनके मोबाइल 09425339940 पर संपर्क कर उन्हें इस बेहतरीन शायरी के लिए बधाई दें और किताब प्राप्ति का आसान रास्ता पूछ लें।

सफ़र हो शाह का या काफ़िला फ़क़ीरों का
शजर मिज़ाज समझते हैं राहगीरों का
शजर : पेड़, मिज़ाज : स्वभाव
पियादे शाह से बे रोक-टोक मिलते हैं
ज़माना जाने ही वाला है अब वज़ीरों का
बिछुड़ के तुझसे मैं ज़िंदा रहूँ ये नामुमकिन
बिना कमान के क्या ऐतबार तीरों का

अतुल जी के बहुत से ऐसे शेर हैं जिन्हें बक़ायदा आम गुफ़्तगू में कोट किया जा सकता है क्योंकि वो हमारी रोजमर्रा की समस्याओं, ख़ुशियों या तकलीफ़ों का ख़ूबसूरती से इज़हार करते हैं, मुझे उनका एक शेर बेहद पसंद है जो इस किताब का हिस्सा नहीं है उसी को पढ़वा कर आपसे रुख़सत होता हूँ और तलाशता हूँ आपके लिए एक नयी किताबः

जब ग़ज़ल मीर की पढ़ता है पड़ोसी मेरा
इक नमी-सी मेरी दीवार में आ जाती है

***

तीतरपंखी
(मंगल नसीम)

किताबें कई तरह की होती हैं, कुछ किताबें होती हैं जिनकी तरफ़ देखने का मन नहीं करता, कुछ को देख कर अनदेखा करने का मन करता है, कुछ को हाथ में लेकर देख कर रख देने का मन करता है, पढ़ कर भूल जाने का मन करता है तो कुछ हमेशा याद रहती हैं लेकिन कुछ किताबें ऐसी भी होती हैं, जिन्हें देख कर एक पुराना फ़िल्मी गाना याद आ जाता है "देखते ही तुझे मेरे दिल ने कहा ज़िन्दगी भर तुझे देखता ही रहूँ।" आज हम ऐसी ही किताब का ज़िक्र करेंगे जिसे देख-खोल कर मुँह से अपने आप ही 'अहा' निकल जाता है:

मुझसे मेरा मन मत माँगो
मन का भी इक मन होता है
तुम आये मन यूँ महका ज्यूँ
महका चन्दन-वन होता है
सुंदरता होती है मन की
तन तो पैराहन होता है

शायर के मन की सुंदरता को ख़ूबसूरत कलाम के ज़रिये बेहद दिलकश अंदाज़ में पेश करने वाली हमारी आज की किताब है "तीतरपंखी" जिसके शायर हैं जनाब 'मंगल नसीम' साहब! ये किताब हिंदी और उर्दू दोनों लिपियों में एक साथ प्रकाशित हुई है यानी हिंदी में उर्दू शायरी पढ़ने वाले पाठकों के साथ-साथ उर्दू पढ़ने वाले पाठक भी नसीम साहब की इस किताब में उनकी शायरी का लुत्फ़ उठा सकते हैं।

नहीं, हममें कोई अनबन नहीं है
बस इतना है कि अब वो मन नहीं है
मैं अपने आप को सुलझा रहा हूँ
उन्हें लेकर कोई उलझन नहीं है
मुझे वो ग़ैर भी क्यों कह रहे हैं
भला क्या ये भी अपनापन नहीं है
मैं अपने दोस्तों के सदके लेकिन
मेरा क़ातिल कोई दुश्मन नहीं है

20 सितम्बर 1955 को खारी बावली पुरानी दिल्ली में जन्में 'मंगल नसीम' साहब आजकल शाहदरा दिल्ली के निवासी हैं, आपके पिता श्री रामेश्वर दत्त जी का दिल्ली में कत्थे

                                51 किताबें ग़ज़लों की भाग-1

का बहुत बड़ा व्यापर था। एक व्यापारी के पुत्र का व्यापारी बनना जग ज़ाहिर है लेकिन उसके ज़ेहन में शायरी का परवान चढ़ना किसी अजूबे से कम नहीं। अपने कॉलेज के दिनों से ही शायरी करने वाले मंगल नसीम साहब का 'तीतरपंखी" उनका दूसरा शेरी मजमूआ है जो सन 2010 में शाया हुआ, हैरत की बात ये है कि उनका पहला शेरी मजमूआ "पर नहीं अपने" सन 1992 में शाया हुआ था यानी पहले और दूसरे शेरी मजमूओं के बीच 18 सालों का वक्फ़ा है।

मुझको था ये ख़याल कि उसने बचा लिया
और उसको ये मलाल कि ये कैसे बच गया
उसको उदास देखके पहले ख़ुशी हुई
पर फिर दिलो-दिमाग़ में कोहराम मच गया
कोई तवील उम्र भी यूँ ही जिया 'नसीम'
कोई ज़रा-सी उम्र में इतिहास रच गया

नसीम साहब शायरों की उस फ़ेहरिश्त में नहीं आते जिनके कलाम आये दिन रिसालों अख़बारों में छपते हैं और जो हर दूसरे मुशायरे में नमूदार हो कर अपने अशआरों पर वाह-वाही करने के लिए सामईन के सामने गिड़गिड़ाते देखे जाते है, उनका शुमार उन शायरों की लिस्ट में बहुत ऊपर है, जो कभी कभार लिखते हैं और जिनका लिखा पढ़ने सुनने वाले के दिल पर हमेशा के लिए अपनी जगह बना लेता है।

वो क़र्ज़ साँसों का देता है अपनी शर्तों पर
पठान सूद पे जैसे उधार देता है
हरेक क़ुर्ब में दूरी है, थोड़ी देर के बाद
पिता भी गोद से बच्चा उतार देता है
ये मत कहो वो भले का सिला नहीं देता
सिला वो देता है, देता है, यार देता है

और शायद यही वजह है की उनकी दो किताबों के बीच इतना लंबा अंतराल आया है। वो ख़ुद इस बात को मानते हुए अपनी इस किताब की भूमिका में लिखते भी है कि "अपनी कमगोई और कम-हौसलगी को देखते हुए एक और किताब के बारे में सोच तक न पाता था मैं, सोचता था कम से कम मुझसे तो एक किताब नहीं ही हो सकती। इसी सोच के चलते पूरे 18 बरस बीत गए। इन 18 बरसों में, गाहे-ब-गाहे शेर कहता और अहबाब को सुना ख़ुश हो रहता।" ये पाठकों की ख़ुश क़िस्मती है कि उनके एक चाहने वाले ने उनके पहले मजमूए के बाद आये कलाम को सिलसिलेवार ढंग से एक डायरी में दर्ज कर लिया और उसी वजह से ये किताब मंज़रे-आम पर आयी।

तीतरपंखी बादल छाया, सबको आस बँधी
लेकिन अबके तीतरपंखी भी दिल तोड़ गया
उससे ही दूरी रक्खूँ, उसकी ही राह तकूँ
कैसी उलझन से वो मेरा नाता जोड़ गया
अपना-अपना पागलपन है, पागल कौन नहीं
बस इतना भर कहके वो पागल दम तोड़ गया

कहते हैं कि तीतरपंखी बादल वो बादल होता है जिसके बरसने की संभावना प्रबल होती है, अब ये बात सच है या नहीं ये तो नहीं पता, लेकिन इस, किताब के हर पन्ने पर तीतरपंखी बादलों के छाया चित्रों से बरसते अशआर पाठक को अंदर तक भिगो देते हैं। मंगल नसीम साहब ने अपने समकालीन शायरों के मुकाबले कम कहा है लेकिन जो भी जितना भी कहा है बहुत पुख़्तगी से कहा है। शायरी में लफ़्ज़ बरतने का सलीक़ा उन्होंने अपने उस्ताद कुरुक्षेत्र विश्वविद्यालय में प्राणी विज्ञानं के विभागाध्यक्ष जनाब सत्य प्रकाश शर्मा 'तफ़्ता' साहब से सीखा तभी उनके शेर पढ़ने सुनने वालों के सीधे दिल में उतर जाते हैं।

हवा में जब कभी तेरी छुअन महसूस होती है
भरे ज़ख़्मों में भी बेहद दुखन महसूस होती है
कभी तो बज़्म में भी होता है एहसासे-तन्हाई
कभी तन्हाई भी इक अंजुमन महसूस होती है
मुनासिब फ़ासला रखिये भले कैसा ही रिश्ता हो
बहुत कुर्बत में भी अक्सर घुटन महसूस होती है

मशहूर फ़नकार जनाब 'महेंद्र प्रताप' चाँद' इस किताब में लिखते हैं कि "मंगल नसीम का एक ख़ास वस्फ़ ये है कि वो हवाई बातें नहीं करते बल्कि जो अपनी ज़ात पर गुज़रता महसूस करते हैं या अपने गिर्दो-पेश में जिन वाक़ियातो-हादिसात का मुशाहिदा करते हैं, उन्हें अपने अशआर में बेहद ख़ूबसूरती से ढाल कर पेश कर देते हैं। वो अपने अशआर में हिंदी के साथ-साथ उर्दू व फ़ारसी के लफ़्ज़ों को इस ख़ूबसूरती और चाबुकदस्ती के साथ इस्तेमाल करते हैं कि ये हसीन इम्तिज़ाज हिंदी और उर्दू दोनों जुबानों के अहले-अदब में उनकी क़द्र और मक़बूलियत का ज़ामिन बन चुका है।

'ठीक हो जाओगे' कहते हुए मुँह फेर लिया
हाय क्या ख़ूब वो बीमार का मन रखते हैं
पैर थकने का तो मुमकिन है मुदावा लेकिन
लोग पैरों में नहीं मन में थकन रखते हैं
हम तो हालात के पथराव को सह लेंगे 'नसीम'
बात उनकी है जो शीशे का बदन रखते हैं

प्रसिद्ध ई-पत्रिका 'रचनाकार' में मंगल नसीम साहब पर प्रकाशित एक लेख में विजेंद्र शर्मा साहब ने लिखा है कि "नई नस्ल के बहुत से शाइर मंगल नसीम साहब के शागिर्द है। इनके शागिर्द बताते हैं कि ऐसा उस्ताद नसीब वालों को ही मिलता है। अगर इनके शागिर्द रात के 2 बजे भी कभी इन्हें फ़ोन करके अपना मिसरा सुनाते हैं, तो नसीम साहब बड़ी ख़ुशी से उस वक़्त भी इस्लाह करते हैं।"

किसी उस्ताद का ऐसा किरदार देख कर मुझे कहीं सुनी हुई एक बात याद आ गई कि- दुनिया में ख़ुदा ने बाप और गुरु को ही ये सिफ़त अता की है कि उन्हें अपने बेटे और शिष्य से कभी ईर्ष्या नहीं होती, ये दोनों चाहते हैं कि मेरा बेटा / शिष्य मुझसे भी आगे जाए और अपना नाम रौशन करे। मंगल नसीम साहब की कही ग़ज़ल में एक भी मिसरा ऐसा नज़र नहीं आता जिसमें शाइरी के साथ-साथ उस्तादी ना झलकती हो, इस बात की तस्दीक़ के लिए इनकी एक ग़ज़ल का मतला और दो शेर मुलाहिज़ा फ़रमाएँ:

यूँ ज़ख़्म उसने हाल में जलते हुए दिये
रखने पड़े मिसाल में जलते हुए दिये
पूजा के थाल जैसा वो चेहरा लगा मुझे
दो नैन जैसे थाल में जलते हुए दिये
मेहँदी रची हथेलियाँ लहरों ने चूम लीं
छोड़े जब उसने ताल में जलते हुए दिये

इस ग़ज़ल में "जलते हुए दिये" रदीफ़ को निभाना अपने आप में अद्भुत है। जैसा मैंने पहले भी ज़िक्र किया कि मंगल नसीम साहब शेर कहने में जल्दबाज़ी नहीं करते और जब तक वे ख़ुद मिसरों की शेर में तब्दीली पे मुतमईन नहीं हो जाते तब तक उस शेर को काग़ज़ पे हाज़िरी भी नहीं लगाने देते। नसीम साहब के ख़ुद के प्रकाशन संस्थान 'अमृत प्रकाशन' से प्रकाशित इस निहायत दिलकश किताब की प्राप्ति के लिए आप या तो अमृत प्रकाशन से 011 - 223254568 पर संपर्क करें या फिर सीधे नसीम साहब को इस ख़ूबसूरत किताब के लिए उनके मोबाइल 9968060733 पर बधाई देते हुए किताब प्राप्ति का रास्ता पूछ लें। आपके लिए अगली किताब की तलाश पर निकलने से पहले नसीम साहब की माँ पर कही एक ग़ज़ल के ये शेर आपको पढ़वा कर विदा लेते हैं

क्या सीरत थी क्या सूरत थी
माँ ममता की मूरत थी
पाँव छुए और काम हुए
अम्मा एक मुहूरत थी
बस्ती भर के दुःख-सुख में
माँ इक अहम ज़रूरत थी

* * *

गुमान / लेकिन
(जॉन एलिया)

जॉन एलिया साहब से एक बार जब किसी ने पूछा कि आप इतने बरसों से शायरी कर रहे हैं लेकिन आपका कोई मज़मूआ अब तक शाए क्यों नहीं हुआ तो उन्होंने फ़रमाया- "अपनी शायरी का जितना मुंकिर* मैं हूँ, उतना मुंकिर मेरा कोई बदतरीन दुश्मन भी न होगा। कभी-कभी तो मुझे अपनी शायरी बुरी, बेतुकी, लगती है इसलिए अब तक मेरा कोई मज़मूआ शाए नहीं हुआ और जब तक ख़ुदा ही शाए नहीं कराएगा, उस वक़्त तक शाए होगा भी नहीं।'
*मुंकिरः खारिज करने वाला"

जॉन साहब की ये बुरी और बेतुकी शायरी शाए होने के बाद किस क़दर हंगामा बरपा देगी अगर इस का ज़रा-सा भी गुमाँ उन्हें होता तो शायद उनकी सभी किताबें उनके जीते जी ही शाए हो गयी होतीं।

रूठा था तुझसे यानी ख़ुद अपनी ख़ुशी से मैं
फिर उसके बाद जान न रूठा किसी से मैं
बाँहों से मेरी वो अभी रुख़सत नहीं हुआ
पर गुम हूँ इंतज़ार में उसके अभी से मैं
दम भर तिरी हवस से नहीं है मुझे क़रार
हलकान हो गया हूँ तेरी दिल-कशी से मैं
इस तौर से हुआ था जुदा अपनी जान से
जैसे भुला सकूँगा उसे आज ही से मैं

ज़रा सोचिए ऐसे लाजवाब अशआर बिना पाठकों तक पहुँचे रद्दी के भाव बाज़ार में बिक गए होते अगर 'ख़ालिद अहमद अन्सारी' साहब उन्हें सहेज कर किताबों की शक्ल नहीं देते। सुना है कि उनके अशआर लोगों ने चुराने शुरू कर दिए थे बहुत मुमकिन है कि उनकी शायरी का अहम तो नहीं पर थोड़ा बहुत हिस्सा ऐसे उठाईगीरों की क़ैद में अब भी पड़ा हो।

जीत के मुझको ख़ुश मत होना, मैं तो इक पछतावा हूँ
खोऊँगा, कुढ़ता ही रहूँगा, पाऊँगा, पछताऊँगा
अहदे-रफ़ाक़त ठीक है लेकिन मुझको ऐसा लगता है
तुम तो मेरे साथ रहोगी, मैं तन्हा रह जाऊँगा

अहदे-रफ़ाक़त =दोस्ती का वादा

शाम को अक्सर बैठे-बैठे, दिल कुछ डूबने लगता है
तुम मुझको इतना मत चाहो, मैं शायद मर जाऊँगा

एनीबुक प्रकाशन ने जॉन साहब का 'गुमान' के बाद एक साल के अंदर ही दूसरा शेरी मज़्मूआ 'लेकिन' जिस की बात हम अभी कर रहे हैं को जिस सादगी और ख़ूबसूरती से शाए किया है, उसकी जितनी तारीफ़ की जाय कम होगी। एक नए प्रकाशक के लिए एक शायरी की किताब छापना वो भी जॉन एलिया जैसे की, बहुत बड़ी बात है। हिंदी के बड़े से बड़े प्रकाशक भी ये काम नहीं कर पाए जो इस नए प्रकाशक ने कर दिखाया है।

अभी इक शोर-सा उठा है कहीं
कोई ख़ामोश हो गया है कहीं
तुझको क्या हो गया कि चीज़ों को
कहीं रखता है ढूँढ़ता है कहीं
तू मुझे ढूँढ़ मैं तुझे ढूँढूँ
कोई हम में से रह गया है कहीं
इसी कमरे से कोई हो के विदा'अ
इसी कमरे में छुप गया है कहीं

'गुमान' या 'लेकिन' पढ़ते वक़्त इस बात का एहसास होता है कि जॉन साहब का अपनी बात को कहने का सबसे जुदा अपना एक अलग अंदाज़ था, उनकी शायरी चौंकाने वाली और एक दम नयी थी। कहना होगा कि वो ओरिजिनल शायर थे जिन्होंने किसी और की बनाई राह पर चलने से गुरेज़ किया और अपनी ज़मीनें ईजाद कीं। आज तो बहुत से शायर उनकी नक़्ल करते हुए मिल जायेंगे लेकिन उस वक़्त ऐसी शायरी करने वाला उनके अलावा कोई दूसरा नहीं था जो मंज़र से ज़्यादा पसमंज़र पर निगाहें रखते हुए शायरी करे। उनकी शायरी की ज़ुबान भी बिल्कुल अलग थी।

इक तरफ़ दिल है इक तरफ़ दुनिया
ये कहानी बहुत पुरानी है
क्या बताऊँ मैं अपना पासे-अना
मैंने हँस-हँस के हार मानी है
पासे-अना=स्वाभिमान की रक्षा
रोज़मर्रा है ज़िन्दगी का अजीब
रात है और नींद आनी है
ज़िन्दगी किस तरह गज़ारूँ मैं
मुझको रोज़ी नहीं कमानी है

आज सोशल मीडिया पर उनके मुशायरे के ढेरों वीडिओ रोज़ दिखाई देते हैं, लोग उनकी अनोखी अदाओं, लम्बी ज़ुल्फ़ों, बात चीत के अंदाज़ की चर्चा तो करते नज़र आते हैं

लेकिन उनकी शायरी की जितनी होनी चाहिए, उतनी चर्चा नहीं हो रही जो कि होनी चाहिए। वो अकेले ऐसे शायर हैं जिसे किसी ढाँचे में फ़िट नहीं किया जा सकता। वो जिस बात को क़ुबूल कर रहे हैं उसे ही तुरंत नकारते भी नज़र आ जाएँगे बशर्ते कि कोई बात उनकी पहले से क़ुबूल की गयी बात से बेहतर हो। जॉन साहब की शायरी प्याज़ की परतों की तरह है जिसे अभी पूरी तरह से खोला नहीं गया है।

मुझे याँ किसी पे भरोसा नहीं
मैं अपनी निगाहों से छुप कर छुपा
पहुँच मुख़बिरों की सुख़न तक कहाँ
सो मैं अपने होंटों पे अक्सर छुपा
मिरि सुन! न रख अपने पहलू में दिल
इसे तू किसी और के घर छुपा
यहाँ तेरे अंदर नहीं मेरी ख़ैर
मिरी जाँ! मुझे मेरे अंदर छुपा

'लेकिन' में शाया हुई ग़ज़लों में से कौन-से शेर चुनें कौन से छोड़ूँ की उधेड़बुन में बहुत दिन लगा रहा, आख़िर हुआ ये कि अचानक पलटते हुए जिस पन्ने पर उँगली रखी, उसी पर छपी ग़ज़ल से कुछ शेर उठा लिए और आपको पेश कर दिए - आख़िर ख़ज़ाना भी कहीं चुना जाता है? जहाँ हाथ डालेंगे खरे सोने की खनखनाती अशर्फ़ियाँ ही हाथ आएँगी, यक़ीन न हो तो अमेज़न से ऑनलाइन या फिर एनीबुक से 'लेकिन' मँगवाएँ -जिसका पता मैंने अपनी पिछली पोस्ट में आपको दिया ही था - और ख़ुद देख लें।

बोल रे जी अब साजन जी का मुखड़ा है किस दर्पण का
मैं जो टूटा, मैं जो बिखरा, मैं था दर्पण साजन का
मुझको मेरे सारे खिलौने लाके दो मैं क्या जानूँ
कैसी जवानी, किसकी जवानी, मैं हूँ अपने बचपन का
उस जोगन के रूप हज़ारों, उनमें से एक रूप है तू
जब से मैंने जोग लिया है जोगी हूँ उस जोगन का

'गुमान' और 'लेकिन' के बाद बात करते हैं उनकी तीसरी किताब की जो हाल में ही में "मैं जो हूँ जॉन एलिया हूँ" शीर्षक से प्रकाशित हुई है। वाणी प्रकाशन की इस पेपरबैक किताब में डॉ. कुमार विश्वास ने जॉन साहब की कुछ चर्चित अधिकतर छोटी बहर की ग़ज़लों को संकलित किया है। जॉन साहब की शायरी को पूरी तरह तो नहीं लेकिन आंशिक रूप में जानने के लिहाज़ से इस किताब को पढ़ा जा सकता है।

तो क्या सचमुच जुदाई मुझसे कर ली
तो ख़ुद अपने को आधा कर लिया क्या
बहुत नज़दीक आती जा रही हो
बिछड़ने का इरादा कर लिया क्या

वाणी प्रकाशन की ये किताब आपकी जॉन एलिया को पढ़ने की प्यास भड़का ज़रूर सकती है लेकिन बुझा नहीं सकती। कुमार साहब ने जॉन साहब की लगभग 140 ग़ज़लें इसमें संकलित की हैं, जो पढ़ने वाले को अपने साथ बहा ले जाती हैं, उन्होंने ध्यान रखा है कि जॉन साहब के अपेक्षाकृत सरल अशआर हिंदी पाठकों को परोसे जाएँ:

जो गुज़ारी न जा सकी हम से
हमने वो ज़िन्दगी गुज़ारी है
बिन तुम्हारे कभी नहीं आयी
क्या मिरी नींद भी तुम्हारी है
आप में कैसे आऊँ मैं तुझ बिन
साँस जो चल रही है,आरी है

जॉन साहब दरअसल एक ऐसी दुनिया का ख़्वाब देखते रहे जहाँ धर्म की दीवारें न हों भाईचारा हो अमन चैन हो ईमानदारी हो सच्चाई हो और जब ऐसी दुनिया उन्हें नहीं मिली, तो वे टूट गए। ख़ुद को शराब में डुबो कर बर्बादी की कगार पर ले आये और इस दुनिया ए फ़ानी से रुख़सत हो गए। उनकी शायरी में उदासी, झल्लाहट, गुस्सा साफ़ देखा जा सकता है। अपनी बात कहने में वो किसी से कभी नहीं डरे और जो कहा किसी परवाह के बिंदास कहा

धरम की बाँसुरी से राग निकले
वो सुराख़ों से काले नाग निकले
ख़ुदा से ले लिया जन्नत का वादा
ये ज़ाहिद तो बड़े ही घाघ निकले
है आख़िर आदमियत भी कोई शै
तिरे दरबान तो बुलडाग निकले

कुमार विश्वास किताब की भूमिका में लिखते हैं कि "बिरला होने के लिए आप में शब्दों को निभाने की न्यूनतम योग्यता होनी चाहिए, एक स्वाभिमान चाहिए, एक ख़ुदरंग तबीअत चाहिए और इस बात की सलाहियत चाहिए कि अपनी शायरी को आम आदमी से कैसे स्वीकार करवाना है। यही जॉन हैं। जॉन बिरले हैं।" बिरले ही हैं तभी तो ऐसे बिरले शेर कहें हैं उन्होंने

सोचता हूँ कि उसकी याद आख़िर
अब किसे रात भर जगाती है
कौन इस घर की देखभाल करे
रोज़ इक चीज़ टूट जाती है

हज़ारों शेर हैं जॉन साहब के जो लोगों के दिल में धड़कते हैं, किस-किस शेर की बात की जाय मेरी इस पोस्ट की एक सीमा है और जॉन साहब के शेरों की कोई सीमा नहीं एक कोट करो तो लगता है, अरे इसे तो ज़रूर पढ़वाना चाहिए था क्या करें? आप ऐसा करें इस किताब को वाणी प्रकाशन या फिर अमेज़न से ऑन लाइन मँगवा ही लें, मेरे भरोसे जॉन साहब को पढ़ना ठीक नहीं। आपसे विदा लेने से पहले उनका एक शेर पढ़वाता चलता हूँ जो मुझे बहुत पसंद है, शायद आपको भी पसंद आये, अपनी तरह का अकेला बिरला लाजवाब बेमिसाल सच्चा शेरः

कितनी दिलकश हो तुम कितना दिल-जू हूँ मैं
क्या सितम है कि हम लोग मर जाएँगे

जू:सुन्दर

* * *

देर कर देता हूँ मैं
(मुहम्मद मुनीर ख़ान नियाज़ी)

उर्दू के बेहतरीन शायरों की शायरी का हिंदी में लिप्यंतरण हो चुका है और हो भी रहा है। हिंदी का एक विशाल पाठक वर्ग है जो शायरी से उतनी ही मुहब्बत करता है जितनी कि उर्दू पढ़ने समझने वाले लोग। इसी सिलसिले में एक और लाजवाब शायर की किताब बाज़ार में आयी है, जो बहुत पहले आ जानी चाहिए थी पर चलिए देर आये दुरुस्त आये, या यूँ कहें- "देर लगी आने में तुमको शुक्र है फिर भी आये तो".....

ये शायर यूँ तो जन्मे हिन्दुस्तान में, जा बसे पकिस्तान में, लेकिन ऐसा कहना ग़लत होगा क्योंकि शायर किसी मुल्क का नहीं होता उसे सरहदों या ज़ुबानों की हद में नहीं बाँधा जा सकता, वो तो अपने उन सभी पाठकों का होता है, जो दुनिया में कहीं भी बसे हों, कारण आपको इस शायर की एक ग़ज़ल के इन शेरों में मिल जायेगाः

सारे मंज़र एक जैसे, सारी बातें एक-सी
सारे दिन हैं एक से और सारी रातें एक-सी
बेनतीजा, बेसमर, जंगो-जदल, सूदो-ज़ियाँ
सारी जीतें एक जैसी, सारी मातें एक-सी

बेनतीजा-परिणामहीन, बेसमर=फल रहित, जंगो-जदल-लड़ाई-झगड़ा, सूदो-ज़ियाँ लाभ-हानि

अब किसी में अगले वक़्तों की वफ़ा बाक़ी नहीं
सब क़बीले एक हैं अब, सारी ज़ातें एक-सी
एक ही रुख़ की असीरी ख़्वाब है शहरों का अब
उनके मातम एक-से, उनकी बरातें एक-सी

असीरी=बाध्यता, मजबूरी

"गाँव कनेक्शन" ब्लॉग पर इस शायर के बारे में जो जानकारी मिलती है वो इस तरह है "साल 1928 में पंजाब के होशियारपुर में मुहम्मद फ़तह ख़ान के घर में एक बेटे ने जन्म लिया। उसका नाम रखा गया मुहम्मद मुनीर ख़ान नियाज़ी। साल भर ही गुज़रा था कि फ़तह ख़ान साहब का इंतक़ाल हो गया। ज़रा-सी उम्र में वालिद के इंतक़ाल से मुनीर के घर के हालात बदल गए। जब मुनीर बड़ा हुआ तो उसने अपना नाम बदल लिया अब वो मुहम्मद मुनीर ख़ान नियाज़ी नहीं, सिर्फ़ मुनीर नियाज़ी हो गया।

पाकिस्तान की जदीद शायरी में मुनीर नियाज़ी, फ़ैज़ अहमद फ़ैज़ और नून मीम राशिद के बाद आने वाला नाम है। उनका लहजा बेहद नर्म और ख़याल मख़मल की तरह मुलायम थे। न उनकी आवाज़ में कभी तल्ख़ी सुनी गई न उनकी शायरी में। बड़ी से बड़ी बात को बिना हंगामे के आसानी से कहने के लिए पहचाने जाने वाले मुनीर नियाज़ी की शायरी में एक

नयापन है। उनकी शायरी में ज़बान की ऐसी रिवायत है कि जिसमें कई मुल्की और ग़ैरमुल्की ज़बानों की विरासत मिलती है।"

आज हम उनकी किताब "देर कर देता हूँ मैं" जिसे वाणी प्रकाशन ने "दास्ताँ कहते कहते" श्रृंखला के अंतर्गत पेपरबैक में छापा है की बात करेंगे-

कल मैंने उसको देखा तो देखा नहीं गया
मुझसे बिछुड़ के वो भी बहुत ग़म से चूर था
शामे-फ़िराक़ आयी तो दिल डूबने लगा
हमको भी अपने आप पे कितना गुरूर था
निकला जो चाँद, आयी महक तेज़-सी 'मुनीर'
मेरे सिवा भी बाग़ में कोई ज़रूर था

ज़िन्दगी के बेशुमार रंग अपनी पूरी पॉजिटिविटी के साथ जिस तरह मुनीर साहब की शायरी में दिखाई देते हैं वैसे और किसी शायर की शायरी में नहीं। हिंदी पाठकों में उनका नाम अभी तक उतना लोकप्रिय नहीं हुआ जितना कि उनके समकालीन शायरों का हुआ है, इसका कारण खोजने के लिए आपको मुनीर साहब को पढ़ना पड़ेगा।

आप पाएँगे कि मुनीर नियाज़ी की शायरी चौंकाती नहीं बल्कि उनकी ही तरह धीरे-धीरे मद्धम ठहरे हुए लहज़े में ख़ामोशी से अपनी बात कहती है। आज के तड़क-भड़क और शोरोगुल वाले माहौल में ख़ामोशी की आवाज़ को सुनने के लिए धीरज चाहिए, जो है नहीं।

तुझसे बिछुड़ कर क्या हूँ मैं, अब बाहर आ कर देख
हिम्मत है तो मेरी हालत आँख मिला कर देख
दरवाज़े के पास आ-आकर वापस मुड़ती चाप
कौन है इस सुनसान गली में, पास बुला कर देख
शायद कोई देखने वाला हो जाए हैरान
कमरे की दीवारों पर कोई नक़्श बना कर देख
तू भी 'मुनीर' अब भरे जहाँ में मिल कर रहना सीख
बाहर से तो देख लिया अब अंदर जा कर देख

उनकी शायरी में कुछ ख़ास लफ़्ज़ जैसे हवा, शाम, जंगल बार-बार आते हैं। परवीन शाकिर साहिबा के साथ एक गुफ़्तगू में उन्होंने बताया कि उनकी शायरी में एक नए शहर का तसव्वुर आता है, एक ऐसा शहर, जो इस शहर से जिसमें वो रह रहे हैं बिल्कुल अलग हो, जिसमें मुहब्बत की फ़िज़ाँ हो नफ़रत दुःख उदासी का नामो-निशाँ न हो, जिसकी हवाएँ अलग हों, गुलशन अलग हो, बहारें अलग हों। ये तसव्वुर हर अच्छे इंसान का होता है और उसे पता होता है कि इसका पूरा होना मुश्किल है लेकिन नामुमकिन नहीं, इसीलिए वो ताउम्र

वो इसे पाने की कोशिश में लगा रहता है!

एक नगर ऐसा बस जाए जिसमें नफ़रत कहीं न हो
आपस में धोखा करने की, ज़ुल्म की ताक़त कहीं न हो
उसके मकीं हों और तरह के, मस्कन और तरह के हों
उसकी हवाएँ और तरह की, गुलशन और तरह के हों

मकीं =निवासी, मस्कन =घर

मुनीर नियाज़ी साहब के 11 उर्दू और 4 पंजाबी संकलन प्रकाशित हैं, जिनमें तेज़ हवा और फूल', 'पहली बात ही आख़िरी थी' और 'एक दुआ जो मैं भूल गया था' जैसे मशहूर नाम शामिल हैं। उनकी किताबें उनकी ज़िन्दगी की मुख़्तलिफ़ मंज़िलें हैं जिन्हें उन्होंने अपनी किताबों की शक्ल में रक़म किया है। हिंदी में शायद पहली बार वाणी प्रकाशन की ये किताब आयी है।

उस हुस्न का शेवा है जब इश्क़ नज़र आये
परदे में चले जाना शर्माए हुए रहना
इक शाम-सी कर रखना काजल के करिश्मे से
इक चाँद सा आँखों में चमकाए हुए रहना
आदत सी बना ली है तुमने तो 'मुनीर' अपनी
जिस शहर में भी रहना उकताए हुए रहना

नियाज़ी साहब बँटवारे के बाद साहिवाल में बस गये थे और सन 1949 में 'सात रंग' नाम के मासिक का प्रकाशन शुरू किया. बाद में आप फ़िल्म जगत से जुड़े और अनेकों फ़िल्मों में मधुर गीत लिखे. आपका लिखा मशहूर गीत 'उस बेवफ़ा का शहर है' फ़िल्म 'शहीद' के लिये स्व. नसीम बेगम ने 1962 में गाया। बक़ौल शायर इफ़्तिकार आरिफ़, मुनीर साहब उन पाँच उर्दू शायरों में से एक हैं, जिनका कई यूरोपियन भाषाओं में ख़ूब अनुवाद किया गया है। उनकी ग़ज़लों को पाकिस्तान के ग़ज़ल गायकों ने अपनी आवाज़ दी है। आप में से जो गुलाम अली साहब के दीवाने है उन्होंने उनकी दिलकश आवाज़ में मुनीर साहब की ये ग़ज़ल ज़रूर सुनी होगी

चमन में रंगे-बहार उतरा तो मैंने देखा
नज़र से दिल का ग़ुबार उतरा तो मैंने देखा
ख़ुमारे-मय में वो चेहरा कुछ और लग रहा था
दमे-सहर जब ख़ुमार उतरा तो मैंने देखा

ख़ुमारे-मय-शराब का ख़ुमार, दमे-सहर सुबह के वक़्त

इक और दरिया का सामना था 'मुनीर' मुझको
मैं एक दरिया के पार उतरा तो मैंने देखा

मुनीर साहब ज़िन्दगी भर शायरी के किसी कैम्प में शामिल नहीं हुए उनके अनुसार सिर्फ़ कमज़ोर विचारधारा और सोच के इंसान ही अपना एक ग्रुप बनाते हैं, जिन्हें अपने फ़न पर ऐतबार होता है, वो अकेले ही चलते हैं। बहुत धीर गंभीर तबीअत के मालिक मुनीर साहब जब मंच से अपनी बेहद लोकप्रिय नज़्म "हमेशा देर कर देता हूँ मैं" -सुनाते थे तो इस छोटी-सी नज़्म को सुनते वक़्त शायद ही कोई इंसान हो जिसकी आँखें नहीं भर आती थी। मेरी आपसे गुज़ारिश है कि यदि आपने इस नज़्म को उनकी ज़बानी नहीं सुना है तो एक बार यू ट्यूब पर इसे सर्च करके देखें और सुनें:

हमेशा देर कर देता हूँ मैं
ज़रूरी बात करनी हो कोई वादा निभाना हो
उसे आवाज़ देनी हो उसे वापस बुलाना हो
हमेशा देर कर देता हूँ मैं
मदद करनी हो उसकी, यार की ढारस बँधाना हो
बहुत देरीना रस्तों पर किसी से मिलने जाना हो
देरीना = पुराने
हमेशा देर कर देता हूँ मैं
बदलते मौसमों की सैर में दिल को लगाना हो
किसी को याद रखना हो किसी को भूल जाना हो
हमेशा देर कर देता हूँ मैं
किसी को मौत से पहले किसी ग़म से बचाना हो
हक़ीक़त और थी कुछ उसको जा के ये बताना हो
हमेशा देर कर देता हूँ मैं हर काम करने में

इस किताब की भूमिका में प्रसिद्ध शायर 'शीन काफ़ निज़ाम' साहब लिखते हैं कि 'मुनीर की शायरी में बनावट और बुनावट नहीं सीधे-सीधे एहसास को अल्फ़ाज़ और ज़ज़्बे को ज़बान देने का अमल है। उनकी शायरी का ग्राफ बाहर से अंदर और अंदर से अंदर की तरफ़ है, एक ऐसी तलाश जो परेशाँ भी करती है और प्राप्य पर हैरान भी करती है, जो हर सच्चे और अच्छे शायर का मुक़द्दर है।

इतने ख़ामोश भी रहा न करो
ग़म जुदाई में यूँ किया न करो
ख़्वाब होते हैं देखने के लिए
उन में जा कर मगर रहा न करो
कुछ न होगा गिला भी करने से
ज़ालिमों से गिला किया न करो
अपने रुत्बे का कुछ लिहाज़ 'मुनीर'
यार सब को बना लिया न करो

जनाब 'मुनीर' बरसों पाकिस्तान टीवी के लाहौर केंद्र से जुड़े रहे उन्हें 1992 में पाकिस्तान सरकार द्वारा 'प्राइड ऑफ परफॉर्मेंस' के ख़िताब से और मार्च 2005 में 'सितारा-ए-इम्तियाज़' के सम्मान से नवाज़ा गया। कौन जानता था कि मंच से गूँजती यह आवाज़ 26 दिसम्बर 2006 की रात में दिल का दौरा पड़ने से हमेशा के लिए चुप हो जायेगी। वैसे नियाज़ी साहब साँस की बीमारी से एक अर्से से परेशान थे।

अपनी ही तेग़े-अदा से आप घायल हो गया
चाँद ने पानी में देखा और पागल हो गया
वो हवा थी शाम ही से रस्ते ख़ाली हो गए
वो घटा बरसी कि सारा शहर जल-थल हो गया
मैं अकेला और सफ़र की शाम रंगों में ढली
फिर ये मंज़र मेरी आँखों से भी ओझल हो गया
अब कहाँ होगा वो और होगा भी तो वैसा कहाँ
सोच कर ये बात जी कुछ और बोझल हो गया

"देर कर देता हूँ मैं" किताब में मुनीर साहब की लगभग 85 ग़ज़लें और 43 नज़्में संगृहीत हैं जिन्हें पढ़ कर उनकी शायरी के मेयार का अंदाज़ा होता है, उन्हें सरापा पढ़ने के लिए तो उर्दू सीखनी ही पड़ेगी क्योंकि हिंदी में उनका लिखा बहुत ज़्यादा उपलब्ध नहीं है। वाणी प्रकाशन ने किताब को ख़ूबसूरती से छापा है लेकिन आवरण के साइड में "मुनीर नियाज़ी" की जगह "मुनीर जियाज़ी" छाप देने की ग़लती अखरती है। आप इस किताब को वाणी प्रकाशन को sales@vaniprakashan.in पर मेल लिख कर या फिर अमेज़न से ऑन लाइन मँगवा सकते हैं। चलते-चलते उनकी ग़ज़ल के ये शेर पढ़ें, सोचें कि ये शेर किसी उर्दू शायर के हैं या हिंदी शायर के और फिर हिंदी /उर्दू ग़ज़ल की दीवार को हमेशा के लिए गिरा दें:

घुप अँधेरे में छिपे सूने बनों की ओर से
गीत बरखा के सुनो रंगों में डूबे मोर से
लाख पलकों को झुकाओ, लाख घूघट में छुपो
सामना हो कर रहेगा दिल के मोहन चोर से
भाग कर जाएँ कहाँ इस देस से अब ऐ 'मुनीर'
दिल बँधा है प्रेम की सुन्दर, सजीली डोर से

***

बाँट लें, आ कायनात
(शमीम अब्बास)

आज आत्म प्रशंसा, आत्म मुग्धता और आत्म स्तुति के इस संक्रमक दौर में जहाँ हर बौना अपने आपको अमिताभ से ऊँचा और हर तुक़्क़े बाज़ अपने को ग़ालिबो-मीर से बेहतर मानता हो, अगर कोई ताल ठोक कर सोशल मीडिया के सार्वजनिक मंच पर ये कहे कि "मैं बेतुका, बेहूदा, बदतमीज़, वाहियात, अनपढ़, गँवार, ज़ाहिल और मुँहफट हूँ" तो आप हैरान नहीं हो जायेंगे?

हमारे आज के शायर अपने बारे में ऐसा बयान सनसनी फैलाने के कारण नहीं दे रहे, बल्कि ऐसा कहना उनकी निराली शख़्सियत का हिस्सा है।

फिर तुझे सोच लिया हो जैसे
तार बिजली का छुआ हो जैसे
धड़कनें तेज़ हुई जाती हैं
कोई जीने पे चढ़ा हो जैसे
लाख अपने को समेटा हमने
फिर भी कुछ छूट गया हो जैसे
याद बस याद फ़क़्त याद ही याद
और सब भूल गया हो जैसे

हमारे आज के शायर हैं जनाब "शमीम अब्बास" साहब जिनकी किताब "बाँट लें, आ कायनात' का ज़िक्र हम करेंगे। हिंदी पाठकों के लिए शमीम साहब का नाम शायद बहुत अधिक जाना पहचाना न हो, लेकिन उर्दू शायरी से मुहब्बत करने वाले हर शख़्स ने उन्हें पढ़ कर बिजली के तार को छू लेने जैसे अनुभव ज़रूर हासिल किये होंगे क्योंकि इनके शेर कभी कभी ज़ोर का झटका धीरे से देते हैं। किताब के फ़्लैप पर ब्रेकेट में लिखा है "उर्दू ग़ज़लें" जबकि इस किताब की ग़ज़लें न उर्दू और न हिंदी में बल्कि उस ज़बान में हैं जिसे हम रोज़मर्रा की ज़िन्दगी में इस्तेमाल करते हैं।

प्यारे तेरा मेरा रिश्ता
इक उड़ती तितली और बच्चा
उस ने हामी भर ली आख़िर
बिल्ली के भागों छींका टूटा
तेरी कहानी कहते-कहते
अच्छे-अच्छे का दम फूला

दुनिया भर के शग्ल पड़े हैं
पर जिसको हो तेरा चस्का

सन 1948 में फ़ैज़ाबाद उत्तर प्रदेश में जन्में शमीम साहब जब कुल 2 साल के थे तो परिवार के साथ मुंबई आ बसे और तब से अब तक मुंबई में भिंडी बाज़ार की जामा मस्जिद के पास बड़े ही सुकून से रह रहे हैं। हाईस्कूल के बाद मुंबई के ही महाराष्ट्र कॉलेज से उन्होंने तालीम हासिल की और वहीं छुटपुट काम करते हुए शायरी करने लगे। पूछने पर वो हँसते हुए कहते हुए कहते हैं कि वो ख़ालिस मुम्बइया टपोरी हैं। निहायत दिलचस्प शख़्सियत के मालिक शमीम साहब न केवल अपने आचार व्यवहार में बल्कि शायरी करने में भी बेहद बिंदास हैं।

ये नहीं ये भी नहीं और वो नहीं वो भी नहीं
दूसरा तुझसा कोई मिल जाए मुमकिन ही नहीं
तू पसारे पाँव बैठा है मेरे लफ़्ज़ों में यूँ
अब कोई आए कहाँ कोई जगह ख़ाली नहीं
इम्तेहाँ मेरा न ले इतना कि रिश्ता टूट जाए
तू बहुत कुछ है ये माना कम मगर मैं भी नहीं
क्या है तू और क्या नहीं जैसा है क्या वैसा है तू
बात हर पहलू से की तुझ पर मगर चिपकी नहीं

इस तरह का लहजा, रंग और तेवर इस से पहले उर्दू शायरी में पढ़ा-सुना नहीं गया। शमीम साहब ने अपनी ख़ुद की ज़मीन तलाश की, वो ज़बान इस्तेमाल की जो सुनने पढ़ने वाले को अपनी लगी। उर्दू शायरी की सदियों पुरानी रिवायत को तोड़ना कोई आसान काम नहीं था लेकिन शमीम साहब ने ये काम बहुत दिलकश अंदाज़ में किया और छा गए। अपने चाहने वालों में 'दादा' के नाम से मशहूर और नौजवान शायरों के चहेते शमीम साहब की शिरकत के बिना मुंबई की कोई नशिस्त मुकम्मल नहीं मानी जाती

छाई रहती है घनी छाँव मुसलसल कहिये
बेसमर पेड़ है इक याद का पीपल कहिये
सर्दियाँ हों तो रज़ाई की जगह होता है
गर्मियाँ हो तो उसी शख़्स को मलमल कहिये
छुइए उस को तो मरमर सा बदन होता है
जब बरतिये तो यही लगता है दलदल कहिये

शमीम साहब ने "रेख़्ता" की साइट पर फ़रहत एहसास साहब को दिए एक इंटरव्यू में

बताया कि बचपन में बड़े और प्रसिद्ध शायरों की शायरी पढ़ते या सुनते हुए उन्हें लगता था कि उर्दू शायरी की भाषा बहुत औपचारिक है, वो सोचते थे कि क्यों हम आम बोलचाल की भाषा में बेतकल्लुफ़ी से जैसे हम अपने यार दोस्तों से या घर में भाई अम्मी से, या बाज़ार में दुकानदार से या दुकानदार हम से बात करते हैं, शायरी नहीं कर सकते?

इतने बखेड़े पाल लिए कब फ़ुर्सत मिलती है
आज की तय दोनों में थी अब कल पर रक्खी है
वो अपने झंझट में फँसा मैं अपने झमेले में
वक़्त न उसके पास है और न मुझको छुट्टी है
अच्छे-ख़ासे लोगों से यह बस्ती है आबाद
तेरे सिवा जाने क्यूँ अपनी सब से कट्टी है
लगा तो तीर नहीं तो तुक्का सीधी सी है बात
कोशिश-वोशिश काहे की अंधे की लाठी है

ये सोच उस वक़्त बहुत क्रांतिकारी थी क्योंकि इस तरह पहले किसी ने या तो सोचा नहीं था या फिर उसे अमल में लाने का जोखिम नहीं उठाया था। हालाँकि कुछ हद तक अल्वी साहब ने ये कोशिश की ज़रूर लेकिन वो शमीम साहब की तरह बिंदास नहीं हो पाए। शमीम साहब ने ये जोखिम उठाया और ख़ूब उठाया, जिसकी वजह से शुरू में उन्हें नकारा गया लेकिन धीरे-धीरे दाद के साथ हौसला अफ़ज़ाही भी मिलने लगी और फिर तो वो खुल कर अपना जलवा दिखने लगे।

यूँ ही ये ज़िन्दगी चलती रही है
तवायफ़ भी कहीं बेवा हुई है
किसी जानिब किसी जानिब बहूँ मैं
तुम्हारी याद रस्ता काटती है
लगाए घात बैठी है तमन्ना
जहाँ मौक़ा मिले मुँह मारती है

शमीम साहब के बड़े भाई शफ़ीक़ अब्बास साहब भी बहुत बड़े शायर हैं लेकिन उनकी शायरी की जो ज़बान है, वो शमीम साहब से बिल्कुल अलहदा है।"शमीम" साहब फ़रमाते हैं की जो ज़बान वो इस्तेमाल करते हैं, वो उनकी माँ की ज़बान है जिसे वो अपने साथ रदौली उत्तरप्रदेश से ले आयीं और जो बरसों बरस मुंबई में रहने के बावजूद भी उनके होंठो पे रही। शमीम साहब कहते हैं कि उनकी शायरी में जो फ़िक्र आती है, ख़याल आते हैं, वो उनकी ही ज़बान में जिसे वो रोजज़मर्रा की गुफ़्तगू में इस्तेमाल करते हैं, आते हैं, उन्हें लफ़्ज़ तलाशने नहीं पड़ते वो इसी ज़बान में सोचते हैं और कहते हैं।

मुद्दतों बाद रात दर्द उठा
ज़िन्दगी तेरा कुछ पता तो चला
तुम मदावे की शक्ल आ धमके
मैं कुढ़न का मज़ा भी ले न सका

मदावे : इलाज, कुढ़न : कष्ट, तकलीफ

यह तो तय है कि रात था कोई
तू नहीं था तो कौन था बतला
आज किस मुँह से तुम को झुठलाएँ
हम को पहचानते नहीं! अच्छा

उर्दू में शमीम साहब की शायरी के शायद दो मजमूए आ चुके हैं ,"बाँट लें, आ क़ायनात" शायद मेरी समझ में उनका हिंदी में पहला मजमूआ है जिसे हलक फाउंडेशन,12, इंद्रप्रस्थ, फ्लाईओवर ब्रिज अँधेरी (पूर्व) मुंबई ने शाया किया है। मुझे तो ये किताब जयपुर के बेजोड़ नामवर शायर और गीतकार जनाब लोकेश सिंह 'साहिल' साहब की मेहरबानी से पढ़ने को मिली है लेकिन आप इस किताब की प्राप्ति के लिए शमीम साहब को उनके घर 022-28113418 पर या उनके मोबाइल 9029492884 पर संपर्क करके पूछ सकते हैं। दिल्ली में तुफ़ैल साहब के यहाँ "लफ़्ज़" के सन 2015 में हुए मुशायरे में उनसे एक बार बात हुई थी। बेहद हंसमुख दोस्ताना तबीअत के मालिक शमीम साहब यक़ीनन किताब के बारे में आपकी ज़रूर मदद करेंगे।

लफ़्ज़ों के चंगुल में फँस कर रह जाता है ख़याल
बात उलझ कर रह जाती है हाय रे मजबूरी
तेरे क़ुर्ब ने आनन-फानन मौसम बदला है
हर सू पेड़ घनेरे हैं और सूरज में ख़ुनकी

क़ुर्ब=निकटता, ख़ुनकी=शीतलता

जाने क्या है जब जब उस से नज़रें पलटी हैं
सारे शहर की कोई गुल कर देता है बिजली

पेपर बैक में छपी इस छोटी सी किताब में शमीम साहब की लगभग 84 ग़ज़लें और फुटकर शेर हैं। हिंदी में उनकी इन ग़ज़लों और शेरों का जिसने भी तर्जुमा किया है उसने या फिर प्रकाशक ने हिज्जों की बहुत सी ग़लतियाँ की हैं, जो शमीम साहब की लाजवाब शायरी को पढ़ते वक़्त अखरती हैं। हर कमी के बावजूद ये किताब हाथ में लेने के बाद किसी भी शायरी प्रेमी के लिए पूरी ख़त्म किये बिना छोड़नी मुश्किल है। उनके बहुत से शेर पढ़ने वाले के दिलो-दिमाग़ में हमेशा से बस जाने वाले हैं। आप इस किताब को मँगवाने का जतन करें तब तक मैं उनकी एक बहुत मक़बूल ग़ज़ल के ये शेर पढ़वा कर अगली किताब की तलाश

में निकलता हूँ।

मिल न मिल मर्ज़ी तेरी
चित तेरी पट भी तेरी
बाँट लें आ कायनात
तू मेरा बाकी तेरी
उसके बिन ऐ ज़िन्दगी
ऐसी की तैसी तेरी
इक मेरी भी मान ले
मैंने सब रक्खी तेरी
मैं सभी पर खुल चुका
बंद है मुट्ठी तेरी

* * *

शहर के शोर से जुदा
(ख़ुशबीर सिंह शाद)

आसमानों की बुलंदी में कहाँ आया ख़याल
इक नशेमन भी बना लूँ चार तिनके जोड़कर
बेयक़ीनी ने ये कैसा ख़ौफ़ मुझमें भर दिया
अब कहीं जाता नहीं मैं ख़ुद को तन्हा छोड़कर
कम से कम दस्तक ही देकर देख लेता एक बार
मुझमें दाख़िल क्यों हुआ वो शख़्स मुझको तोड़कर

ये बाकमाल लहजा, लफ़्ज़ों को बरतने का ये हुनर और कहन का ये दिलचस्प अंदाज़, शायरी के दीवाने बख़ूबी जानते हैं कि ये लखनऊ स्कूल की देन है, जो जनाब 'मीर तकी मीर' साहब से शुरू हुई। इसी 'लखनऊ स्कूल' की गंगा-जमुनी तहज़ीब की गौरवशाली परम्परा को उनके बाद सौदा, नासिख़, मज़ाज़, जोश, आनंद नारायण मुल्ला, वाली आसी, कृष्ण बिहारी नूर जैसे शायरों ने आगे बढ़ाया और अब उसी परम्परा को मुनव्वर राना, भारत भूषण पंत और ख़ुशबीर सिंह 'शाद' के साथ युवा शायर अभिषेक शुक्ला और मनीष शुक्ला बहुत ख़ूबसूरती से आगे बढ़ा रहे हैं।

हमारे आज के मोतबर शायर हैं जनाब ख़ुशबीर सिंह 'शाद' साहब जिनकी हाल ही में देवनागरी लिपि में एनीबुक द्वारा प्रकाशित किताब 'शहर के शोर से जुदा' की बात हम करेंगे।

ये भी मुमकिन है कि ख़ुद ही बुझ गए हों चराग़
बेगुनाही किसलिए अपनी हवा साबित करे
तेरे सजदे भी रवा, तेरी इबादत भी क़ुबूल
शर्त ये है ख़ुद को तू पहले ख़ुदा साबित करे
अपने ख़द्दो-खाल की ख़ुद ही गवाही दूँगा मैं
क्यों मिरी पहचान कोई दूसरा साबित करे

लखनऊ स्कूल की गंगा-जमुनी शायरी की तहज़ीब को 'ख़ुशबीर' साहब ने अपने उस्ताद 'वाली आसी' साहब की शागिर्दी में सीखा। जनाब 'वाली आसी' साहब के बारे में हम 'भारत भूषण पंत' साहब की किताब 'बेचेहरगी' की चर्चा के दौरान बता चुके हैं, उनके शागिर्दों में मुनव्वर राना भी शामिल थे। मुशायरों के मंच पर अंधड़ की तरह चल रही शायरी के बीच 'शाद' साहब की शायरी सुबह के वक़्त मंद-मंद चलती पुरवाई की तरह महसूस होती है।

हो तो गए बहाल तअल्लुक़ सभी मगर
दिल में जो इक ख़लिश थी पुरानी, नहीं गयी
वो रात इक कनीज़ के सपनों की रात थी
उस रात ख़्वाब गाह में रानी नहीं गयी
लफ़्ज़ों को फिर गवाह बनाया गया है 'शाद'
अश्कों की इक दलील भी मानी नहीं गयी

4 सितम्बर 1954 को सीतापुर उत्तर प्रदेश में जन्में 'शाद' ने अपनी पढ़ाई 'सिटी मोंटेसरी स्कूल' लखनऊ और 'क्राइस्ट चर्च कॉलेज' लखनऊ से की। उनके पिता चाहते थे कि वो उनकी आलमबाग़, जहाँ वो रहते थे, वाली प्रिंटिंग प्रेस को सँभालें लेकिन उनका भाग्य उन्हें कोई दूसरी ही दिशा में ले गया। बचपन से ही उन्हें कविताओं से प्रेम था तभी उन्होंने हिंदी के लगभग सभी कवियों की रचनाओं को पढ़ डाला।

शायरी की तरफ़ झुकाव हुआ तो उन्होंने सुल्तान ख़ान साहब से बाक़ायदा उर्दू की तालीम ली। धीरे-धीरे शेर कहने लगे। अमीनाबाद में उन दिनों साहित्य प्रेमियों की महफ़िल लगा करती थी, वहीं 'शाद' साहब ने जनाब 'वाली आसी' साहब को अपने शेर सुनाये। उनके शेरों और कहन से प्रभावित हो कर वाली आसी' साहब ने उन्हें अपनी शागिर्दी में रख लिया।

मैं आजिज़ आ चुका हूँ अपनी ग़ैरत की नसीहत से
ये कहती है कि जो करना वो मुझसे पूछ कर करना
मिरि मिट्टी तुझे चूमूँ कि आँखों से लगाऊँ मैं
तिरा ही हौसला है एक कोंपल को शजर करना
बहुत समझाया मैंने हाशियों की क्या ज़रूरत है
मगर वो चाहता था दास्ताँ को मुख़्तसर करना
मुझे मालूम है मेरे बिना वो रह नहीं सकता
कहीं भटका हुआ मिल जाय तो मुझको ख़बर करना

अपनी पहली किताब 'जाने कब ये मौसम बदले' जो 1992 में शाया हुई थी, के बाद उन्होंने मुड़ कर नहीं देखा और लगातार शेर कहते रहे नतीज़ा ये हुआ कि अब तक उनके नौ मज्मूए शाए हो चुके हैं- गीली मिट्टी (1998), ज़रा ये धूप ढल जाय (2005), बेख़्वाबियाँ (2007), जहाँ तक ज़िन्दगी है (2009), बिखरने से ज़रा पहले (2011), लहू की धूप (2012), बात अंदर के मौसम की (2014)। इसके अलावा उनकी एक किताब चलो कुछ रंग ही बिखरे (2000) को पाकिस्तान के जाने माने प्रकाशक वेलकम बुक पोर्ट' ने प्रकाशित किया है।

मिरी दरियादिली उतरे हुए दरिया की सूरत है
ये हसरत ही रही दिल में किसी के काम आऊँ मैं
ये कैसी कशमकश ठहरी हमारे दरमियाँ दुनिया
न मुझको रास आये तू, न तुझको रास आऊँ मैं
किसी दिन लुत्फ़ लूँ मैं भी तिरे हैरान होने का
किसी दिन बिन बताये ही तिरी महफ़िल में आऊँ मैं
बस इक ज़िद ही तो हाइल है हमारे दरमियाँ वरना
अगर पहले मनाये वो तो शायद मान जाऊँ मैं

बहुत ही कम शायर हैं जो मुशायरों में सस्ती लोकप्रियता पाने के लिए अपनी शायरी से समझौता नहीं करते और ख़ास तौर पर ऐसे शायर जिनकी रोज़ी-रोटी ही इस से चलती हो, वो तो बहुत ही सँभल कर मंच पर अपनी रचनाएँ सुनाते हैं। जनाब ख़ुशबीर सिंह साहब अपवाद हैं उन्होंने कभी शायरी के मेयार से समझौता नहीं किया, तालियाँ बटोरने के लिए हलकी शायरी नहीं की क्योंकि इसकी उन्हें कभी ज़रूरत ही महसूस नहीं हुई। उनकी शायरी इतनी ख़ूबसूरत और दिलकश होती है कि श्रोता बार-बार तालियाँ बजाते हुए और और सुनने की फ़रमाइश करते हैं। हक़ीक़त ये है कि आज भी लोग अच्छी शायरी के दीवाने हैं लेकिन क्योंकि अच्छा कहने वाले बहुत कम हैं इसलिए वो लफ़्फ़ाज़ी सुनने के लिए मजबूर हैं।

तिरी क़ुर्बत भी मुझको रास हो ऐसा नहीं फिर भी
अकेलेपन से डरता हूँ मुझे तन्हा न छोड़ा कर

क़ुर्बत=समीपता

नहीं! अच्छा नहीं लगता मुझे यूँ मुन्तशिर होना
मेरी लहरों में अपनी याद के पत्थर न फेंका कर

मुन्तशिर=बिखर हुआ

तुझे अल्फ़ाज़ के पैकर ही में हर बात दिखती है
कभी ख़ामोशियों को भी सुना कर और समझा कर

'शाद' साहब के चाहने वाले पूरी दुनिया में फैले हुए हैं उन्हें 'अमेरिका , यूनाइटेड अरब एमिराईट, पाकिस्तान, दोहा, ओमान, बेहरीन, दुबई, अबू धाबी और सिंगापुर आदि में अपनी शायरी सुनाने का मौक़ा मिल चुका है। उनके इंटरव्यू और शायरी भारत और पाकिस्तान के प्रमुख अख़बारों और पत्रिकाओं में लगातार प्रकाशित होती रहती है। दोनों मुल्कों के टी. वी. पर भी उन्हें चाव से देखा सुना जाता है। दूरदर्शन पंजाबी ने तो उन पर एक वृत्त चित्र का निर्माण कर उसे प्रदर्शित भी किया है। जम्मू यूनिवर्सिटी ने एक विद्यार्थी को उनके साहित्य पर शोध के लिए 'एम. फ़िल.' की डिग्री प्रदान की है।

किसी के बस में कहाँ था कि आग से खेले
मिरे क़रीब कोई इक मिरे सिवा न गया
मैं एक फूल की वुसअत में रह के जी लेता
मगर हवा ने पुकारा तो फिर रहा न गया

वुसअत=फैलाव

था मेरे गिर्द बहुत शोर मेरे होने का
मैं जब तलक तेरी ख़ामोशियों में आ न गया

'शाद' साहब को उनकी साहित्यिक सेवाओं के लिए जो पुरस्कार मिले हैं अगर उनकी गिनती की जाए, तो ये पोस्ट छोटी पड़ जाएगी। सारे तो नहीं लेकिन कुछ चुनिंदा पुरस्कार इस तरह हैं -नार्थ अमेरिका की अंजुमन-ए-तरक़्क़ी द्वारा पोएट ऑफ दी ईयर अवॉर्ड, अमेरिकन इस्लामिक कांग्रेस अवार्ड, हसरत मोहानी अवॉर्ड पकिस्तान, जश्ने-अदब एज़ाज़ अवॉर्ड श्री गोपी चंद नारंग द्वारा, लोक लिखारी अवॉर्ड पंजाब, और उत्तर प्रदेश सरकार द्वारा दिया गया यश भारती' अवॉर्ड।

उसी वुसअत से जिसके पार जाना ग़ैर मुमकिन था
मैं आगे बढ़ गया हद्दे-नज़र से मश्विरा करके

वुसअत = फैलाव

मसाइल ज़िन्दगी के ख़ुद-ब-ख़ुद आसान हो जाएँ
कभी देखो किसी आशुफ़्ता सर से मश्विरा करके

मसाइल=समस्या, आशुफ़्ता सर=पागल, सिरफिरा

जवाँ बच्चों की अपनी ज़िन्दगी है उनसे क्या शिकवा
जुदा होते हैं क्या पत्ते शजर से मश्विरा करके

"शहर के शोर से जुदा" में 'शाद' साहब की लगभग 90 ग़ज़लें संग्रहित हैं, एनीबुक के पराग अग्रवाल ने गागर में सागर भरने का प्रयास किया है जिसमें वो बहुत हद तक क़ामयाब भी हुए हैं। 'शाद' साहब के कलाम को किसी भी एक किताब में समेटा ही नहीं जा सकता, इस किताब में पराग साहब ने ग़ज़लों ने बाद उनकी कुछ और ग़ज़लों के फुटकर शेर भी प्रकाशित किये हैं, जिनमें से अधिकतर उनकी पहचान बन चुके हैं। किताब में मुश्किल उर्दू लफ़्ज़ों का हिंदी में अर्थ न देना आम पाठक को अखर सकता है, हो सकता है कि अगले संस्करण में इस कमी को प्रकाशक द्वारा पूरा लिया जाये।

इस किताब की प्राप्ति के लिए आप पराग को उनके मोबाइल 9971698930 पर संपर्क करें और 'शाद' साहब को, जो अब जालंधर रहते हैं, उनके मोबाइल 09872011882 पर संपर्क कर दिल से बधाई दें। वैसे ये किताब अमेज़न पर भी उपलब्य है। आइये आपको चलते-चलते ख़ुशबीर साहब के कुछ ऐसे शेर पढ़वाता हूँ जो उनकी पहचान बन चुके हैं:

मिरी मर्ज़ी के मुझको रंग देदे
तो फिर तस्वीर मेरी ज़िम्मेवारी
कैसी बेरंगियों से गुज़रा हूँ
ज़िन्दगी तुझमें रंग भरते हुए

थकन जो जिस्म की होती उतार भी लेते
तमाम रूह थका दी है इस सफ़र ने तो
तुमने इक बात कही दिल पे क़यामत टूटी
इक शरर कम तो नहीं आग लगाने के लिए
मुट्ठी में किर्चियों को ज़रा देर भींच लो
फिर उसके बाद पूछना कैसे जिया हूँ मैं
ये तेरा ताज नहीं है हमारी पगड़ी है
ये सर के साथ ही उतरेगी सर का हिस्सा है

****

सलीब तय है
(सुरेश स्वप्निल)

अमिताभ बच्चन की एक पुरानी फ़िल्म 'नसीब' का ये गाना शायद नयी पीढ़ी ने न सुना हो लेकिन हम जैसे पुराने लोग इसे अब भी कभी कभी गुनगुना लेते हैं "ज़िन्दगी इम्तिहान लेती है...." ये गाना महज़ गाना नहीं एक सच्चाई है, दरअसल सच तो ये है कि ज़िन्दगी हर घड़ी इम्तिहान लेती है और मज़े की बात ये है कि ये इम्तिहान सब के लिए एक सा नहीं होता, किसी को बहुत सरल पेपर मिलता है, तो किसी की क़िस्मत में हमेशा कठिन पेपर ही आता है। सरल पेपर वाले ख़ुश होते हैं और कठिन पेपर वाले इम्तिहान में पास होने के तनाव में रहते हैं। लेकिन... लेकिन.... लेकिन.... कुछ लोग ज़िन्दगी के इम्तिहान में पास फेल की चिंता किये बग़ैर बैठते हैं और पास या फ़ेल दोनों स्थितियों में प्रसन्न रहते हैं, ज़ाहिर-सी बात है ऐसे लोग विरले ही होते हैं।

लोग हमसे पूछते हैं साथ क्या ले जाएँगे
हाथ ख़ाली आए थे भर कर दुआ ले जाएँगे
हाँ, बग़ावत भी करेंगे ज़िन्दगी के वास्ते
इस मुहीम में सर हथेली पर कटा ले जाएँगे
है बहुत कुछ ख़ुल्द में, मुमकिन हुआ तो देखिए
वापसी में साथ अपने इक ख़ुदा ले जाएँगे

ख़ुल्द=स्वर्ग

ख़ुल्द से अपने साथ इक ख़ुदा को ले जाने वाले और ज़िन्दगी के इम्तिहान में पास फेल की चिंता किये बग़ैर हर स्थिति में मस्त रहने वाले हमारे आज के लाजवाब शायर हैं जनाब 'सुरेश स्वप्निल' साहब, लाजवाब इसलिए क्योंकि इनकी शायरी मुझे लाजवाब लगी, उन्ही की एक छोटी-सी पेपर बैक में "दख़्ल प्रकाशन, पटपड़ गंज दिल्ली" से छपी ग़ज़ल की किताब "सलीब तय है" की चर्चा आज हम करेंगे।

मिट गयी तहज़ीब जबसे क़ैस-ओ-फ़रहाद की
रोज़ करते-तोड़ते हैं लोग वादा इश्क़ का
कुछ बहारों की अना तो कुछ ग़ुरूरे-बाग़बाँ
आशिक़े-गुलशन सजाते हैं जनाज़ा इश्क़ का
साफ़ कहिये आपको अब रास हम आते नहीं
क्या ज़रूरी है किया जाए दिखावा इश्क़ का

अगर कहूँ कि मैं सुरेश जी को जानता हूँ तो ये बात झूठ होगी, मैं ही क्या मेरे बहुत से परिचित जो दिन रात शायरी ओढ़ते-बिछाते हैं, भी सुरेश जी के बारे में पूछने पर चुप्पी साध गए। ग़ज़ल के बड़े-बड़े मठाधीश भी उनका नाम सुन कर बगलें झाँकते नज़र आये, भला हो मेरी आदत का जिसके तहत मैं अनजान शायरों की किताब उठा कर उलटता पलटता हूँ, मुझे ये किताब इसी साल के विश्व पुस्तक मेले दिल्ली में दिखाई दी जिसे मैंने उल्टा-पलटा और ख़रीद लिया।

उन्हें कोई जाने भी कैसे? अत्यधिक संकोची स्वभाव के सुरेश जी को अपने आपको बेचने की कला शायद आती नहीं, तभी वो कहते हैं कि "मुशायरों-कवि सम्मेलनों में लोग न बुलाते हैं, न मैं जाता हूँ" फ़ेसबुक पर उनकी रचनाएँ और विचार ज़रूर पढ़ने को मिल जाते हैं।

वो आज शहंशाह सही, हम भी क्या करें
होता नहीं है इश्क़ हमें ताज़दार से
अल्लाह से कहें कि कहें आइने से हम
उम्मीद नहीं और किसी ग़म-गुसार से
आएँगे तिरी ख़ुल्द भी देखेंगे किसी दिन
फ़ुर्सत कभी मिले जो ग़मे-रोज़गार से

10 मार्च 1958 को झाँसी उत्तर प्रदेश में जन्में सुरेश साहब को ग़मेरोज़गार से कभी फ़ुर्सत नहीं मिली, रोज़ी-रोटी के लिए पहला जतन उन्होंने महज़ 5 (पाँच) साल की उम्र में फुटपाथ पर बैठ कर भुट्टे बेचने से किया। सुरेश जी उन लोगों में शुमार रहे, जिनको ज़िन्दगी ने इम्तिहान में कभी आसान सवाल नहीं दिए। उनकी क्षमताओं और धैर्य की हर पल परीक्षा ली। थोड़ा होश सँभालने पर कुछ दिन एक बैंक की केंटीन में लोगों को पानी चाय नमकीन बिस्कुट आदि पकड़ाने वाले छोटू की नौकरी की। बारह साल के सुरेश ने अपने से छोटे बच्चों को ट्यूशन पढ़ाने के काम से किसी तरह गुज़ारा किया। इन सब अभावों के बावजूद उनकी आगे पढ़ते रहने की ललक कम नहीं हुई।

हम ज़रा और झुक गए होते
अर्श के मोल बिक गए होते
साथ देते तिरी हुकूमत का
तो बहुत दूर तक गए होते
राह की मुश्किलें गिनी होती
सोचते और थक गए होते

सच में सुरेश जी ने पीछे मुड़ कर देखा ही नहीं, राह की मुश्किलों को याद भी नहीं रखा और आगे बढ़ते रहे। सोलह साल की उम्र में उन्होंने पत्रकारिता क्षेत्र का दामन थामा और 19

वर्ष की अवस्था में भोपाल के एक निजी विद्यालय में शिक्षक की नौकरी के साथ साथ सब्ज़ी और अख़बार भी बेचे। ये सब करते हुए वो लगातार पढ़ते रहे और उन्होंने हिंदी साहित्य में एम.ए. के अलावा अर्थ शास्त्र में भी एम.ए. किया। जब 20 वर्ष के हुए तो एक बैंक में क्लर्की करना शुरू किया लेकिन उनका मन वहाँ रमा नहीं, जैसे-तैसे लगभग दस साल वहाँ गुज़ारे और फिर एक दिन बैंक की नौकरी को राम-राम बोल कर 1989 में पूना फ़िल्म इंस्टीट्यूट में निर्देशन का कोर्स करने चले गए।

तहज़ीब तिरे शहर से कुछ दूर रुक गयी
मिलते हैं लोग रस्म-अदाई के वास्ते
अच्छे दिनों से क़ब्ल हमें अक़्ल आ गयी
कासा मँगा लिया है गदाई के वास्ते

क़ब्ल-पहले, कासा-भिक्षा पात्र, गदाई =भिक्षा-वृत्ति

फ़रमाने-शाह है कि सर-ब-सज्द सब रहें
वो क़त्ल कर रहे हैं भलाई के वास्ते

सर-ब-सज्द=नतमस्तक

रिश्वत से मुअज़्ज़िन की जिन्हें नौकरी मिली
देते हैं अज़ाँ नेक कमाई के वास्ते

मुअज़्ज़िन=अजान देने वाला

विचारों से वामपंथी, नास्तिक और घोर अराजकतावादी सुरेश साहब ने कुछ समय पूना फ़िल्म संस्थान में फ़िल्म शोध अधिकारी की नौकरी की अचानक नौकरी शब्द से मोह भंग हो गया। वो अपने बारे में कहते हैं कि "मैं एक बेहद मामूली इंसान हूँ, किसी भी आम मज़दूर की तरह। फ़िलहाल, अनुवाद से रोज़ीरोटी चला रहा हूँ।"

लेखन उनका शौक़ है, अभिव्यक्ति का माध्यम है। उन्होंने अब तक लगभग 300 कविताएँ 50 के क़रीब व्यंग्य आलेख, कुछ कहानियाँ और तीन चार नाटक लिखे हैं। उन्होंने पहली ग़ज़ल 1975 में लिखी, बाद में 1996 में उर्दू ग़ज़लगोई की तरफ़ तवज्जो देना शुरू किया। ब्लॉग 'साझा आसमान' 2012 में और 'साझी धरती' उसके कुछ समय बाद लिखना शुरू किया।

"सलीब तय है" उनका पहला ग़ज़ल संग्रह है जिसमें उनकी मुख्य रूप से सन 2013 -14 में लिखी ग़ज़लें संगृहीत हैं।

मुश्किलें दर मुश्किलें आती रहीं
जिस्म दिल ने कर दिया फ़ौलाद का
मुफ़लिसी में कर रहा है शायरी
क्या कलेजा है दिले-बर्बाद का

वक़्त मुंसिफ़ है, इसे मत छेड़िये
सर कटेगा एक दिन जल्लाद का

उनकी शायरी में वामपंथी तेवर बहुत उभर कर सामने आते हैं, व्यवस्था से उनकी सीधी टकराने की प्रवृति पढ़ने वाले को प्रभावित कर जाती है। इस किताब की लगभग 90 ग़ज़लों में से अधिकांश छोटी बहर में हैं और बहुत असरदार हैं। आज के हालात की नुमाइंदगी भी उनकी ग़ज़लें बहुत बेलौस अंदाज़ में करती हैं।

हो बात एक दिन की तो झेल लें जिगर पर
ज़ुल्मो-सितम ख़ुदा के दस्तूर हो न जाएँ
सीरत से तरबियत से हैं आदतन लुटेरे
ये रहनुमा वतन के नासूर हो न जाएँ
अशआर पर हमारे सरकार की नज़र है
सच बोल कर किसी दिन मंसूर हो न जाएँ

जुझारू प्रवृति के सुरेश जी अपने बारे में आगे कहते हैं "अपनी रचनाओं के प्रसार-प्रचार के लिए कुछ नहीं करता। मित्र गण अपने पत्र-पत्रिकाओं में मेरे ब्लॉग्स से रचनाएँ चुन कर छाप लेते हैं। सूचना आम तौर पर छपने के बाद मिलती है, कई बार कभी नहीं मिलती।" सुरेश जी विलक्षण प्रतिभा के धनी हैं, कविता, कहानियाँ, नाटक लिखने के अलावा उन्होंने दर्जनो नाटकों का निर्देशन किया है और कइयों में अभिनय भी। अभिनय की कार्य-शालाएँ भी उन्होंने आयोजित की हैं।

लगो न शाह के मुँह, दूर रहो हाकिम से
जरा बताएँ कि हम क्या करें सलाहों का
ख़याल नेक नहीं है तिरी अदालत का
मिज़ाज ठीक नहीं है मिरे गवाहों का
कहीं बहार न बादे-सबा, न अच्छे दिन
फ़रेब है हुज़ूर आपकी निगाहों का

उनके और उनकी शायरी के बारे में मात्र एक पोस्ट में लिखना संभव नहीं। मेरी आप से गुज़ारिश है कि आप उनकी किताब दख़्ल प्रकाशन से, 08375072473 पर फ़ोन करके मँगवाएँ या सुरेश जी को मोबाइल 09425624247 पर बधाई देते हुए इसे आसानी से मँगवाने का रास्ता पूछे।

और अब चलते-चलते आप उनकी एक ग़ज़ल के कुछ शेर पढ़ते हुए अगली किताब की खोज में निकलने के लिए मुझे इजाज़त दें-

अपने अंदर बच्चा रह
गुरबानी सा सच्चा रह
तूफ़ाँ है पतवार उठा
गिर्दाबों से लड़ता रह

गिर्दाबों=भंवर

जिन्सों की महँगाई में
ख़ुशफ़हमी-सा सस्ता रह

जिन्सों=वस्तु

मुफ़लिस है लाचार नहीं
सजता और सँवरता रह

***

परों को खोल
(शकील आज़मी)

सिर्फ़ बातों से ही मैं कितना भरम रक्खूँगा
सामने आ कि मुझे होश हुआ जाता है
कुछ तो रफ़्तार भी कछुवे की तरह है अपनी
और कुछ वक़्त भी खरगोश हुआ जाता है
सोने वाले हमें क़िस्सा तो सुनाते पूरा
यार ऐसे कहीं ख़ामोश हुआ जाता है

जयपुर के लाजवाब शायर जनाब 'लोकेश सिंह 'साहिल' साहब ने मुझसे बातचीत के दौरान एक बार कहा कि "पुराने दौर में अगर, ऐ नरगिसे मस्ताना, या निगाहे-गरामी दुआ है आपकी, या हम हैं मताये कूचा, जैसे गाने फ़िल्मों के लिए लिखे गए तो सिर्फ़ इसलिए क्योंकि उस वक़्त उर्दू मुल्क की ज़बान थी, सरकारी या ग़ैर सरकारी काम उर्दू में होते थे, लोग उर्दू अख़बार या रिसाले शौक़ से पढ़ते थे। आज हालात जुदा हैं आज इस तरह के गाने नहीं लिखे जा सकते क्योंकि आज उर्दू की तो बात दूर की है लोग ढंग से हिंदी भी नहीं बोल पाते।

दरार और तिरे मेरे दरमियाँ आ जाय
तिरी तरह जो मिरे मुँह में भी ज़बाँ आ जाय
ये और बात कि ख़ुद में सिमट के रहता हूँ
उठाऊँ हाथ तो बाहों में आसमाँ आ जाय
मिरे पड़ोस में जलती हैं लकड़ियाँ गीली
न जाने कब मिरे कमरे में धुआँ आ जाय

ज़्यादातर युवा आज जो ज़बान बोलते हैं, वो न उर्दू है न हिंदी और ना ही अंग्रेज़ी, तभी फ़िल्मी गानों की ही नहीं कविता या शायरी की ज़बान भी बदल गयी है। इसमें कोई बुराई भी नहीं, भाषा तो सिर्फ़ आपके ख़याल दूसरों तक प्रभावी रूप से पहुँचाने का माध्यम भर है अगर आप आसान समझी जा सकने वाली ज़बान में बात कहेंगे, तो ज़्यादा लोगों तक पहुँचेंगे और अगर आप भाषा की शुद्धि या भारी भरकम लफ़्ज़ों को बरतने को ही अहम मानेंगे तो आपका लिखा या तो आप पढ़ेंगे या फिर आप जैसे मुट्ठी भर लोग।

छत दुआ देगी किसी के लिए जीना बन जा
डूबता देख किसी को तो सफ़ीना बन जा
ज़िन्दगी देती नहीं सबको सुनहरे मौक़े
तुझको अँगूठी मिली है तो नगीना बन जा

शौक़ ख़ुशबू में नहाने का बहुत है जो तुझे
आ मिरे जिस्म से मिल मेरा पसीना बन जा

मैं भी साहिल साहब की बात से सहमत हूँ और ये भी मानता हूँ -जो ज़रूरी नहीं सभी को मंज़ूर हो कि सरल सीधी ज़बान में असरदार बात कहना बहुत मुश्किल हुनर है, जो उस्तादों की रहनुमाई और सतत साधना से हासिल होता है। भाषा आसान हो और बात ऐसी हो की सुनने पढ़ने वाले के मुँह से अपने आप वाह निकल जाय तो ये सोने में सुहागा जैसा मामला होगा। शायरी में अचानक आये सोशल मीडिया वाले इस विस्फोटक दौर में शायरी किसी सैलाब की तरह सब को अपने आग़ोश में लिए हुए है। फ़ेसबुक या व्हाट्सअप जहाँ देखो वहीं शायरी ए. के. फ़ोर्टी सेवन की बन्दूक़ से निकली गोलियों की तरह तड़ातड़ लोगों पर दागी जा रही है। ये सुखद स्थिति भी है और दुखद भी। सुखद इसलिए क्योंकि हमें कुछ बेहतरीन युवा और नामचीन शायरों को आसानी से पढ़ने सुनने का मौक़ा मिल रहा है और दुखद बात -अभी इसे जाने दीजिये इस पर चर्चा फिर कभी, आप तो ये शेर पढ़ें-

तन-मन डोले, बर्तन बोले, छन-छन करता तेल है पैसा
घर से बाहर तक की दुनिया जो भी है सब खेल है पैसा
जेब में आकर आँख दिखाए, मूँछ बढ़ाए, ताव धराये
लाठी खड़के, गोली तड़के थाना-चौकी-जेल है पैसा
तेरा है न मेरा है ये सदियों से इक फेरा है ये
इस स्टेशन उस स्टेशन आती जाती रेल है पैसा

जो शायर- साहिल साहब की बात को ज़ेहन में रखते हुए- आम बोलचाल की भाषा को अपनी शायरी की ज़बान बनाते हैं वो जल्द मक़बूलियत हासिल कर सबके चहेते बन जाते हैं। अगर आपके पास साफ़-सुथरी ज़बान है और ख़यालों में पुख़्तगी है, तो फिर आपकी तरक़्क़ी को कोई नहीं रोक सकता।

हमारे आज के शायर सीधी सरल भाषा में असरदार बात करने वालों की फ़ेहरिस्त में आते हैं, नाम है "शकील आज़मी" जिनकी देवनागरी में मंजुल पब्लिशिंग हाउस भोपाल से प्रकाशित किताब "परों को खोल" की बात हम करेंगे। "शकील" आज अदब और मुशायरों की दुनिया में एक चमकता हुआ नाम-

हमारे गाँव में पत्थर भी रोया करते थे
यहाँ तो फूल में भी ताज़गी बहुत कम है
जहाँ है प्यास वहाँ सब गिलास ख़ाली हैं
जहाँ नदी है वहाँ तिश्नगी बहुत कम है
ये मौसमों का नगर है यहाँ के लोगों में
हवस ज़ियादा है और आशिक़ी बहुत कम है

                    51 किताबें ग़ज़लों की भाग-1

20 अप्रेल 1971 को सहरिया, आज़मगढ़ उत्तर प्रदेश में जन्में शकील मुंबई में रहते हैं। मात्र 13 साल की उम्र में अपनी पहली ग़ज़ल कहने वाले शकील ने अपना पहला मुशायरा जावेद अख़्तर, निदा फ़ाज़ली और बशीर बद्र जैसे दिग्गज शायरों के साथ सूरत में पढ़ा, तब वो महज़ 23 साल के थे। उस मुशायरे में शकील अपने कलाम की सादगी, ताज़गी और कहने के अंदाज़ से छा गए। उसके बाद शकील ने कभी पीछे मुड़ कर नहीं देखा। उनकी शायरी की ख़ुशबू पूरे हिन्दुस्तान से होती हुई सरहद के पार तक पहुँचने लगी। विदेशों से बुलावों का ताँता लग गया। वो जहाँ-जहाँ गए वहीं के लोगों को अपनी शायरी का दीवाना बना दिया। ये सिलसिला बदस्तूर जारी है। कैफ़ी आज़मी साहब का ये बयान क़ाबिले-ग़ौर है "शकील वहाँ से शायरी शुरू कर रहे हैं, जहाँ पहुँच कर मेरी शायरी दम तोड़ने वाली है। उनकी शायरी में जो ताज़ाकारी है उसने ख़ास तौर से मुझे मुतास्सिर किया है।"

मैं अकेला कई लोगों से लड़ नहीं सकता
इसलिए ख़ुद से झगड़ना मिरी मजबूरी है
वरना मर जाएगा बच्चा ही मिरे अन्दर का
तितलियाँ रोज़ पकड़ना मिरी मजबूरी है
कहाँ मिट्टी का दिया और कहाँ तेज़ हवा
जलते रहना है तो लड़ना मिरी मजबूरी है

उर्दू के बहुत बड़े स्कॉलर "गोपी चंद नारंग" साहब ने कहा है कि "शकील आज़मी के यहाँ एहसास की जो आग नज़र आती है वो नयी नस्ल के बहुत कम शायरों यहाँ मिलती है।" शकील साहब की उर्दू में "धूप दरिया" (1996), "ऐश ट्रे" (2000), "रास्ता बुलाता है'(2005), "ख़िज़ाँ मौसम रुका हुआ है" (2010), "मिटटी में आसमान'(2012), "पोखर में सिंघाड" (2014) किताबें प्रकाशित हो चुकी हैं, "परों को खोल" देवनागरी में उनका पहला संकलन है। इसमें उनकी लगभग 85 ग़ज़लें, 40 के क़रीब नज़्में और 20 से अधिक फ़िल्मी अशआर भी संकलित हैं-

शकील की शायरी की छोटी सी बानगी प्रस्तुत करती है ये किताब, जो पाठक को उन्हें और और पढ़ने की प्यास जगा देती है। ये किताब अमेज़न पर उपलब्ध है। आप चाहें तो शकील साहब को उनके मोबाइल न 9820277932 पर फ़ोन करके मुबारक बाद देते हुए किताब पाने का आसान रास्ता पूछ सकते हैं।

परों को खोल जमाना उड़ान देखता है
जमीं पे बैठ के क्या आसमान देखता है
कनीज़ हो कोई या कोई शाहज़ादी हो
जो इश्क़ करता है कब ख़ानदान देखता है
मैं जब मकान के बाहर क़दम निकलता हूँ
अजब निगाह से मुझको मकान देखता है

अपनी शायरी के छोटे से सफ़र में अब तक शकील साहब ने ढेरों अवार्ड हासिल किये हैं जिनमें गुजरात गौरव अवार्ड, गुजरात उर्दू साहित्य अकादमी, कैफ़ी आज़मी अवार्ड, उत्तर प्रदेश उर्दू साहित्य अकादमी अवार्ड, बिहार उर्दू साहित्य अकादमी अवार्ड और महाराष्ट्र उर्दू साहित्य अकादमी अवार्ड. उल्लेखनीय हैं. इन अवार्डस के साथ जो सबसे बड़ा अवार्ड उन्हें मिला है वो है अपने श्रोताओं और पाठकों का प्यार. वो जहाँ जाते हैं उनके दीवाने हमेशा वहाँ मौजूद हो जाते हैं.

फूल का शाख़ पे आना भी बुरा लगता है
तू नहीं है तो ज़माना भी बुरा लगता है
ऊब जाता हूँ ख़मोशी से भी कुछ देर के बाद
देर तक शोर मचाना भी बुरा लगता है
इतना खोया हुआ रहता हूँ ख़यालों में तिरे
पास मेरे तिरा आना भी बुरा लगता है
अब बिछुड़ जा कि बहुत देर से हम साथ में हैं
पेट भर जाए तो खाना भी बुरा लगता है

लगभग 20 सालों के छोटे से इस अदबी सफ़र में जो शोहरत शकील को मिली है, वो किसी के लिए भी हैरत की बात हो सकती है. उनके प्रति उनके प्रशंसकों की भीड़ का राज़ है उनकी सादा बयानी, इंसानी फ़ितरत और मसाइल से जुड़े उनके अशआर जो सबको अपने से लगते हैं. मजे की बात ये है शोहरत ने उन्हें सबका दोस्त हमदर्द और बेहतरीन इंसान बना दिया है. मुहम्मद अलवी साहब उनके लिए कहते हैं -शकील आज़मी की शायरी में उनका अपना रंग है जो दिल को भाता है, इस कम उम्र में ये पुख़्तगी बहुत कम लोगों को नसीब होती है. शकील की ग़ज़ल के इन चंद अशआरों को आपकी नज़र कर के मैं अब निकलता हूँ अगली किताब की तलाश में:

आगे परियों का देश हो शायद
दूर तक राह में चमेली है
अब भी सोते में ऐसा लगता है
सर के नीचे तिरी हथेली है
रंग के तजरबे में हमने 'शकील'
एक तितली की जान ले ली है

* * *

मैं अभी कहाँ बोला
(ज़ाकिर अदीब)

"बीकानेर" - जिसका नाम लोकप्रिय बनाने में "बीकानेरवाला" के नाम से जगह जगह खुले रेस्टॉरेंट ने अहम भूमिका निभाई है, राजस्थान का पाकिस्तान की सीमा से लगा एक अलमस्त शहर है। लगभग 8-10 लाख की जनसंख्या वाले बीकानेर शहर को आप शायद इसके स्वादिष्ट रसगुल्ले और चटपटी भुजिया सेव के कारण जानते होंगे लेकिन ये नहीं जानते होंगे कि इसके लगभग 500 साल पुराने इतिहास में एक बार भी साम्प्रदायिक दंगा फ़साद होने की वारदात दर्ज नहीं है। यहाँ के लोग गंगा-जमुनी तहज़ीब की सिर्फ़ बात ही नहीं करते बल्कि इसे जीते हैं और बडी बेफ़िक्री से अपना जीवन यापन करते हैं। हमारे आज के शायर इसी बीकानेर के निवासी है और गंगा-जमुनी तहज़ीब को अपने अशआर में बहुत ख़ूबसूरती से पिरोते हैं :

वो जिनके जलने से हर-सू धुआँ-धुआँ हो जाय
चिराग़ ऐसे जहाँ भी जलें, बुझा देना
तुम्हें लगे कि यहाँ शान्ति हो गई क़ायम
तो क्या हुआ कोई अफ़वाह फिर उड़ा देना
ज़रूरत आपको जब भी पड़े उजाले की
मैं कह रहा हूँ मेरा आशियाँ जला देना
जिन्हें समझ ही नहीं इम्तिहान लेने की
'अदीब' उनको कोई इम्तिहान क्या देना

एक जुलाई 1963 को बीकानेर में जन्में, जनाब 'ज़ाकिर अदीब" साहब जिनकी किताब "मैं अभी कहाँ बोला" की बात आज हम करेंगे, का नाम मैंने पहले नहीं सना था। ये किताब मुझे जयपुर के प्रसिद्ध शायर जनाब 'लोकेश साहिल' साहब की निजी लाइब्रेरी में दिखाई दी। एक-आध पृष्ठ पलटने और कुछ अशआर पढ़ने के बाद ही मुझे लगा कि ये किताब मुझे पूरी पढ़नी चाहिए क्यों की इसमें हिंदी के शब्दों का उर्दू के साथ प्रयोग और गहरे भावों को सरलता से अशआरों में ढालने का हुनर अद्भुत लगा।

मुझको अना परस्त वो कहते हैं तो कहें
क्यों सरफिरों के सामने सर को झुकाऊँ मैं
ले जा रहे हैं इसलिए मुन्सिफ़ के सामने
मेरी ख़ता नहीं है मगर मान जाऊँ मैं
पहलू में मेरे दिल है ये एहसास है मुझे
तुम चाहते हो क्यों इसे पत्थर बनाऊँ मैं

मैंने या हो सकता है आपने भी ज़ाकिर भाई का कलाम या नाम न सुना पढ़ा हो लेकिन अपने शहर बीकानेर में उनकी मौजूदगी के बिना किसी नसिश्त या मुशायरे की कल्पना भी नहीं की जा सकती। अहमद अली ख़ाँ जो राजस्थान उर्दू अकादमी के संस्थापक सदस्य हैं लिखते हैं कि "ज़ाकिर के निकट अल्फ़ाज़ की जोड़-तोड़ या क़ाफ़िया-पैमाई का नाम शायरी नहीं है, शायरी को वो एहसासो-जज़्बात की भरपूर तर्जुमानी का बेहतरीन ज़रीआ समझता है, इसके शेरों में इस किस्म के अल्फ़ाज़ जा-ब-जा मिलते हैं जो अलामत का काम और मा'नी की लहरें पैदा करते हैं"

उसे न घेर सकेंगे अँधेरे गुर्बत के
हैं प्रज्ज्वलित किसी घर में अगर हुनर के चिराग़
हमें भरोसा है इक रोज़ दूर कर देंगे
तुम्हारे घर के अँधेरे हमारे घर के चिराग़
ये आरज़ू है कि ताज़िन्दगी रहें रौशन
मेरी दुआओं की दहलीज़ पर असर के चिराग़
ज़माना याद रखेगा उसे हमेशा 'अदीब'
वतन की राह में जिसने जलाये सर के चिराग़

"तुम्हारे घर के अँधेरे हमारे घर के चिराग़" मिसरा अपने आप में क़ौमी एकता का ज़बरदस्त सन्देश देता है, जिस तरह इक बेहद अहम बात को बिना लफ़्फ़ाज़ी के बहुत सरलता से 'ज़ाकिर' साहब ने बयाँ किया है वो बेजोड़ है। इस बात को कहने में हमारे हुक्मराँ घण्टों भाषण देते हुए भी असरदार ढंग से अवाम को नहीं कह पाते उसी बात को एक अच्छी शायरी एक मिसरे में कह देती हैं"

ज़ाकिर साहब की शायरी की इस किताब में मुझे में ऐसे कई मिसरे पढ़ने में आये हैं जो सीधे दिल में उतर जाते हैं। भले ही ज़ाकिर भाई आज सोशल मिडिया के ज़रूरत से ज़्यादा प्रचलित दौर में शामिल नहीं हैं क्योंकि वो फ़ेसबुक या ट्वीटर से कोसों दूर हैं लेकिन फिर भी उनकी शायरी की पहुँच दूर-दूर तक है। फूल की ख़ुशबू अपने चाहने वालों तक पहुँचने के लिए फ़ेसबुक व्हाट्स ऐप या ट्वीटर की मोहताज़ नहीं होती।

इक्कीसवीं सदी का बहुत शोर था मगर
इसमें किसी के चेहरे पे कुछ ताज़गी रही?
काँधों से सर गया अरे जाना ही था उसे
दस्तार बच गई यही ख़ुशक़िस्मती रही
जुगनू थे तेरी याद के हमराह इस क़दर
जैसे सफ़र में साथ कोई रौशनी रही
रक्खूँ न क्यों ख़याल क़लम के वक़्क़ार का
अब तक मेरे क़लम से मेरी ज़िन्दगी रही

ज़ाकिर भाई ने क़लम के वक़ार का ख़ूब ख़याल रखा है तभी डॉ. मुहम्मद हुसैन, जो राजस्थान उर्दू अकादमी के सदस्य हैं उनके बारे में कहते हैं कि "ज़ाकिर बुनियादी तौर पर एक प्रतिरोधी शायर हैं ये प्रतिरोध राजनितिक और सामाजिक स्तर पर की जाने वाली नाइंसाफ़ियों के ख़िलाफ़ अधिक तीव्र है। वो ज़ात के खोल में बंद नहीं हैं बल्कि समाज के द:ख दर्द से सरोकार रखते हैं। ज़ाकिर अगरचे अपनी प्रतिक्रिया को तुरंत अभिव्यक्त करते हैं फिर भी उन्हें शिकायत है कि "मैं अभी कहाँ बोला", इससे अंदाज़ा लगाया जा सकता है कि उनके सीने में कैसे-कैसे तूफ़ान अँगड़ाई ले रहे होंगे, जिन्हें वो दबाये बैठे हैं।

ज़मीं निगल नहीं सकती हमें किसी सूरत
हमारे सर पे अभी आसमान बाक़ी है
उड़ान भरने नहीं दे रहा है अब मौसम
परों में वरना अभी तक उड़ान बाक़ी है
खुलेंगे राज़ कई और इस अदालत में
मियाँ अभी तो हमारा बयान बाक़ी है
अमीरे-शहर की नींदें उचाटता है 'अदीब'
अभी जो शहर में मेरा मकान बाक़ी है

ज़ाकिर भाई को शायरी विरासत में मिली है उनके वालिद जनाब 'रफ़ीक़ अहमद रफ़ीक़ साहब बहुत मक़्बूल शायर थे। जहाँ घुट्टी में मिली शायरी की बदौलत उन्होंने 18 -19 साल की उम्र से ही शेर कहने शुरू कर दिए वहीं उन्हें जनाब दीन मुहम्मद 'मस्तान' बीकानेरी, जनाब अहमद अली ख़ाँ 'मंसूर चुरूवी और जनाब 'शमीम' बीकानेरी साहब जैसे उस्ताद मिले जिन्होंने उन्हें अपने रास्ते से कभी भटकने नहीं दिया, उनकी शायरी में जो लफ़्ज़ बरतने का सलीक़ा, नए विचारों को अपने शेरों का हिस्सा बनाने का हुनर, परम्परा का ख़याल और नए रुझान की झलक दिखाई देती है वो इन्हीं उस्तादों की बदौलत है।

बच्चे नहीं थे घर में तो ख़ामोश था ये घर
लेकिन वो आये घर में तो घर बोलने लगा
हमदर्द अपना जान लिया उसको दोस्तों
कोई मेरे ख़िलाफ़ अगर बोलने लगा
पतझड़ का दौर था तो वो गुमसुम खड़ा रहा
फूटी जो कोपलें तो शजर बोलने लगा
मैं फन के रास्ते पे था चुपचाप अग्रसर
फिर यूँ हुआ कि मेरा हुनर बोलने लगा

ज़ाकिर साहब के इसी हुनर का एहतराम करते हुए बीकानेर जिला प्रशासन ने उन्हें 2002 के स्वतंत्रता दिवस पर सम्मानित किया और 2011 के गणतंत्र दिवस पर नगर निगम बीकानेर ने उन्हें सम्मानित किया। ज़ाकिर साहब राजस्थान उर्दू अकादमी के सदस्य हैं, मस्तान अकेडमी बीकानेर के संस्थापक सदस्य हैं, कमेटी बज़्मे-मुसलमा, बीकानेर के कन्वीनर और समवेत बीकानेर संयुक्त सचिव हैं। माध्यमिक शिक्षा निदेशालय राजस्थान बीकानेर में कार्यरत ज़ाकिर भाई बीकानेर की साहित्यिक विधियों की जान हैं। अपनी भावनाओं और एहसास को सच्चाई और ईमानदारी के साथ शेरों में ढाल कर लोगों तक पहुँचाने में सतत प्रयत्नशील रहते हैं।

अभी से किसिलिए हंगामा हो गया बरपा
हिले न लब ही मेरे मैं अभी कहाँ बोला
जब अपने चेहरे को देखा है उसने हैरत से
तब आईना जो बज़ाहिर है बेज़बाँ, बोला
अमीरे-शहर की अपनी ज़बान क्या थी 'अदीब'
वो जब भी बोला किसी ग़ैर की ज़बाँ बोला

"मैं अभी कहाँ बोला" किताब कामेश्वर प्रकाशन बीकानेर ने प्रकाशित की है जिसे आप उनके तेलीवाड़ा चौक, बीकानेर -334005 पर लिख कर मँगवा सकते हैं या फिर इसे मँगवाने का तरीक़ा ज़ाकिर साहब को उनके फ़ोन न 09461012509 पर बधाई देते हुए पूछ सकते हैं। दिलकश कवर में हार्ड बाउंड वाली इस 80 पृष्ठों वाली किताब में ज़ाकिर साहब की लगभग 65 ग़ज़लें शामिल हैं। अगली किताब की तलाश में निकलने से पहले उनकी एक छोटी बहर की - ग़ज़ल के ये शेर आपको पढ़वा देता हूँ

इक दूजे के दुश्मन हैं
साया-सहरा, पानी-आग
सावन की ऋतु आते ही
हो जाता है पानी आग
सब्र के छींटें पड़ते ही
हो गयी पानी पानी आग

***

समय कुम्हार है
(चन्दर वाहिद)

अच्छे बुरे का मेरे, जमा खर्च तुम रखो
मैं तो जीऊँगा ज़िन्दगी अपने हिसाब से
आदत-सी पड़ न जाय कहीं जीत की मुझे
सो चाहता हूँ खेलना बाज़ी जनाब से
दौरे-ख़िज़ाँ का पहरा है गुलशन में चार-सू
कैसे मैं हाल ख़ुशबू का पूछूँ गुलाब से

ऐसा नहीं है कि ये पहली बार हआ है इस श्रृंखला में ऐसा पहले भी हो चुका है कि जिस शायर की किताब की हम चर्चा करने जा रहे हैं. उस शायर के उस्ताद मोहतरम की किताब की चर्चा भी पहले कर चुके हैं। ये बात दोनों, याने उस्ताद और शागिर्द, के लिए बाइसे फ़क्र है। उस्ताद के लिए इसलिए कि उनका शागिर्द इस लायक़ हो गया है कि दुनिया उसकी शायरी की चर्चा करे और शागिर्द के लिए इसलिए, कि उसकी किताब की चर्चा भी वहाँ हो रही है जहाँ उसके उस्ताद मोहतरम की हुई है, एक ही प्लेटफ़ॉर्म पर।

हमारे आज के शायर हैं जनाब चन्दर वाहिद साहब जिनकी किताब 'समय कुम्हार है' की बात हम करेंगे। इनके उस्ताद दिल्ली के जाने माने शायर जनाब मंगल नसीम साहब हैं जिनकी किताब 'तीतर पंखी' की चर्चा हम पहले कर चुके हैं।

मैंने भूले से छू दिया गुल को
पत्ती-पत्ती सिसक-सिसक उट्ठी
साज़ छेड़ा चटक के ग़ुंचों ने
ओस पत्तों पे फिर थिरक उट्ठी
याद क्या है? दरख़्त पर जैसे
नन्हीं चिड़िया कोई चहक उट्ठी

याद को नन्हीं चिड़िया की चहक-सा बताने वाले जनाब चन्दर वाहिद साहब का जन्म गाँव बादशाहपुर, जो उत्तर प्रदेश के बुंदेलखण्ड जिले में पड़ता है, में 5 अगस्त 1958 को हुआ। चन्दर साहब ने अपने शेरी सफ़र की शुरुआत 1996 में याने ज़िन्दगी के लगभग 38 वसंत देख चुकने के बाद की। इस से पहले उनके एहसास और तसव्वुरात ग़ज़ल की शक्ल में बाहर आने को बेचैन तो रहते थे लेकिन रास्ता नहीं मिल रहा था। चन्दर साहब को एक मुकम्मल उस्ताद की तलाश थी, जो उनका हाथ पकड़ कर शायरी के जोखिम भरे टेढ़े-मेढ़े रास्तों पर चलना सिखाये। उनकी ये तलाश उस्तादे-मोहतरम जनाब मंगल नसीम साहब पर जा कर ख़तम हुई। उस्ताद ने हाथ क्या पकड़ा, चन्दर साहब के दिल में घुमड़ते शायरी के

बादल अशआर की शक्ल इख़्तियार कर बरसने लगे।

झिलमिलाये जैसे लहरों पर किरन
आस लेती दिल में यूँ अँगड़ाइयाँ
पलक की पाज़ेब के घुघरू थे अश्क
टूटने पर बज उठी शहनाइयाँ
जब नगर की धूप में जलना पड़ा
याद आयी गाँव की अमराइयाँ

टूटने पर बज उठी शहनाइयाँ, जैसे मिसरे बिना उस्ताद की रहनुमाई के दिमाग़ में नहीं आ सकते। ग़ज़ल के कारवाँ का हिस्सा होने की इजाज़त देते हुए मंगल साहब ने वाहिद साहब को सफ़र के तौर-तरीक़े समझते हुए कहा था कि - मेरे अज़ीज़ ग़ज़ल कहना आग के दरिया से गुज़रना है। सब कुछ फेंक सकने का हौसला रखते हो तो आओ मेरे साथ, वर्ना वापस लौट जाओ कि अनगिनत ख़ुशियाँ तुम्हारी राह तकती हैं। वाहिद साहब ज़ाहिर सी बात है वापस लौटने के लिए तो मंगल साहब के पास आये नहीं थे, सो बस उनके घुटनों पर सर रख कर अपना सब कुछ उन पर न्योछावर कर दिया। ऐसे धुनी शागिर्द को पा कर उस्ताद को कितनी ख़ुशी मिलती है इसका अंदाज़ा भी नहीं लगाया जा सकता।

समय कुम्हार है जो चाक पर नचाता है
ये ज़िन्दगी तो सुराही का नाचना भर है
जो खाली हाथ है आया वो क्या ख़रीदेगा
उसे तो दुनिया के मेले को देखना भर है
ग़ामों की आग से ख़ुद को ज़रा बचा रखना
कि जिसमें रहते हो वाहिद वो मोम का घर है

ग़ामों की आग से ख़ुद को बचाये रखने का संदेशा देने वाले चन्दर साहब ख़ुद उसकी लपटों में घिर गए और उनका मोम का घर पिघलने लगा। हुआ यूँ कि एक दिन सुबह जब बिस्तर से उठने लगे, तो उन्होंने पाया कि उनका आधा जिस्म बेहरकत हो चुका है। पैरालिसिस के इस अटैक ने उनकी ग़ज़ल यात्रा को विराम-सा लगा दिया। लगभग डेढ़-दो बरस के इस यातना भरे दौर का उन्होंने दवाओं, दुआओं और दोस्तों रिश्तेदारों की सेवाओं के साथ डट कर मुक़ाबला किया और आख़िरकार विजयी हुए। ये अलग बात है कि ज़िन्दगी वैसी नहीं रही जैसी पहले थी।

सूरत उतर न जाय कहीं माहताब की
कह दो कि बात झूठ है उनके शबाब की

मंज़िल क़रीब आई तो भटका दिया गया
इन रहबरों ने ज़िन्दगी मेरी ख़राब की
हालात ने बिगाड़ दी 'वाहिद' की शक्ल यूँ
जैसे ख़राब जिल्द हो अच्छी किताब की

'समय कुम्हार है' का प्रकाशन 2001 में हुआ था याने आज से 16 साल पहले लेकिन इसके अशआर आज भी उतने ही ताज़ा हैं जितने कि ये इन्हें लिखते वक्त थे। शायरी वही ज़िंदा रहती है, जो इंसान की जद्दोजहद की, उसके गुणदोष की, ऊँच-नीच की, उसकी फ़िक्र की नुमाइंदगी करे। पढ़ने वाले और सुनने वाले को उसमें अपना अक्स नज़र आना चाहिए। आज सदियों बाद भी तभी ग़ालिब को वैसे ही पसंद किया जाता है बल्कि उससे ज़्यादा पसंद किया जाता है, जितना कि उस वक़्त में पसंद किया गया होगा।

लौट आ जाती है पिंजरे में पलट कर बुलबुल
ये जिस्मो-जाँ के भी क्या ख़ूब ताने-बाने हैं
बेबसी प्यास तड़प दर्द घुटन और थकन
मैं जो टूटा तो सभी मोती बिखर जाने हैं
ख़ुद से हर रोज़ मैं लड़ता हूँ सुलह करता हूँ
मेरे अशआर इसी जंग के अफ़साने हैं

हिंदी और उर्दू दोनों लिपियों में याने एक पृष्ठ पर हिंदी और सामने वाले पर उर्दू में इस किताब को अमृत प्रकाशन शाहदरा दिल्ली ने प्रकाशित किया है जिसमें वाहिद साहब की लगभग 40 ग़ज़लें संगृहीत हैं। आप अमृत प्रकाशन से 011-223254568 पर बात करके किताब प्राप्त करने का तरीक़ा पूछ सकते हैं। बेहतर तो ये रहेगा कि आप चन्दर वाहिद साहब को उनके मोबाइल 09891782782 पर संपर्क करें और उन्हें उनकी लाजवाब शायरी पर बधाई दें और उनके उस्ताद मोहतरम जनाब मंगल नसीम साहब से उनके मोबाइल 9968060733 संपर्क कर उनसे किताब प्राप्ति का रास्ता पूछें। चलते-चलते उनकी एक ग़ज़ल के चंद शेर और पढ़वाता चलता हूँ

टूटे दीपक को हटा मत तू मिरे आगे से
मेरी नज़रों को उजाले का भरम रहने दे
अक्स अपना कोई देखे है मेरे अश्कों में
और कुछ देर मिरी आँखों को नम रहने दे
शाइरे-वक़्त हक़ीक़त में वही होता है
अपने अशआर को जो आम फ़हम रहने दे

***

चाँद डिनर पर बैठा है
(स्वप्निल तिवारी)

धुंध, ठिठुरन, चाय, स्वेटर और तुम
मुझको तो इस रुत का चस्का लग गया
किस तरह पीछा छुड़ाऊँ चाँद से
क्यों मिरे पीछे ये गुंडा लग गया
बस अभी ही नींद आई है हमें
और साज़िश में सवेरा लग गया

उत्तर प्रदेश का एक जिला है गाज़ीपुर, हो सकता है आप जानते हों लेकिन शायद ये नहीं जानते होंगे कि वहाँ दुनिया का सबसे बड़ा, लीगली अफीम बनाने का कारखाना है जो लगभग दो सो साल पुराना है। आप सोचते होंगे कि ग़ाज़ीपुर तक की बात तो चलो ठीक थी, पर ये अफ़ीम वाली बात का क्या औचित्य है? ठहरिये हम बताते हैं, बात दरअसल ये है कि हमारे आज के शायर की पैदाइश गाज़ीपुर की है और उनकी शायरी अफ़ीम के नशे जैसी है, जो एक बार लग जाय तो छूटता नहीं।

हमारे आज के शायर की शायरी में ये तासीर घुट्टी में वहाँ से मिली मिट्टी से आयी है या किसी और वजह, से ये शोध का विषय हो सकता है पर इस में कोई संदेह नहीं कि पाठक पर इसका नशा जब चढ़ता है तो फिर उतरने का नाम नहीं लेता।

खुली आँखें तो देखा हर तरफ़ थीं
हमारे ख़्वाब से निकली हुई तुम
तुम्हारे बाद मेरे साथ होगी
तुम्हारे लम्स में महकी हुई तुम
है बाहर तेज़ बारिश और घर में
घटाओं की तरह छाई हुई तुम
मैं अपनी आग में 'आतिश' घिरा था
वहीं नज़दीक थी पिघली हुई तुम

अपने अशआरों में चाँद, शाम, याद, नदी, शब, नींद, ख़्वाब, सहर, समंदर, साहिल, झील, सूरज और दिल आदि लफ़्ज़ों से तिलिस्म रचने वाले हमारे आज के युवा शायर का नाम है स्वप्निल तिवारी 'आतिश', जिनके लिए उनके उस्ताद मोहतरम जनाब तुफ़ैल चतुर्वेदी ने एक जगह लिखा है "स्वप्निल आपकी ग़ज़ल पढ़ना लफ़्ज़ों की पेन्टिंग देखने का ख़ूबसूरत काम है। विद्यापति ने भगवान कृष्ण के लिए अपनी एक कविता में कहा है 'तोहि सरिस तोहि

माधव' यानी माधव तुम्हारी उपमा केवल तुमसे ही दी जा सकती है। वही आपकी ग़ज़ल का हाल है आप कहाँ से लाते हैं ये लफ़्ज़? आपके शेर शब्द-चित्र बनाते हैं। सीधे-साधे लफ़्ज़, छोटे-छोटे बिम्ब मगर एक बड़े कोलाज को शक्ल देते हुए।"

आइये हाल ही में प्रकाशित हुई उनकी किताब "चाँद डिनर पर बैठा है" की बात करते हैं जिसने शायरी की दुनिया में धूम मचा दी।

सुना है जलाये गए शहर कल
धुआँ तक नहीं लेकिन अख़बार में
कहानी वहाँ है जहाँ मौत ही
नई जान डालेगी किरदार में
अब इनके लिए आँखें पैदा करो
नए ख़्वाब आये हैं बाज़ार में
सँभल कर मिरी नींद को छू सहर
हैं सपने इसी काँच के जार में

लाजवाब शायर और बेहतरीन समीक्षक जनाब मयंक अवस्थी साहब ने उनके बारे में टिप्पणी करते हुए 'लफ़्ज़' के पोर्टल पर लिखा था कि -एक चीज़ क़ाबिले-ग़ौर ये भी है कि बेहद जटिल विचारों को भी 'स्वप्निल' की भाषा सुलझा कर आसान कर देती है, यही हुनर यही शीशागरी बार-बार मुँह से वाहवाह निकलवाती है और इसी तस्वीरी सिफ़्त के लिए ज़माना उनका मुरीद है। सबसे कमाल की बात तो ये है कि स्वप्निल के अशआर में हताशा भी धनक रंग मिलती है।

देखते रहने से ही शायद ख़ुदा इक शक्ल ले
सोचता हूँ और ख़ला में देखता रहता हूँ मैं
चुन के रख लेता हूँ वक़्फ़ा भीगने का मैं तेरे
बारिशों के बाद उसमें भीगता रहता हूँ मैं
देखकर तुझको पिघलते हैं ग़मों के ग्लेशियर
सामने हो तू तो आँखों तक भरा रहता हूँ मैं
वजह अगले पल ही कुछ से और कुछ हो जाती है
क्या बताऊँ किसलिए इतना डरा रहता हूँ मैं

मयंक अवस्थी जी आगे लिखते हैं कि "स्वप्निल क़ुदरत के जब भी नज़दीक जाते हैं बहुत उजली और बहुत ख़ूबसूरत तस्वीर शेर में ले कर आते हैं!! ग़ज़लों की अगर मिस इण्डिया प्रतियोगिता हो तो स्वप्निल की ग़ज़लें निश्चित रूप से ये क्राउन पहनेंगी! कहाँ-कहाँ के मनाज़िर हैं स्वप्निल के पास! और कितने शेड्स हैं! सभी एक से बढ़कर एक! यह तय है

कि लफ़्ज़ स्वप्निल के इख़्तियार में रहते हैं और वो उनसे जैसा चाहते हैं वैसा मआनी निकाल लेते हैं - यह हुनर और फन ईश्वरीय देन भी है और रियाज़ ने इसमें इज़ाफ़ा किया है। उनके ख़याल नए नहीं हैं लेकिन जिस ख़ूबी से वो कहते हैं वो क़ाबिले-तारीफ़ है।

शाम होते ही उदासी चल पड़ी चुनने उन्हें
दिन के साहिल पर पड़ी हैं ग़म की मारी मछलियाँ
दिल के दरिया में जो आयी शाम चारा फेंकने
सतह पर आने लगीं यादों की सारी मछलियाँ
इक जज़ीरा बस वही सारे समंदर में है पर
ताक में बैठी हुई हैं वां शिकारी मछलियाँ

6 अक्टूबर 1985 को जन्में मँझले क़द और गठीले बदन के स्वप्निल ने बलिया के ए एस बी एस इंटर कॉलेज से स्कूलिंग करने के बाद आई. एम. एस. गाज़ियाबाद से बी एस सी बॉयोटेक की डिग्री हासिल की लेकिन इस क्षेत्र में काम करने की रुचि उनमें पैदा नहीं हुई। नौकरी के बारे उन्होंने सोचा नहीं और अपने दिल की आवाज़ पर वो काम करने लगे, जो उन्हें बहुत प्रिय है याने स्वतंत्र लेखन का। फक्कड़ प्रकृति के स्वप्निल पहली नज़र में ही हर किसी को अपने से लगते हैं, उनकी चश्मे से झाँकती आँखें वो मंज़र देख लेती हैं, जो आम इंसान को दिखाई ही नहीं देते। मैं उनके बारे में ज़्यादा नहीं कहूँगा, क्योंकि वो मुझे बहुत प्रिय हैं और उनके बारे में लिखते वक़्त मैं अतिरेक से शायद बच न पाऊँ, इसलिए आइये उनके वो शेर पढ़ते हैं जो उन्हें भीड़ से अलग रख कर स्वप्निल बनाते हैं

उसका मुझसे यूँ ही लड़ लेना और
घर की चीजों से शिकायत करना
इस से पहले के उसे देखो तुम
ठीक से सीख लो हैरत करना
मेरे तावीज़ में जो काग़ज़ है
उस पे लिखा है 'मुहब्बत' करना

किताब की भूमिका में प्रसिद्ध फ़िल्म निर्देशक विमल चंद्र पाण्डेय ने लिखा है कि "जिस तारीक वक़्त में स्वप्निल ग़ज़लें कह रहे हैं, मुनासिब ही है कि उनकी तावीज़ में रखे काग़ज़ पर मुहब्बत करने की नसीहत लिखी हुई है। ये काग़ज़ दरअस्ल शायर का ज़ेहन है, जिसमें वो पूरे जहाँ की मुहब्बतें लेकर फ़िक्रमंद घूम रहे हैं कि कोई बोट ऐसी भी हो जो समंदर को फतह करे। स्वप्निल की भाषा किसी भी तरह के आग्रह और दबाव से मुक्त है और उनकी ग़ज़लें एक शायर की अवाम से गुफ्तगू वाली आमफ़हम भाषा इख़्तियार कर हमारे सामने आती है, जो बेहद अपनी-सी लगती है।"

51 क़िताबें ग़ज़लों की भाग-1

ये वक़्त लम्बे दिनों का है सो ये रातें अब
बढ़ा रही हैं उदासी ही रातरानी की
तिरा ख़याल हुआ कैनवस पे मेहमाँ
कल तमाम रंगों ने मिलजुल के बेज़बानी की
गुनाहे-इश्क़ किया और कोई सज़ा न हुई
ज़रूर तुम ने सुबूतों से छेड़खानी की

"चाँद डिनर पर बैठा है' किताब का साइज़ भी उसमें छपी ग़ज़लों की तरह अलग और दिलकश है "एनीबुक" ने इस किताब को जिसमें स्वप्रिल की लगभग 150 से अधिक ग़ज़लें हैं, बहुत ही आकर्षक अंदाज़ में प्रकाशित किया है। इसके पहले संस्करण के तुरंत बाद दूसरे संस्करण का मन्ज़रे-आम पर आना इसकी लोकप्रियता का ठोस प्रमाण है। सबसे पहले ये किताब उर्दू में प्रकाशित हो कर धूम मचा चुकी है, इसका हिंदी संस्करण तो बहुत महीनों बाद प्रकाशित हुआ। इसमें छपी लगभग सभी ग़ज़लें ऐसी हैं, जिन्हें बार बार पढ़ने का, उनमें डूब जाने का मन करता है, अगर मुझे इस पोस्ट की लम्बाई और आपके क़ीमती वक़्त का ध्यान नहीं होता, तो यक़ीनन उनकी सभी ग़ज़लें यहीं पढ़वा देता।

कोई मौसम हो ये फबता है तुझ पर
तेरा ये पैरहन माँ ने सिया क्या
नए पत्ते ने पूछा है चमन से
ख़िज़ाँ का भी यही है रास्ता क्या
है पुर-असरार तेरी मुस्कराहट
तिरा ही नाम है मोनालिसा क्या
जड़ा है मुस्कुराता चाँद इसमें
तो फिर ये रात है शिव की जटा क्या

'स्वप्रिल' और उन जैसे आज के बहुत से युवा शायरों की शायरी ताज़ी हवा के झोंके जैसी है। मेरी गुज़ारिश है कि बुजुर्ग शायरों को उन्हें आज शायरी में हो रहे बदलाव को समझने लिए और नए शायरी सीखने वाले युवाओं को लफ़्ज़ बरतने का हुनर सीखने के लिए, पढ़ना चाहिए। बदलाव ज़रूरी है वो चाहे ज़िन्दगी में हो चाहे शायरी में। बदलाव बिना साहस और हौसले के लाया नहीं जा सकता और जिनमें साहस और हौसले की कमी है, वो लीक पर ही चलते रहते हैं बिना अपने पदचिह्न छोड़े। स्वप्रिल और उनके हमराह कई युवा शायर शायरी में बदलाव ला रहे हैं जो क़ाबिले-तारीफ़ है। सूत हैं घर के हर कोने में मकड़ी पूरी बुनकर निकली ताज़ादम होने को उदासी लेकर ग़म का शॉवर निकली जब भी चोर मिरे घर आये एक हँसी ही जेवर निकली 'स्वप्रिल', जो इनदिनों मुंबई में रहते हुए फ़िल्मों के लिए स्क्रीनप्ले और गीत लिख रहे हैं, को सोशल मीडिया से जुड़े लोग तो पढ़ते ही आये हैं अब उनकी किताब आने से

वो लोग जो सोशल मीडिया से नहीं जुड़े हैं,भी उन्हें पढ़ सकते हैं। एक बात तो है कम्प्यूटर, लैपटॉप या मोबाइल पर ग़ज़ल पढ़ने का वो मज़ा नहीं आता, जो हाथ में किताब लेकर पढ़ने में आता है। अगर आप को शायरी से ज़रा-सी भी मुहब्बत है तो देर मत कीजिये एनीबुक के पराग अग्रवाल से उनके मोबाइल 9971698930 पर संपर्क कीजिये और किताब हासिल करने का आसान तरीक़ा पूछिए, ये नहीं करना चाहते तो अमेज़न से मँगवा लीजिए और हाँ स्वप्निल को उनके मोबाइल 9425624247 पर बधाई देना मत भूलिए। मन तो नहीं कर रहा लेकिन अगली किताब की तलाश में निकलना ही पड़ेगा, चलते-चलते स्वप्निल की पहचान बन चुके उनके ये अशआर पढ़वाता चलता हूँ

अक्स मिरा आईने में
लेकर पत्थर बैठा है
उसकी नींदों पर इक ख़ाब
तितली बन कर बैठा है
रात की टेबल बुक करके
चाँद डिनर पर बैठा है

* * *

ग़ज़ल मेरी इबादत है
(माणिक वर्मा)

ब्याह तो मेरा हुआ, पर दे रहा था हर कोई
मेरे दुश्मन को बधाई रात के बारह बजे
तब हुआ एहसास मुझको हो गयी बेटी जवान
कंकरी जब घर पे आयी रात के बारह बजे
और
कहा था मैंने गंगाजल का लाया बोतल 'रम' की
अब ढक्कन क्यों लगा रहा है तू उल्लू के पठे
अभी तो तेरे पूज्य पिताजी अस्पताल पहुँचे हैं
अभी से सर क्यों मुंडा रहा है तू उल्लू के पठे
बहुत जल्द अपने भारत से होगी दूर ग़रीबी
किसको उल्लू बना रहा है तू उल्लू के पठे

सामान्य स्थिति में, मुझे यक़ीन है कि, ऊपर पोस्ट किये शेर पढ़ कर आपके चेहरे पर मुस्कान ज़रूर आयी होगी। ये भी हो सकता है कि आपने सोचा हो कि आज "किताबों की दुनिया" में किसी मज़ाहिया ग़ज़लों की किताब का ज़िक्र होने वाला है। अफ़सोस ऐसा नहीं है, हमारे आज के शायर हिन्दुस्तान के मशहूर हास्य कवि ज़रूर हैं लेकिन उनकी शायरी संजीदा और कुछ अलग से मिज़ाज की है। आज भले युवा पीढ़ी में उनका नाम अधिक जाना पहचाना न हो लेकिन कभी कवि सम्मेलनों में उनकी तूती बोलती थी। उनकी कुछ एक हास्य व्यंग्य से सरोबार ग़ज़लें अलबत्ता इस किताब में आपको पढ़ने को ज़रूर मिल सकती हैं, जिसका ज़िक्र मैं करने वाला हूँ। शायर और उनकी किताब का नाम बताने से पहले आइये मैं आपको उनकी एक ग़ज़ल के ये शेर पढ़वाता हूँ

हमने माँगी थी ज़रा-सी रौशनी घर के लिए
आपने जलती हुई बस्ती के नज़राने दिए
ज़िन्दगी ख़ुशबू से अब तक इसलिए महरूम है
हमने जिस्मों को चमन, रूहों को वीराने दिए
हाथ में तेज़ाब के फ़ाहे थे मरहम की जगह
दोस्तों ने कब हमारे ज़ख़्म मुरझाने दिए गंभीर

ग़ज़लें कहने वाले हमारे आज के शायर 'माणिक वर्मा" को जब लगा कि अनेक उद्गार ऐसे भी हैं जिन्हें उनके मन की बेचैनी और तल्ख़ तजुर्बातों को ग़ज़लों के माध्यम से व्यक्त

नहीं किया जा सकता, तब उन्होंने अपनी दिशा बदल ली और हास्य सृजन करने लगे। हास्य कविताओं के माध्यम उन्होंने अनेक गंभीर सामाजिक समस्याओं, राजनीति की बुराइयों और इंसान की कमज़ोरियों को उजागर किया। "किताबों की दुनिया" श्रृंखला में चूँकि सिर्फ़ ग़ज़लों की बात होती है इसलिए हम उनकी किताब "ग़ज़ल मेरी इबादत है' में प्रकाशित ग़ज़लों की ही बात करेंगे।

सिर्फ़ दिखने के लिए दिखना कोई दिखना नहीं
आदमी हो तुम अगर तो आदमी बनकर दिखो
ज़िन्दगी की शक्ल जिसमें टूटकर बिखरे नहीं
पत्थरों के शहर में वो आइना बनकर दिखो
आपको महसूस होगी तब हर इक दिल की जलन
जब किसी धागे-सा जलकर मोम के भीतर दिखो

मुझे माणिक जी की ग़ज़ल के बारे में कही ये बात सौ प्रतिशत सही लगती है कि "ग़ज़ल कोशिशों का नाम नहीं है! ग़ज़ल नाम है उस पके हुए फ़ल का जो पत्थरों की चोट से नहीं अपनी मर्ज़ी से अपने आप टपकता है।" माणिक जी की ग़ज़लें पढ़ते वक़्त उनकी इस बात का हमें ऐतबार होने लगता है। सहज सरल भाषा में किसी अल्हड़ नदी सा बहाव लिए उनकी ग़ज़लें सीधी दिल में उतर जाती हैं। उनकी ग़ज़लों में मुश्किल लफ़्ज़ों का जमावड़ा और घुमावदार दर्शन आपको ढूँढ़े नहीं मिलेगा।

धूप के पौधे लगा कर लोग अपने बाग़ में
चाहते हैं गुलमुहर की छाँव रमजानी चचा
ये भटकते पंछी मुझसे पूछते हैं क्या कहूँ
क्यों कटे बरगद के बूढ़े पाँव रमजानी चचा
आप कहते हैं किसी के पास भी माचिस नहीं
जल गया फिर कैसे अपना गाँव रमजानी चचा

माणिक जी को लेखन विरासत में मिला, उनके पिता स्व. प्यारे लाल वर्मा हिंदी के अतिरिक्त उर्दू फ़ारसी और अंग्रेज़ी के विद्वान ही नहीं बल्कि धार्मिक एवं राष्ट्रीय धारा के प्रखर कवि भी थे, लेकिन दुर्भाग्य से माणिक जी जब मात्र छह वर्ष के ही थे तभी उनका देहावसान हो गया। खण्डवा में जन्मे माणिक जी ने शिक्षण के अतिरिक्त उर्द की शिक्षा सेठ हारून रशीद साहब से और शायरी की मकम्मल तालीम उस्ताद ज़ेहन ख़ान 'नूर' से हासिल की। बाद के दिनों में जनाब बशीर बद्र साहब ने भी उनकी रहनुमाई की। प्रतीक्षा क्यों दधीची की करें हम हमारे तन में भी तो हड्डियाँ हैं जलाने हैं कई नफ़रत के रावण तुम्हारे पास कितनी तीलियाँ हैं हज़ारों इंक़लाब आये हैं लेकिन अभी तक झोपड़ी में सिसकियाँ हैं माणिक जी की ग़ज़लें

हमें कभी कभी दुष्यंत कुमार और अदम गोंडवी साहब जैसी लगती ज़रूर हैं लेकिन अगर उन्हें समग्र पढ़ें, तो पता लगता है कि उनके पास विषयों की अधिकता है और प्रस्तुतिकरण में मौलिकता है। उनकी ग़ज़लों में हिंदी अपने स्वाभाविक रूप में नज़र आती है और मुहावरों का प्रयोग भी वो अद्भुत ढंग से करते हैं। बशीर बद्र साहब फ़रमाते हैं कि -माणिक वर्मा जी की ग़ज़लें पुरानी यादों को ताज़ा करती हैं, नए ज़माने की ख़ूबसूरत शायराना तजुर्बों से रची बसी होती है और ऐसी ग़ज़ल बन जाती है जो ग़ज़ल हिंदी -उर्दू के सरमाये में इज़ाफ़ा करती है।

सूरज हुआ फ़क़ीर तुम्हारी ऐसी तैसी
जुगनू को जागीर तुम्हारी ऐसी तैसी
झूठे आँसू बने तुम्हारे सच्चे मोती
हम रोयें तो नीर तुम्हारी ऐसी तैसी
ख़ाक मुहब्बत करें रोटियों के लाले हैं
कहाँ के राँझा-हीर तुम्हारी ऐसी तैसी
जनता का है देश मगर तुमने समझा है
अब्बा की जागीर तुम्हारी ऐसी तैसी

दरअसल 'ग़ज़ल मेरी इबादत है' पारम्परिक ग़ज़लों की किताब से इस मायने में अलग है कि इसमें माणिक जी की ग़ज़लों के अलावा हज़लों और एक आध नज़्मों का भी समावेश है। अगर हम हज़लों की बात करें तो उसपर एक अलग से पोस्ट लिखनी होगी। ग़ज़लों में भी वो बहुत चुटीली भाषा का प्रयोग करते हैं। डायमंड बुक्स द्वारा प्रकाशित इस पेपर बैक में छपी इस किताब को आप अमेज़न से ऑन लाइन मँगवा सकते हैं. वैसे डायमंड बक्स की किताबें आपको किसी भी अच्छे बुकस्टोर से आसानी से मिल जाएँगी। गूगल ने माणिक जी तक पहुँचने में मेरा सहयोग नहीं दिया, वरना मैं उनका नंबर या पोस्टल अड्रेस आप तक ज़रूर पहुँचा देता, हाँ अगर किसी पाठक के पास उनका नंबर हो तो मुझे बता दे मैं उसे पोस्ट में जोड़ दूँगा। आप माणिक जी की लगभग 94 ग़ज़लों और 28 के लगभग हज़लों से सजी इस किताब को पढ़ने की जुगत करें और मैं निकलता हूँ अगली किताब की तलाश में, चलते-चलते उनकी एक छोटी बहर की ग़ज़ल के ये शेर आप सब के लिए प्रस्तुत हैं

हमें दुनिया का नक़्शा मत दिखाओ
हमारा घर कहाँ है, ये बता दो
ग़ुलामी का असर बच्चों पे होगा
ये पिंजरे में रखा पंछी उड़ा दो
ग़रीबी देन है परमात्मा की
जो ये पोथी कहे उसको जला दो

और अब ये पढ़िए सोचिए मुस्कुराइए और इन शेरो को रोज़मर्रा की ज़िन्दगी में मुहावरों की तरह इस्तेमाल करिये।

वो तो चस्का लग गया था जाम का
वरना मैं भी आदमी था काम का
हैसियत सड़ियल से बैंगन की नहीं
पूछता है भाव लंगड़े आम का
हुक्म है सरकार का जल्दी भरो
आज उद्घाटन है मुक्तिधाम का

* * *

हम
(शाहजहाँ शाद)

मेरा चेहरा वही, वही हूँ मैं
बात इतनी है वक़्त दुश्मन है
आ गयी फिर ख़ुशी मिरे दिल में
ये मेरी शायरी की सौतन है
चंद क़तरे हैं मेरी आँखों में
मेरा सावन भी कितना निर्धन है

ये तो इत्तेफ़ाक़ ही है -आप इसे हसीन कहें तो आपकी मर्ज़ी लेकिन ये है इत्तेफ़ाक़ ही। आपको बताऊँगा तो आप भी कहेंगे क्या ग़ज़ब का इत्तेफ़ाक़ है। बताइये आज तारीख़ क्या है? जी हाँ चौदह अगस्त सोमवार और चौदह अगस्त के दिन याने आज, मैं जिस शायर की किताब की चर्चा मैं करने वाला हूँ वो भी चौदह अगस्त को पैदा हुए थे। बात यहीं रुक जाती वहाँ तक भी ठीक था लेकिन रुकी नहीं आज यानी चौदह अगस्त को ख़ाकसार का भी जनम दिन है। यूँ जन्मदिन का जीवन में कोई विशेष महत्त्व नहीं होता, जिसने जनम लेना है वो आज नहीं तो कल लेगा ही, जनम लेने और जनम देने वाले का इस क्रिया में कोई विशेष योगदान नहीं होता। ये सब प्रकृति के नियमानुसार होता है। पर इस पोस्ट की तिथि का पोस्ट के शायर की जन्म तिथि और ब्लॉग लेखक की जन्म तिथि के साथ पड़ना महज एक संजोग है, जो पहली बार इस 8 साल पुरानी श्रृंखला में हो रहा है।

इस तथ्यहीन बात को यहीं छोड़ आइये आज उनकी ग़ज़लों की किताब से कुछ और ग़ज़लों के शेर पढ़ते हैं-

थोड़ी सस्ती है थोड़ी महँगी है
ज़िन्दगी भी तो खीर टेढ़ी है
जब लिपटता है चाँद से सूरज
बर्फ़ जलती है आग बुझती है
एक जुगनू बता गया मुझको
तीरगी उससे ख़ौफ़ खाती है
तुझसे बिछुड़ा तो हो गया शायर
तुझसे बेहतर तेरी जुदाई है

जुदाई को वस्ल से बेहतर बताने वाले हमारे आज के अलबेले शायर हैं जनाब 'शाहजहाँ' 'शाद' साहब जिनकी किताब 'हम' की बात आज हम करेंगे। 14 अगस्त 1961 को शाहजहाँ

शाद साहब सूबा-ए-उत्तर प्रदेश में मर्दुम-ख़ेज़ ज़िला ग़ाज़ीपुर के महेंद्र गाँव में पैदा हुए, इल्मो-अदब के शहर आज़मगढ़ में पल-बढ़ एवं लिख कर रोज़ी-रोटी की तलाश में सूबा-ए-गुजरात के हीरों की मंडी वाले शहर सूरत में बस गए और हीरे की तरह तराशे चमकदार शेर कहने लगे।

वो सलीक़े से जान लेते हैं
हम जिन्हें अपना मान लेते हैं
एक डाली पे फिर नहीं रहते
जब परिंदे उड़ान लेते हैं
लोग झूठी अना की इक चादर
ओढ़ लेते हैं तान लेते हैं
'शाद' इन्साफ़ यूँ भी होता है
बेज़ुबाँ से बयान लेते हैं

जनाब 'अहद प्रकाश' ने इस किताब की एक भूमिका में उनके लिए लिखा है कि किसी किसी पर ग़ज़ल मेहरबान होती है और ख़ुदा का शुक्र है कि शाहजहाँ 'शाद' पर भी ग़ज़ल मेहरबान है। 'शाद' मुहब्बत और इंसानियत के शायर हैं। उनके शेरों में आम आदमी का दिल धड़कता है, सच्चे और मीठे शेर कहने में उनका शुमार होता है। उनके शेरों में हमारी आप बीती मिलती है।

सपनों की जागीर हमारी
इतने भी कंगाल नहीं हम
ये मौसम ही रोने का है
मत समझो, ख़ुशहाल नहीं हम
जो भी चाहे पकड़े, झूले
उन पेड़ों की डाल नहीं हम

'शाद' अपने बारे में कहते हैं की -शायरी भी अजीब शय या बीमारी है। कब, कहाँ और कैसे अपनी ज़ुल्फ़ों का असीर बना ले, कुछ कहा नहीं जा सकता। मेरे साथ भी कुछ ऐसा ही हुआ। मैं तक़रीबन उम्र के 45 साल पूरे करने के बाद - इस ख़ूबसूरत बीमारी में मुब्तिला हुआ और अब तो ऐसा महसूस हो रहा है कि यह मर्ज़ आख़िरी उम्र तक मेरे साथ ही रहेगा।

आप कहते हैं छोड़ दूँ पीना
आप क्या मयकशी समझते हैं

क्यों बुलाते हो प्यार से उनको
वो ज़ुबाँ दूसरी समझते हैं
हम भटकते रहे हैं सहरा में
'शाद' हम तिश्नगी समझते हैं

भले ही शाद साहब ने 45 साल की उम्र से शेर कहना शुरू किया हो लेकिन मुझे लगता है कि शायरी उनके ज़ेहन में होश सँभालते ही पनपने लग गयी होगी, अगर ऐसा नहीं हुआ होता तो महज चार-पाँच साल के छोटे से वक़्फ़े में उनके चार शेरी मजमूए वो' सन 2013 में 'तुम' सन 2014 में 'हम' सन 2015 में और काग़ज़ी फूल' सन 2016 में मन्ज़रे-आम पर नहीं आ पाते। चार सालों में चार मजमूए इस बात का सबूत हैं कि बरसों से रुकी हुई शायरी की नदिया एक दिन बाँध तोड़ कर ज़बरदस्त रफ़्तार से बह निकली। गुजरात सरकार द्वारा उनके शेरी मजमूए 'तुम' को सन् 2014 के गुजरात साहित्य अकादमी के प्रथम पुरस्कार के लिए चुना गया।

तेरे निज़ाम को जब चाहेगा बदल देगा
मियाँ ये वक़्त है, बिगड़ा तो फिर कुचल देगा
जहाँ भी जाओ मुहब्बत के बीज बो देना
कहीं तो पेड़ उगेगा कहीं तो फल देगा
कभी न कहना 'शाद' उससे राज़ की बातें
यहाँ सुनेगा वहाँ जा के वो उगल देगा

'शाद' साहब की फ़ितरत में ही शेर कहना है उनकी कहने की रफ़्तार हैरत में डाल देती है। वो इंटरनेट, फ़ेसबुक, व्हाट्सअप और ट्विटर पर नियमित रूप से अपने नए-नए मयारी शेर पोस्ट करते रहते हैं, इसका नतीजा ये है कि अदब की दुनिया में उनका नाम बहुत इज़्ज़त से लिया जाता है। ज़िन्दगी का शायद ही कोई पहलू हो जिस पर 'शाद' साहब ने शेर न कहा हो।

इतनी क़ुर्बत हो इस मुहब्बत में
तुम ज़ुबाँ दो मगर निभाएँ हम
इतना रिश्ता रहे बिछड़ के भी
तुम पुकारो तो लौट आएँ हम
वक़्त आएगा 'शाद' वो कब तक
बेसबब तुम को याद आये हम

'हम' को 'शेरी' अकादमी, भोपाल ने प्रकाशित किया है। आप इस किताब की प्राप्ति के लिए शेरी अकादमी को उनके पते 4-आम वाली मस्जिद रोड, जहाँगीर बाद, भोपाल

-462008 पर लिखें या 9425377323 पर संपर्क करें। इस किताब के लिए आप शाद साहब को उनके मोबाइल न 9879506884 पर बधाई दें और किताब प्राप्ति का रास्ता पूछे। हमेशा की तरह अगली किताब की तलाश में निकलने से पहले उनकी एक ग़ज़ल के चंद शेर पढ़वा कर आपसे विदा लेता हूँ -

मेरी ख़ुशियों की एक चाबी है
जो तेरे पास कबसे गिरवी है
फिर कभी प्यार-प्यार खेलेंगे
आज जाने दे पेट ख़ाली है
तेरी चौखट पे मर गए कितने
ऐ मुहब्बत तू कितनी भूकी है
'शाद' हासिल नहीं अगरचे
कुछ पास रहने से बस तसल्ली है

***

51 किताबें ग़ज़लों की भाग-1

आँखें खोलो
(विजय किशोर मानव)

गर्दनें ख़िदमत में हाज़िर हैं हमारी लीजिए
भोंतरे ही ठीक हैं, चाक़ू न पैने कीजिये
दाना-पानी तक को ये पिंजरा नहीं खोला गया
जब से मैंने कह दिया है -मेरे डैने दीजिये
हम हुए सुक़रात सारे दोस्तों के बीच में
'एक प्याला और कोई कह रहा था लीजिए
आपको चेहरे नहीं बिखरी मिलेंगी बोटियाँ
आदमी को आदमी के सामने तो कीजिये

जब कभी भी हिंदी ग़ज़ल की बात होती है तो सिर्फ़ एक नाम सबसे पहले हमारे ज़ेहन में आता है और वो है -दुष्यंत कुमार का जबकि उनकी तरह ही कानपुर का एक युवा शायर ऐसी ही धारदार तल्ख़ ग़ज़लें हिंदी में निरंतर कह रहा था। दुष्यंत उस उस वक़्त हिंदी की लोकप्रिय पत्रिका 'सरिता' में छपने के साथ साथ अपनी चुटीली भाषा के कारण, जो उनसे पहले हिंदी ग़ज़लों में बहुत कम या न के बराबर नज़र आयी थी, चर्चित हो गए। आज हम किताबों की दुनिया में हिंदी ग़ज़ल के एक उसी तरह के बाग़ी तेवरों वाले सशक्त हस्ताक्षर 'विजय किशोर मानव' की ग़ज़लों की किताब "आँखें खोलो" की बात करेंगे जिसे किताब घर प्रकाशन वालों ने सन 2005 में प्रकाशित किया था।

कुनबों के दरबार हमारी बस्ती में
उनके ही अख़बार हमारी बस्ती में
आज राजधानी जाने की जल्दी में
मिलता हर फ़नकार हमारी बस्ती में
सुनें हवा की या आँखों की फ़िक्र करें
तिनके हैं लाचार हमारी बस्ती में
घास फूस के घर अलाव दरवाज़े पर
आँधी के आसार हमारी बस्ती में

रवायती और रोमांटिक शायरी जिसमें गुलशन, फूल, ख़ुशबू, तितली, झील, नदी, पहाड़, समंदर, दिल, चाँद, सितारे, रात, नींद, ख़्वाब जैसे मख़मली लफ़्ज़ों का भरपूर इस्तेमाल होता है, से किनारा करते हुए विजय किशोर जी ने अपनी ग़ज़लों में ज़िन्दगी और समाज की तल्ख़ हक़ीक़तों पर सीधे चोट करते हुए खुरदरे लफ़्ज़ों का इस्तेमाल किया और लाजवाब शायरी

की। उनकी शायरी हमारे समाज का आईना है।

बारूद, नक़ाबें, सलीब, माचिसें तमाम
क्या-क्या जमा किये हैं हमारे शहर में लोग
पाँवों पे पेट, पीठ पर निशान पाँव के
कंधे पर घर लिए हैं हमारे शहर में लोग
इंसान गुमशुदा है फ़रेबों के ठिकाने
फिर होंठ क्यों सिये हैं हमारे शहर में लोग

जनाब शेर जंग गर्ग ने किताब के फ़्लैप पर लिखा है कि "आँखें खोलो की ग़ज़लों की सबसे बड़ी विशेषता यह है कि मानव ने ग़ज़ल की प्रचलित बहरों के साथ साथ नए अंदाज़ एवं नए रंग में भी कई ग़ज़लें कही हैं। इस लिहाज़ से उन्होंने ग़ज़ल को भी घिसे-पिटे ढाँचे से एक हद तक बाहर निकाला है। उनकी ग़ज़लों में ऐसी अनेक पंक्तियाँ हैं जो उनके भाषाई बाँकपन, गहन संवेदनशीलता एवं सहज कथन कौशल को उजागर करती है।"

बेड़ी न हथकड़ी है, दिखती नहीं सलाखें
हर मोड़ पर जेलें हैं हम किस शहर में हैं
सच कह के चूर होते आईने ख़ौफ़ में हैं
हर हाथ में ढेले हैं हम किस शहर में हैं
ये कौन से जलवे हैं ये कैसा उजाला है
सब आग से खेले हैं हम किस शहर में हैं

9 अक्टूबर 1950 को कानपूर के रामकृष्ण नगर मुहल्ले में जन्में विजय जी ने भौतिकी रसायन शास्त्र और गणित विषयों से स्नातक की डिग्री हासिल की और प्रिंट मीडिया से जुड़ गए और लगभग 25 वर्षों तक हिन्दुस्तान टाइम्स ग्रुप की प्रसिद्ध पत्रिका कादम्बिनी के एग्जीक्यूटिव एडिटर रहे। उनका लेखन इस दौरान सतत् चलता रहा। अपनी विलक्षण प्रतिभा के बल पर उन्होंने गीत, ग़ज़ल, कहानी तथा समीक्षा जैसी विधाओं पर दक्षता हासिल की, जिसके फलस्वरूप उनकी हर विधा की रचनाओं का देश की लगभग सभी छोटी-बड़ी पत्र-पत्रिकाओं में लगभग तीन दशकों से अब तक प्रकाशन होता आ रहा है।

युग का सच बारूदी गंधे
ख़ुशबू के फ़व्वारे झूठे
सब के मुँह पर पूँछ लगी है
इंक़लाब के नारे झूठे
अब सच्चे लगते बाज़ीगर
गाँधी गौतम सारे झूठे

नौकरी के झमेले से मुक्त हो कर विजय जी ने अपनी प्रतिभा का झंडा एस्ट्रोलॉजी के क्षेत्र में गाड़ दिया। मैंने किताबों की दुनिया की श्रृंखला के लिए कम से कम 200-300 शायरों के बारे में तो पढ़ा ही होगा लेकिन मेरी नज़र में ऐसा कोई शायर नहीं गुज़रा, जिसने शायरी के अलावा इंसान की बीमारी, नौकरी, शिक्षा, पारिवारिक समस्याओं, व्यापार या रिश्तों के सुधार के लिए भविष्यवाणियाँ की हों और उनसे निबटने के रास्ते सुझाये हों। विजय जी ने हिंदी साहित्य के अध्ययन के अलावा वेदों पुराने और रहस्यमय विज्ञान का गहन अध्ययन किया और ज्योतिष विज्ञान में महारत हासिल कर ली।

बगुले चलें यहाँ हंसों की चाल सुना तुमने
लोहे की तलवार काठ की ढाल सुना तुमने
दाँव-पेंच के दाम बढ़े कौड़ी में दीन-धरम
लोग कि जैसे धेले में हर माल सुना तुमने
बेशुमार फुटपाथ घूम आये अपने चूल्हे
कारिंदों के महल बनें हर साल सुना तुमने

"आँखे खोलो' ग़ज़ल संग्रह की भूमिका में विजय जी का हिंदी ग़ज़ल पर लिखा आलेख भी पढ़ने लायक़ है। उन्होंने बहुत सारगर्भित ढंग से हिंदी ग़ज़ल की यात्रा की विवेचना की है। अपनी ग़ज़लों के बारे में उनका कहना है कि -मेरी ग़ज़लें हिंदी की हैं। इस अर्थ में भी कि इनमें मैट्रिक छंद का अनुशासन है, पूरी रवानी है क़ाफ़ियों का निर्वाह हिंदी गीतों की तर्ज पर है और इन ग़ज़लों में विषय वस्तु के अनेक प्रयोग हैं।

बौने हुए विराट हमारे गाँव में
बगुले हैं सम्राट हमारे गाँव में
घर-घर लगे धर्म काँटे लेकिन
नकली सारे बाँट हमारे गाँव में
मुखिया का कुरता है रेशम का
भीड़ पहनती टाट हमारे गाँव में

आपको ऐसी अनेक अलग मिज़ाज की ढेरों ग़ज़लें इस संग्रह में पढ़ने को मिलेंगी, इस किताब को पढ़ने के लिए आपको किताब घर प्रकाशन को उनके अंसारी रोड दरियागंज वाले पते पर लिखना पड़ेगा या फिर उन्हें उनके फ़ोन 1123271844 पर पूछना पड़ेगा, आप किताब घर वालों को पर ईमेल करके भी जानकारी प्राप्त कर सकते हैं, सबसे बढ़िया तो ये है कि आप विजय जी को उनके मोबाइल 09810743193 पर संपर्क इन लाजवाब ग़ज़लों के लिए पहले बधाई दें और फिर किताब प्राप्ति का रास्ता पूछे। चलते-चलते उनकी एक और ग़ज़ल के चंद शेर आपको पढ़वाता चलता हूँ-

कब से ये शोर है शहर भर में
हो रही भोर है शहर भर में
सलाम, सजदे, हाँ-हुज़ूरी का
आज भी ज़ोर है शहर भर में
एक मादा है कोई भी औरत
मर्द हर ओर है शहर भर में

* * *

ख़यालों के कारवाँ
(राही मासूम रज़ा)

शेर एक तितली है
ज़ेहन के गुलिस्ताँ की रंग-रंग दुनिया में
पंखुड़ी से पर लेकर
नाचता ही रहता है
शायर एक बच्चा है
ज़ेहन के गुलिस्ताँ की रंग-रंग दुनिया में
उस हसीं पैरों वाली बेक़रार तितली के पीछे-पीछे चलता है
गिरता है
सँभलता है
आस्तीन फटती है
दामन-ओ-गिरेबाँ के तार झनझनाते हैं
टूट-टूट जाते हैं
धीरे-धीरे लफ़्ज़ों की उँगलियाँ सँभलती हैं
और वो हसीं तितली
उन पे बैठ जाती है
अपने पर हिलाती है
रंग छोड़ जाती है

ये नज़्म उस शायर की है जिन पर इतना कुछ लिखा जा सकता है कि ऐसी एक नहीं ढेरों पोस्ट्स लिखें तो भी कम पड़ेंगी। उनके लिए तो ये कहना भी मुश्किल है कि वो नल के बादशाह थे या शायरी के सुलतान? इंसान ऐसे कि फाँसी के तख़्ते पर खड़े हो कर सच बोलें और जिस काम को दिल न माने वो किसी भी क़ीमत पर करने को तैयार न हों। टी.वी. सीरियल हों या फ़िल्में उन्होंने जिस विधा में लिखा अपनी अमिट छाप छोड़ दी। ख़ूबसूरत इतने की लड़कियाँ उनकी तस्वीर अपने तकिये के नीचे रख के सोया करती थीं, इस से पहले इस तरह के क़िस्से सिर्फ़ और सिर्फ़ मज़ाज़ के लिए मशहूर थे।

ये फ़न-ए-शेर है बेहिसों के बस का नहीं
हो दिल में आग तो अल्फ़ाज़ से धुआँ निकले
तुम्हारी बज़्म नहीं ये हमारी दुनिया है
तुम आस्तीन चढ़ाये हुए कहाँ निकले
कई उफ़क़ कई रातें कई दरीचे हैं
तुम्हारे शहर में सूरज कहाँ-कहाँ निकले

क्रीम कलर की शेरवानी, सफ़ेद कुरता पायजामा और उस पर पान से लाल होंठ उनकी पहचान थी। पोलियो के कारण उनके एक पाँव में ख़राबी आ गयी थी, जिसकी वजह से वो लचक कर चलते थे लेकिन जिधर से गुज़रते, देखने वालों के चेहरे उधर ही मुड़ जाया करते थे। लोगों ने उनके मुँह से शायद ही उनका कलाम सुना हो क्योंकि वो कभी मुशायरे में नहीं जाते थे, क्यों नहीं जाते थे ये भी बताता हूँ, आप पहले उनकी एक ग़ज़ल के ये शेर तो ज़रा पढ़ें

ज़ख़्म-ए-दिल का ये शजर सबसे जुदा होता है
धूप लगती है तो ये और हरा होता है
अब सियासत की दुकानों का ये दस्तूर हुआ
वही सिक्का नहीं चलता जो खरा होता है
अब कोई रास्ता पूछे कि न पूछे उससे
वरना हर शख़्स में इक राहनुमा होता है

तो बताता हूँ की वो मुशायरों में क्यों नहीं जाते थे, हुआ यूँ कि हमारे आज के शायर साहब की बेगम को घुड़सवारी का बेहद शौक़ था, इसके चलते उनके कभी घुटने छिलते, कभी कमर, तो कभी हाथ ज़ख़्मी हो जाते, तो कभी गर्दन में बल पड़ जाता। रोज़-रोज़ होने वाले इन हादसों से तंग आ कर उन्होंने अपनी बेग़म को घुड़सवारी से तौबा कर लेने का फ़रमान सुना दिया। अब साहब वो बेग़म ही क्या जो शौहर की बात आँख मूँद कर मान ले, तो उन्होंने पलट वार करते हुए उनसे ये वादा लिया कि वो भी कभी किसी मुशायरे में नहीं जाएँगे। बस उसके बाद न बेगम घोड़े पे बैठीं न ये हज़रत मुशायरा पढ़ने कहीं गए जबकि उनके पास पूरी दुनिया से बुलावे आते थे। अब वक़्त आ गया है कि आप पर हमारे आज के शायर का नाम ज़ाहिर कर दिया जाय लेकिन उसके पहले उनकी एक ग़ज़ल के ये शेर पढ़िए जिसने उन्हें और जगजीत दोनों को ज़बरदस्त मक़बूलियत बख़्शी-

हम तो हैं परदेस में, देश में निकला होगा चाँद
अपनी रात की छत पर कितना तन्हा होगा चाँद
जिन आँखों में काजल बन कर तैरी काली रात
उनमें शायद अब आँसू का क़तरा होगा चाँद
रात ने ऐसा पेंच लड़ाया टूटी हाथ की डोर
आँगन वाले नीम में जाकर अटका होगा चाँद
चाँद बिना हर दिन यूँ बीता जैसे युग बीते
मेरे बिना किस हाल में होगा कैसा होगा चाँद

आया कुछ याद? चलिए मैं ही बता देता हूँ क्यूँकि "किताबों की दुनिया" कोई सस्पेंस थ्रिलर तो है नहीं जिसमें क़ातिल का नाम आख़िरी पन्ने पर पता चलता है, तो हमारे आज के

शायर हैं डॉक्टर राही मासूम रज़ा साहब जिनकी ग़ज़लों और नज़्मों की किताब "ख़यालों के कारवाँ" का ज़िक्र आज हम करने जा रहे हैं। इस किताब में उनकी चुनिंदा ग़ज़लों और नज़्मों का संकलन किया है जनाब "सुरेश कुमार" साहब ने और प्रकाशित किया है "डायमंड बुक्स" दिल्ली ने।

इस सफ़र में नींद ऐसी खो गयी
हम न सोये रात थक कर सो गयी
हाय इस परछाइयों के शहर में
दिल-सी ज़िंदा इक हक़ीक़त खो गयी
हमने जब हँसकर कहा मम्नून हैं
ज़िन्दगी जैसे पशेमाँ हो गयी

मम्नून-आभारी

"राही" साहब को अधिकतर लोग उनके कालजयी टी.वी. सीरियल "महाभारत", जो 2 अक्टूबर 1988 से 24 जून 1990 तक हर रविवार को सुबह 10 बजे से 11 बजे तक दूरदर्शन से लगातार प्रसारित होता रहा, के लेखक के रूप में अधिक जानते हैं।

"महाभारत" की लोकप्रियता का अंदाज़ा इस बात से लगाया जा सकता है कि प्रसारण के एक घंटे के दौरान पूरा कामकाज ठप्प हो जाता था, सड़कें वीरान हो जाया करती थीं और लोग टी वी से चिपक जाया करते थे। "महाभारत" ने एक ऐसी भाषा को जन्म दिया, जिसे पहले कभी सुना नहीं गया था। लोग हैरत में थे कि कैसे एकदम नयी शैली में रचे गए संवादों के बल पर एक ग़ैर हिन्दू ने इस महाकाव्य को देश के घर-घर में इतना लोकप्रिय बना दिया जिसकी मिसाल ढूँढ़े नहीं मिलती।

प्यास बनियाद है जीने की बझा लें कैसे
हमने ये ख़्वाब न देखे हैं न दिखलाये हैं
याद जिस चीज़ को कहते हैं वो परछाई है
और साये भी किसी शख़्स के हाथ आये हैं
हाँ उन्हीं लोगों से दुनिया में शिकायत है हमें
हाँ वही लोग जो अक्सर हमें याद आये हैं

ज़मीन पर पेट के बल लेट कर गाव तकियों के सहारे कोहनी टिकाये राही साहब एक साथ तीन-चार फ़िल्मों, टी.वी. सीरियल की स्क्रिप्ट लिखा करते थे। एक बार उन्हें एक प्रोड्यूसर अपनी फ़िल्म की कहानी लिखवाने एक महीने के लिए कश्मीर ले गया, वहाँ के शानदार होटल में पूरा महीना बिना एक लफ़्ज़ लिखे वो वापस आ गए और घर आते ही अपने निराले पोज़ में लेट कर कहानी लिख डाली। "महाभारत" की अपार सफलता ने उनके घर के

बाहर टी.वी फ़िल्म वालों की लाइन लगवा दी लेकिन उन्होंने कभी पैसे के लिए अपना कलम नहीं बेचा, जिस पे मेहरबान हुए उसके लिए महज़ एक पान की एवज़ में फ़िल्मी स्क्रिप्ट लिख के दे दी।

ये ख़ुशबू है किसी मौजूदगी की
अभी शायद कोई उठ कर गया है
सलीब आवाज़ की कन्धों पे रख लो
कि सन्नाटा हर आँगन में खड़ा है
ये राही तो अजब इंसान निकला
हमेशा किसलिए सच बोलता है

मजे की बात है की जब जब उन्होंने हिंदी में लिखा तो हिंदी वाले उन्हें हिंदी का लेखक समझने लगे और जब कलम उर्दू में चलाई तो उर्दू वाले उनके मुरीद हो गए। भाषा पर ऐसा अधिकार बिरलों को ही होता है। उनका उपन्यास "आधा गाँव" हिंदी साहित्य में मील के पत्थर की हैसियत रखता है। ये उपन्यास जिला गाज़ीपुर के "गंगोली' गाँव की कहानी बयाँ करता है जहाँ 1 सितम्बर 1927 को उनका जन्म हुआ था। बाद में गाज़ीपुर में उन्होंने अपनी प्रारम्भिक शिक्षा पूरी की। उच्च शिक्षा के लिए उन्होंने अलीगढ़ मुस्लिम यूनिवर्सिटी को चुना और हिंदी साहित्य में डॉक्टरेट की उपाधि प्राप्त की।

महफ़िल वाले जल्दी में हैं जाने की
फिर हम क्यों तौहीन करें अफ़साने की
या तो उसके ज़ख़्मों का मरहम लाओ
या फिर हालत मत पूछो दीवाने की
नासेह साहब आप तो अपनी हद में रहें
मंज़िल पीछे छूट गयी समझाने की

डॉक्टरेट करने के बाद वे वहीं यूनिवर्सिटी में पढ़ाने लगे लेकिन अपने प्रगतिशील विचारों के चलते उनकी पटरी अलीगढ़ के दक़ियानूसी लोगों के साथ बैठी नहीं और वो क़िस्मत आज़माने मुंबई आ गए।

मुंबई में उनके पाँव जमाने में उनके दोस्तों जिनमें अभिनेता भारत भूषण, लेखक कमलेश्वर और धर्मवीर भारती उल्लेखनीय हैं, ने बहुत मदद की। मुंबई में ही साहित्य की लगातार सेवा करते हुए वो 15 मार्च 1992 को मात्र 64 साल की उम्र में इस दुनिया-ए-फ़ानी से रुख़सत हो गए। अपने पीछे वो साहित्य का बहुत बड़ा ख़ज़ाना छोड़ गए हैं, जिसे आगे आने वाली पीढ़ियाँ पढ़-पढ़ कर उन पर गर्व करेंगी।

बैठ के उसके नाम कोई ख़त ही लिखिए
रात को यूँ ही जागते रहना ठीक नहीं
ज़ुल्म का सहना भी आदत बन सकता है
उसके भी हर ज़ुल्म को सहना ठीक नहीं
बादल झील में देख रहे हैं अपना हुस्न
इस मौसम में घर पर रहना ठीक नहीं

मैंने शुरू में ही कहा था कि राही जी जैसी कद्दावर शख़्सियत के बारे में जितना लिखा
जाय, कम ही होगा लेकिन पोस्ट की अपनी एक सीमा है इसलिए कहीं तो विराम देना ही
पड़ेगा। आप तो इस किताब को डायमंड बुक्स वालों से मँगवा लें और फिर इत्मीनान से पढ़ें,
इसमें संकलित राही साहब की नज़्में भी लाजवाब हैं। चलते-चलते उनकी एक ग़ज़ल के ये
शेर पेशे-ख़िदमत हैं

बाहर आते डरते हैं अपने-अपने अफ़साने से
कल तक जो दीवाने थे अब लगते हैं दीवाने से
सबके पास कई नासेह हैं और सभी समझाते हैं
अक्सर लोग बिगड़ जाते हैं बहुतों के समझाने से
क्यों इतने मगरूर हो राही क्यों इतने इतराते हो
गंगा-तट वीरान न होगा इक उनके उठ जाने से

***

बेनाम शजर
(नूरजहाँ सर्वत)

तुम्हारी याद में आँखों से जब बरसात होती है
तो ख़ुशबू में नहाई चाँद-सी वो रात होती है
किसी से हम मुख़ातिब हों कोई हो रूबरू अपने
तुम्हीं को देखते हैं और तुम्हीं से बात होती है
हमारे पास तो ले देके बस है दर्द की दौलत
बड़े आराम से अपनी बसर औक़ात होती है

मान लीजिए कि आप "कौन बनेगा करोड़पति" कार्यक्रम की हॉट सीट पे बैठे हैं और अमिताभ बच्चन आपसे पूछे कि दिल्ली में उर्दू की प्रथम महिला पत्रकार का नाम बताएँ, जो अपने समय की बेहतरीन शायरा भी रहीं हैं, तो आप क्या जवाब देंगे? आपके पास नाम बताने के लिए चार ऑप्शन भी अगर नहीं हैं तो हो सकता है कि अगर आप हिंदी भाषी हैं, तो शायद इस सवाल पर सर खुजाएँ और किसी लाइफ़ लाइन जैसे "फ़ोन ए फ्रेंड" या "ऑडियंस पोल" का चुनाव करें पर उर्दू प्रेमी और पुराने लोग मुमकिन है कि इसका जवाब दे पाएँ।

गुमाँ यक़ीन की हद तक कभी नहीं आया
भरोसा अपनी समझ पर मुझे ज़ियादा था
न जाने कैसे हुई मात बादशाह को भी
हमारे पास तो ले-देके इक पियादा था
तुम्हारे दौर से 'सर्वत' निबाह कर न सकी
कि उसके पास रिवायत का इक लबादा था

मक़्ते में शायरा का नाम आने से हो सकता है आप में से कुछ को उनका का नाम याद आ गया हो लेकिन जिन्हें नहीं आया, उन्हें बता दूँ कि हमारी आज की शायरा है 28 नवम्बर 1949 को दिल्ली में जन्मी 'नूरजहाँ सर्वत ' जिनकी किताब 'बेनाम शजर' की बात आज हम करेंगे। ये किताब वाणी प्रकाशन से सन 2000 में प्रकाशित हुई थी।

वक़्त, अल्फ़ाज़ का मफ़हूम बदल देता है
देखते-देखते हर बात पुरानी होगी

मफ़हूम=अर्थ

बेज़बाँ कर गया मुझको तो सवालों का हजम
ज़िन्दगी आज तुझे बात बनानी होगी

कर रही है जो मेरे अक्स को धुँधला 'सर्वत।
मैंने दुनिया की कोई बात न मानी होगी

'सर्वत' साहिबा ने अपनी तालीम की शुरुआत दिल्ली के बुलबुली खन्ना सीनियर सेकण्डरी स्कूल से की और फिर दिल्ली कॉलेज अजमेरी गेट से बी.ए. की डिग्री हासिल की। दिल्ली विश्व विद्यालय से 1971 में उन्होंने एम.ए. की डिग्री डिस्टिंक्शन से हासिल की। नूरजहाँ अपने समय की बहुत मेधावी छात्र रहीं। उन्होंने अपनी विलक्षण योग्यता का परिचय जवाहर लाल नेहरू यूनिवर्सिटी और उसके बाद ज़ाकिर हुसैन कॉलेज में लेक्चरर के पद पर छात्रों को पढ़ाते हुए दिया।

याद है उससे बिछुड़ने का समां
शाख़ से फूल जुदा हो जैसे
हर क़दम सहते हैं लम्हों का अज़ाब
ज़िन्दगी कोई ख़ता हो जैसे

अज़ाब=यातना

ज़िन्दगी यूँ है गुरेज़ाँ 'सर्वत'
हमने कुछ माँग लिया हो जैसे

गुरेज़ाँ=दूर दूर रहना

कुछ समय तक वो आल इण्डिया रेडिओ के साथ रहीं और रेडिओ के लिए विभिन्न क्षेत्र से जुड़े लोगों से गुफ़्तगू की ज़िम्मेवारी सफलता से निभाई। सन 1980 से उन्होंने "कौमी एकता" अख़बार के साथ बतौर पत्रकार काम करना शुरू कर दिया। उन्होंने बाद में उस पत्रिका के रविवारीय संस्करण के संपादक की हैसियत से भी काम सँभाला। पत्रकारिता के क्षेत्र में उनकी निडरता और खुले विचारों ने सबको प्रभावित किया। मुंबई के "इंक़लाब" अख़बार के दिल्ली रेज़िडेंट संपादक पद पर भी उन्होंने काम किया और और इस तरह उन्होंने दिल्ली की प्रथम महिला संपादक होने का श्रेय हासिल किया।

गुरूर से सर उठा रहे थे, वो जश्ने-हस्ती मना रहे थे
हवा ने खींचा जब अपना दामन, हवा हुए फिर हुबाब सारे

हुबाब=बुलबुला

वो ख़ुशबुओं का लिबास पहने, मिला कुछ ऐसे कि एक पल में
पड़े हुए थे जो जिस्मो-जाँ पर, उतर गए वो नक़ाब सारे
सवाल सादा-सा ज़िन्दगी से, किया था हमने भी एक 'सर्वत'
वो पत्थरों की हुई है बारिश, कि मिल गए हैं जवाब सारे

नूरजहाँ 'सर्वत' साहिबा के लिए प्रो. शारिब रुदौलवी साहब ने लिखा है कि -सर्वत उर्दू की एक अच्छी और मक़बूल शायरा हैं। उर्दू में ख़ासतौर से हिन्दुस्तान में शायरा का तसव्वुर बड़ा अजीब है, रिवायती किस्म के अशआर, मुतारन्नुम आवाज़, निजी कैफ़ियतों से आरी (रिक्त) शायरी। लेकिन 'नूरजहाँ' इससे बिल्कुल मुख़्तलिफ़ हैं। पत्रकार की हैसियत से ज़िन्दगी को उन्होंने बहुत क़रीब से देखा है तभी इन अनुभवों ने उनकी शायरी में एक अजीब किस्म की बेचैनी और कर्ब पैदा कर दिया है।

तन्हाइयों की बर्फ़ कि पिघली नहीं हनोज़
यादों के ऐतबार की भी धूप छँट गयी
हमने वफ़ा निभाई बड़ी तमकनत के साथ
अपने ही बल पे ज़िंदा रहे उम्र कट गयी

तमकनत=गर्व

'सर्वत' हरेक रुत में लपेटे रहे जिसे
वो नामुराद आस की चादर भी फट गयी

"बेनाम शजर" नूरजहाँ साहिबा का एक मात्र मजमूआ है जो 1995 में उर्दू में शाया हुआ और सन 2000 में वाणी प्रकाशन से हिंदी में। इस किताब में 'सर्वत' जी की 34 ग़ज़लें और 42 नज़्में संकलित हैं। उनकी नज़्में भी ग़ज़लों की तरह पूरी दुनिया में मक़बूल हुईं। उन्होंने अपनी ही तरह की अलग-सी शैली की में कही गयी ग़ज़लों और नज़्मों से पूरी दुनिया के उर्दू प्रेमियों को अपना दीवाना बना दिया। दुनिया के हर ऐसे देश में जहाँ उर्दू बोली या समझी जाती है, उन्होंने अपने फ़न का झंडा गाड़ा है।

तय करो अपना सफ़र तन्हाइयों की छाँव में
भीड़ में कोई तुम्हें क्यों रास्ता देने लगा
कुर्बतों की आँच में जलने से कुछ हासिल न था
कैसे-कैसे लुत्फ़ अब ये फ़ासला देने लगा

कुर्बत=निकटता

'सर्वत' साहिबा इस किताब की भूमिका में लिखती है कि 'शायरी की असल बुनियाद एहसासो-फ़िक्र है लेकिन आज का इंसान संवेदनाओं और कोमल भावनाओं से कोसों दूर हो गया है, इंसानी रिश्ते बेमानी हो गए हैं, तहज़ीब के धागे में पिरोये मोती बिखर के टट चके हैं। हमारे बीच बड़ा से बड़ा हादसा यँ गुज़र जाता है जैसे कुछ हुआ ही नहीं। किसी को किसी के लिए सोचने, ठहरने की फ़ुर्सत नहीं है ऐसे हालात में शायरी बहुत मुश्किल हो गयी है, अगर इंसान इसी तरह फ़िक्रो-एहसास से दूर होता चला गया तो शायरी नामुमकिन हो जाएगी।

भुला चुके थे मगर ये मुआमला कब था
उसे न याद करें इतना हौसला कब था
सहारा बख़्श दिया हमको यादे-माज़ी ने
तुम्हारे दौर में जीने का वलवला कब था

यादे-माज़ी =अतीत की याद ; वलवला =उत्साह

उजाले जिसने बिखेरे हैं मेरी राहों में
तिरी सदा थी सितारों का क़ाफ़िला कब था

प्रोफ़ेसर 'गोपी चंद नारंग' साहब फ़रमाते हैं कि -नूरजहाँ सर्वत के यहाँ तुरंत चकाचौंध कर देने वाली दुनिया नहीं है, मानवीय रिश्तों के उतार-चढ़ाव और दर्द का ऐसा धुँधला-धुँधला उजाला अवश्य है जो रूह में उतर जाता है और किसी न किसी कैफ़ियत का पता देता है। ये शायरी ज़रूरत की पैदावार नहीं अंदर की आवाज़ है।

दिल्ली उर्दू अकेडमी ने उन्हें उर्दू की ख़िदमत करने पर अवार्ड भी दिया था। अपनी शायरी से उर्दू अदब को मालामाल कर देने वाली इस शायरा ने मात्र 60 साल की उम्र में, 17 अप्रैल 2010 को, इस दुनिया को अलविदा कह दिया। उनके पत्रकारिता और उर्दू अदब के क्षेत्र में दिए योगदान को कभी भुलाया नहीं जा सकता और ना ही उनके द्वारा छोड़े गए रिक्त स्थान को कभी भरा जा सकता है।

बहुत डूबे रहे मन की चुभन में
ज़रा अब जा के देखें अंजुमन में
हुए हैं शहर इंसानों से ख़ाली
कि तहज़ीबें बसी हैं जा के बन में
भला आईने को इसकी ख़बर क्या
कि कितना खोट है किस-किस के मन में
कहूँ क्या उसमें किस दर्जा कशिश थी
कि 'सर्वत' खो गयी जिसकी लगन में

इस किताब की प्राप्ति के लिए आप वाणी प्रकाशन को लिखें जिसका पता और नंबर मैंने अपनी पिछली बहुत सी पोस्ट में दिया है। अगर वाणी से ये किताब नहीं मिले तो आप इस लिंक को कॉपी करें और गूगल कर लें ये लिंक आपको आन लाइन ऑर्डर करने की सुविधा देगा-बेनाम शजर https://www.pustakmandi.com/benam-shajar-noorjahan-sarwat

हर उर्दू शायरी के दीवाने के पास ये किताब होनी चाहिए क्योंकि इसमें कुछ ऐसी नज़्में हैं जो संग्रहणीय हैं और जिन्हें मैंने भी ज़ाहिर नहीं किया है. आख़िर थोड़ा सस्पेंस भी बना रहना ज़रूरी है न। अगली किताब की तलाश से पहले चलते-चलते उनकी एक ग़ज़ल के ये

जो मंज़र आँख पर है, लम्हा-लम्हा
मिरे सीने के अंदर खुल रहा है
कभी ख़ुद मौज साहिल बन गयी है
कभी साहिल, कफ़-ए-दरिया हुआ है
कफ़-ए-दरिया=नदी की हथेली
पलट कर आएगा बादल की सूरत
इसी ख़ातिर तो दरिया बह रहा है
महकते हैं जहाँ ख़ुशबू के साये
तसव्वुर भी वहाँ तस्वीर-सा है

* * *

घर की ख़ुशबू
(तौसीफ़ तबस्सुम)

जो 'किताबों की दुनिया' के नियमित पाठक हैं उन्हें तो पता है, लेकिन जो कभी कभार भूले भटके पढ़ने आते हैं उन्हें शायद नहीं पता होगा कि इस श्रँखला में सरहद पार के मक़बूल जिन शायरों /शायराओं की ग़ज़ल की किताबों का अब तक ज़िक्र किया गया है उनके नाम हैं - नासिर काज़मी, परवीन शाकिर, शाहिदा हसन, शकेब जलाली, इफ़्तिख़ार आरिफ़, मुज़फ़्फ़र वारसी, अशरफ़ गिल, ज़फर इक़बाल, इरफ़ाना अज़ीज़, जॉन एलिया, और जनाब मुनीर नियाज़ी, इसी फ़ेहरिस्त में हम आज एक और शायर की किताब को जोड़ने जा रहे हैं जिनका नाम इन सब से थोड़ा सा कम मक़बूल ज़रूर है, क्योंकि इनकी ग़ज़लों को तब के मशहूर ग़ज़ल गायकों ने अपनी आवाज़ नहीं दी, लेकिन जिनकी शायरी का मयार इस फ़ेहरिस्त में आये सभी नामों से उन्नीस नहीं है।

खिले जो फूल उसे कदमों में रोंदती है क्यों
हवा से कोई तो पूछो कि सरफिरी है क्यों
मलाल यूँ भी रहा यार से बिछुड़ने का
कि उससे कह न सके हम उदास जी है क्यों
अजीब लम्स-ए-खुनक है हवा की पोरों में
जो तू नहीं है तो फिर दर्द में कमी है क्यों

लम्स-ए-ख़ुनक-ठंडा स्पर्श

आधुनिक उर्दू शायरी को नया रंग रूप प्रदान करने में जिन पाकिस्तानी शायरों की महत्त्वपूर्ण भूमिका रही है उनमें हमारी श्रँखला के आज के शायर जनाब " तौसीफ़ तबस्सुम" का नाम बहुत ऊपर है ,आज हम उनकी किताब "घर की ख़ुशबू" का ज़िक्र करने जा रहे हैं जिसे डायमंड बुक्स ने सन 2006 में शाया किया था। तौसीफ़ साहब का नाम मैंने सब से पहले सतपाल ख़याल साहब के ब्लॉग "आज की ग़ज़ल' में सन 2010 में पढ़ा था, उसके बाद उनकी ग़ज़लें रेख़्ता की साइट पर पढ़ कर इस किताब को अमेज़न से ऑन लाइन मँगवा लिया।

यही हुआ कि हवा ले गयी उड़ा के मुझे
तुझे तो कुछ न मिला ख़ाक में मिला के मुझे
चिराग़ था तो किसी ताक़ ही में बुझ रहता
ये क्या किया कि हवाले किया हवा के मुझे
हो इक अदा तो उसे नाम दूँ तमन्ना का
हज़ार रंग हैं इस शोला-ए-हिना के मुझे

बलन्द शाख़ से उलझा था चाँद पिछले पहर
गुज़र गया है कोई ख़्वाब-सा दिखा के मुझे

बदायूँ उत्तर प्रदेश के सहसवान गाँव में 3 अगस्त 1928 को जन्में तौसीफ़ साहब ने प्रारंभिक शिक्षा दिल्ली में ग्रहण की और फिर देश विभाजन के बाद 21 सितम्बर 1947 को पाकिस्तान चले गए और वहीं गॉर्डन कॉलेज रावलपिंडी से एम. ए. की डिग्री हासिल की। उन्होंने 1857 के गदर के वक़्त के प्रसिद्ध शायर "मुनीर शिकोहाबादी" की शायरी पर गहराई से शोध किया और डॉक्टरेट की डिग्री हासिल की। "मुनीर" न सिर्फ़ शायर थे बल्कि स्वतंत्रता संग्राम के सैनिक भी थे, अंग्रेजों के ख़िलाफ़ लिखने के कारण उन्हें सात साल की काले पानी की सज़ा भी हुई। "मुनीर" साहब की शायरी पर किये गए उनके शोध ग्रन्थ की बहुत सराहना हुई।

करेगा कोई तो इस तीरा-ख़ाकदाँ से रिहा
बदल ही जाएगी ज़ंजीर ख़ुद से कहता हूँ
तीरा-ख़ाकदाँ =संसार

छुआ तो रह गया पोरों पे लम्स ख़ुशबू का
सो आज तक वही दर्दे-फ़िराक़ सहता हूँ
मिरा लहू मिरा दुश्मन पुकारता है मुझे
मैं अपने आप से सहमा हुआ-सा रहता हूँ

आम बोलचाल की शब्दावली से अपनी अनुभूतियों को अभिव्यक्ति देने और उसे साधारण जन की आवाज़ बना देने वाले तौसीफ़ तबस्सुम मुख्यतः ग़ज़ल के शायर हैं। "घर की ख़ुशबू' हिंदी में छपने वाला उनका एक माल मजमूआ है जिसमें उनकी लगभग 75 ग़ज़लें और 20 नज़्में संकलित हैं। तौसीफ़ साहब ने शायरी भारत में रहते हुए शुरू कर दी थी, जो उनके पाकिस्तान चले जाने के बाद परवान चढ़ी। 1952 के बाद पाकिस्तान का शायद ही कोई ऐसा अदबी रिसाला हो जिसमें तौसीफ़ साहब का कलाम न छपा हो।

जो सरबलन्द थे, उन्हें फेंका है ख़ाक पर
जो ख़ाक पर थे उनको उठा ले गयी हवा
मिट्टी से रंग, शाख़ से पत्ते, गुलों से बू
जो भी हवा के साथ गया, ले गयी हवा
पतझड़ में शाख़-शाख़ थी तलवार की तरह
हैरत है कैसे ख़ुद को बचा ले गयी हवा

तौसीफ़ साहब की शायरी रिवायती होते हुए भी बिल्कुल अलग हट के है। उनके यहाँ

जो दर्शन और प्रतीक मिलते हैं वो और कहीं ढूँढ़ने मुश्किल हैं, हालाँकि उनका मानना है कि ग़ज़ल लेखन सबसे आसान फ़न है, जो चलते-फिरते भी निभाया जा सकता है जबकि नज़्म कहने में ज़्यादा वक़्त लगता है और अगर कहीं कहानी, उपन्यास याने नस्र में कुछ कहना हो, तो सबसे ज़्यादा वक़्त लगता है। आइये फिर से उनकी शायरी की और मुड़ें

आवाज़ों के फेर में कैसे हाल खुलेगा भीतर का
दिल के अंदर हू का आलम, बाहर शोर समंदर का

हू=ईश्वर

बहता दरिया, उड़ता पंछी, दोनों ही सैलानी थे
आँख के रस्ते क़ैद है दिल में इक-इक मंज़र बाहर का
पहली बार सफ़र पर निकले, घर की ख़ुशबू साथ चली
झुकी मुंडेरें, कच्चा रस्ता, रोग बने, रस्ते भर का

"घर की ख़ुशबू" की नज़्मों और ग़ज़लों को हिंदी लिपि में प्रस्तुत करने का सारा श्रेय सुरेश कुमार जी और डायमंड बुक्स को जाता है। सुरेश जी किताब की भूमिका में लिखते हैं कि तौसीफ़ साहब की शायरी को पढ़ते हुए हमें ऐसा बिल्कुल महसूस नहीं होता कि हम किसी दूसरे मुल्क के शायर की रचनाएँ पढ़ रहे हैं। उनकी शायरी में आज भी भारतीय संस्कृति की झलक स्पष्ट दिखाई देती है, क्योंकि भले ही सरहदों ने मुल्क को दो हिस्सों में बाँट दिया हो लेकिन दोनों देशों के नागरिकों ख़ास तौर पर आम इंसान की समस्याएँ और हालात लगभग एक जैसे ही हैं तभी हमें वहाँ की शायरी में भी ख़ुद की आवाज़ सुनाई देती है।

सुनो कवी तौसीफ़ तबस्सुम इस दुःख से क्या पाओगे
सपना लिखते-लिखते आख़िर ख़ुद सपना हो जाओगे
हर खिड़की में फूल खिले हैं पीले-पीले चेहरों के
कैसी सरसों फूली है, क्या ऐसे में घर जाओगे
इतने रंगों में क्या तुमको एक रंग मन भाया है
भेद ये अपने जी का कैसे औरों को समझाओगे
दिल की बाज़ी हार के रोये हो तो ये भी सुन रक्खो
और अभी तुम प्यार करोगे और अभी पछताओगे

तौसीफ़ साहब ने जो लिखा बहुत पुख़्ता और मयारी लिखा। उन्हें उनकी "कोई एक सितारा" किताब पर अल्लामा इक़बाल हिजरा अवार्ड से और उर्दू साहित्य में दिए उनके योगदान के लिए पाकिस्तान के "प्रेजिडेंट अवार्ड" से भी नवाज़ा गया। अगर आप गंभीर शायरी के रसिया हैं तो आपको उनकी हिंदी में छपी ये किताब ज़रूर पढ़नी चाहिए। उनकी चुनिंदा ग़ज़लों और नज़्मों को आप रेख़्ता की साइट पर भी पढ़ सकते हैं।

अगली किताब की तलाश में निकलने से पहले मैं आइये उनकी एक ग़ज़ल के ये शेर
पढ़वाता चलता हूँ

दिल था पहलू में तो कहते थे तमन्ना क्या है
अब वो आँखों में तलातुम है कि दरिया क्या है

तलातुम : बाढ़

शौक़ कहता है कि हर जिस्म को सिजदा कीजे
आँख कहती है कि तूने अभी देखा क्या है

क्या ये सच है कि ख़िज़ाँ में भी चमन खिलता है
मेरे दामन में लहू है तो महकता क्या है

सच कहूँ तो आप को तौसीफ़ साहब की चंद ग़ज़लों से शेर पढ़वा कर मुझे तसल्ली नहीं
मिली, लेकिन अब पूरी की पूरी किताब तो यहाँ पेश नहीं की जा सकती न इसलिए तो सोचा
चलो आपको कुछ फुटकर शेर भी पढ़वाता चलूँ, अच्छा लगे तो बताइए ज़रूर

सुना है अस्ल-ए-गुलिस्ताँ सिवा-ए-ख़ाक नहीं
अगर ये सच है तो ख़ुशबू कहाँ से आती है

अस्ल-ए-गुलिस्ताँ : उपवन का आधार, सिवा-ए-ख़ाक =मिट्टी के अतिरिक्त

याद आएँगी बहुत नींद से बोझिल पलकें
शाम के साथ ये दुःख और घनेरा होगा

ज़िन्दगी ख़्वाब के साये में बसर हो जाती
सोचा होता तुझे, ऐ काश न देखा होता

जीस्त तपते हुए सहरा का सफ़र थी शायद
साया होता तो मुसाफ़िर कहीं ठहरा होता

नश्शा-ए-क़ुर्ब से आँखों का गुलाबी होना
ख़ून में उठती हुई लहर से डरना उसका

नश्शा-ए-क़ुर्ब=निकटता का नशा

आइना हँसता है, हँसने दो, मिरे चेहरे पर
सैंकड़ों ज़ख़्म हैं हाथों से छुपाऊँ कैसे

अगर ये होश की दीवार गिर जाये
मज़ा आये तमाशा देखने में

बरसे जो खुल के अब्र तो दिल का कँवल खिले
कब तक मिज़ा-मिज़ा पे समन्दर उठाइये

अब्र बादल, मिज़ा-मिज़ा पलक-पलक

आईना रूठ गया चेहरे से
इस मकाँ में नहीं रहता कोई

जो मुझको छोड़ गया इतना बेख़बर तो न था
जो हमसफ़र है, मिरा दर्द जानता ही नहीं
जो भी गुज़रनी है आँखों पर काश इक बार गुज़र जाये
सर्द हवा में जुल्म तो ये है पत्ता-पत्ता गिरता है

****

मिट्टी-मिट्टी मेरा दिल
(मुग़न्नी तबस्सुम)

कल मेरे लफ़्ज़ों में मेरी जान रहेगी
दुनिया जब देखेगी तो हैरान रहेगी
जब दिल से तस्वीर तेरी हट जाएगी
जीने और मरने में क्या पहचान रहेगी
रिश्ता जब यादों का दिल से टूटेगा
मर जाने की मुश्किल भी आसान रहेगी
हिज्र को शब से ऐसी तो उम्मीद न थी
पहचानेगी मुझको और अनजान रहेगी

हिज्र =विरह, शब् =रात

अब क्या लिखूँ? कैसे लिखूँ? कहाँ से लिखूँ? हमारे आज के शायर उर्दू साहित्य की वो कद्दावर शख़्सियत रहे हैं जिनके के बारे में लिखने की सोचना ही बहुत बड़ी बात है। हिंदी पाठक भले ही उनके नाम से ज़्यादा वाक़िफ़ न हों लेकिन जिस किसी को भी उर्दू अदब में ज़रा-सी दिलचस्पी है वो जनाब "मुग़न्नी तबस्सुम" के नाम से अनजान नहीं होगा। हम आज उनकी ग़ज़लों की किताब "मिट्टी-मिट्टी मेरा दिल' पर बात करेंगे जिसका एक एक शेर रुकरुक कर पढ़ने, पढ़वाने और दिल में बसाने लायक़ है। इस किताब को वाणी प्रकाशन ने सन 2002 में शाया किया था।

मैं अपने ख़्वाबों की दुनिया में खोया रहा
कब रात ढली कब चाँद बुझा मालूम नहीं
जब भोर भये कोयल की सदा कानों में पड़ी
क्यों मेरे दिल में दर्द उठा मालूम नहीं
ये जान गए हँसने की सज़ा अब मिलती है
इस रोने का अंजाम है क्या मालूम नहीं

सच कहूँ तो "जब भोर भये कोयल की सदा कानों में पड़ी" जैसा सुरीला सरल मिसरा उर्दू शायरी में बड़ी मुश्किल से ढूँढ़े मिलता है और ऐसे मिसरे इस किताब के वरक़-वरक़ में बिखरे हुए हैं। आप सर धुनते रहिये और बस पढ़ते रहिये। शायरी की ज़बान ऐसी मीठी जैसे शहद और क्यों न हो आख़िर मुग़न्नी तबस्सुम उस्मानिया विश्वविद्यालय, हैदराबाद के ऐसे होनहार तालिबे-इल्म थे जो बाद में उसी यूनिवर्सिटी में उर्दू विभाग के अध्यक्ष रहे।

बेमानी सा लगता है घर जाना भी
दीवारों से टकराना मर जाना भी
रस्ता तकते रहना सारी रात कभी
आहट सुनकर क़दमों की डर जाना भी
बादल अब जो खेल तमाशे करता है
उसने मेरी नाव डुबो कर जाना भी

मुहम्मद अब्दुल गनी जो "मुग्न्नी तबस्सुम' के नाम से जाने जाते हैं का जन्म 19 जून 1930 को हैदराबाद में हुआ। मात्र 14 वर्ष की उम्र से ही उन्होंने शायरी शुरू कर दी। मशहूर शायर अल्लामा इक़बाल साहब की शायरी से वो बहुत प्रभावित हुए। उर्दू की प्रगतिशील विचारधारा को अपनाते हुए उन्होंने ने लेखन कार्य किया और थोड़े समय तक आधुनिक विचारधारा के समर्थक भी रहे लेकिन बाद में फिर प्रगतिशील विचारधारा की ओर मुड़ गए।

आसमाँ पर है अजब चाँद सितारों का समाँ
दिल में देखो तो यहाँ रात का मंज़र है अलग
पास तेरे हूँ कि क़तरा है निहाँ दरिया में
दूर तुझसे हूँ कि सहरा से समंदर है अलग
फ़ुर्सते-उम्र है कम, हर्फ़े-तमन्ना सुन लो
बात शिकवों की न पूछो कि वो दफ्तर है अलग

फ़ुर्सते-उम्र =ज़िन्दगी की फ़ुर्सत, हर्फ़े-तमन्ना =इच्छा की बात

ज़िन्दगी के तजुर्बों को सीधे सरल अंदाज़ में शायरी में ढालने का हुनर जैसा तबस्सुम साहब के यहाँ मिलता है, वैसा और कहीं मिलना मुश्किल है। उनके बारे में प्रोफ़ेसर शमीम ईफानफ़ी फ़रमाते हैं कि "मुग्न्नी साहब निहायत धीमे अंदाज़ में लगभग फुसफुसाते हुए अपनी बात कहते हैं, जो ख़रामा-ख़रामा हमारे ज़ेहन में घर करती है और इसलिए न तो बोझ बनती है और न ही चौंकाती है, उनके अशआरों से अपनत्व का एहसास उभरता है और हमें अपने आग़ोश में ले लेता है।"

तपते सहरा में ये ख़ुशबू साथ कहाँ से आई
ज़िक्र ज़माने का था तेरी बात कहाँ से आई
दिल मिट्टी था आँखों में सौग़ात कहाँ से आई
सावन बीत चला था ये बरसात कहाँ से आई
बीते लम्हें टूटे भी तो याद बने या ख़्वाब
परछाई थी परछाई फिर हाथ कहाँ से आई

प्रोफ़ेसर तबस्सुम द्वारा "फ़ानी बदायूनी" पर किया गया शोध कार्य उर्दू में एक महत्त्वपूर्ण दस्तावेज़ की हैसियत से जाना जाता है। एक आलोचक के रूप में जैसी प्रतिष्ठा मुग्रान्नी साहब ने पायी उसकी मिसाल ढूँढ़नी मुश्किल है। उर्दू साहित्य को नयी दिशा और उसके मयार में लगातार इज़ाफ़ा करने के उद्देश्य के लिए वो मुईनुद्दीन क़ादरी ज़ोर साहब द्वारा 1930 में हैदराबाद में स्थापित "इदारा-ए-अदबियत-ए-उर्दू" के साथ आख़िरी साँस तक जुड़े रहे। उर्दू भाषा में उनके द्वारा सम्पादित मासिक पत्रिका "सबरस" बहुत लोकप्रिय हुई ,उन्होंने नए लेखकों को प्रोत्साहन देने की गरज़ से छमाही पत्रिका "शेर-ओ-हिक़्मत" का संपादन भी सफलता पूर्वक किया।

तरस गया हूँ मैं सूरज की रौशनी के लिए
वो दी है साया-ए-दीवार ने सज़ा मुझको
जो देखिए तो इसी से है ज़िन्दगी मेरी
मगर मिटा भी रही है यही हवा मुझको
उसी नज़र ने मुझे तोड़ कर बिखेर दिया
उसी नज़र ने बनाया था आईना मुझको

एक बहुत लम्बी फ़ेहरिस्त है उनकी विभिन्न विषयों जैसे शायरी, आलोचना, शोध, जीवनी, संकलन और संपादन पर प्रकाशित लगभग 23 किताबों की, जिनका नाम यहाँ देना संभव नहीं अलबत्ता शायरी पर उनकी ये किताबें बहुत मक़बूल हैं जो उर्दू में हैं- "नवा-ए-तल्ख़ (1946)", "पहली किरण का बोझ (1980)", "मिट्टी मिट्टी मेरा दिल (1991) और "दर्द के खेमे के आसपास (2002)"। इसके अलावा देश विदेश के रिसालों में उनके लेखों की संख्या तो सैंकड़ों में है। लन्दन और अमेरिका की बड़ी बड़ी यूनिवर्सिटीज के तालिब-ए-इल्मों को वो उर्दू अदब के ढेरों विषयों पर हुए सेमिनारों में भाषण देने जाते थे।

तारे डूबें तो अच्छा है, चाँद बुझे तो बेहतर है
कोई नहीं आएगा यहाँ, अब आँख लगे तो बेहतर है
आइना वीरान खड़ा है, अनजाना-सा लगता है
हमने चुप साधी है वो भी कुछ न कहे तो बेहतर है
ख़्वाब में तुझसे मिलते हैं और बात दुआ में करते हैं
तू भी हमको देखे और कुछ बोल सके तो बेहतर है

उर्दू के इस ख़िदमतगार को उत्तर प्रदेश, बिहार, पश्चिमी बंगाल,आंध्र. प्रदेश, दिल्ली आदि अनेकों उर्दू अकादमियों के अलावा महाराष्ट्र साहित्य अकादमी ने भी पुरस्कृत किया है। जनाब "स्वाधीन" जिन्होंने इस किताब को हिंदी में लिप्यांतर किया है लिखते हैं कि "इस शायर ने देश काल और इतिहास को अलग-थलग नहीं करते हुए अपने उस आदमी के साथ

एकमेल कर दिया है जो रोज़ उसके भीतर जागा रहता है।"

चढ़े हुए थे जो दरिया उतर गए अब तो
मुहब्बतों के ज़माने गुज़र गए अब तो
न आहटें हैं, न दस्तक, न चाप क़दमों की
नवाहे-जाँ से सदा के हुनर गए अब तो

नवाहे जाँ-प्राणो का विस्तार

सबा के साथ गयी बूए पैरहन उसकी
ज़मीं की गोद में गेसू बिखर गए अब तो

सबा-हवा, बूए पैरहन = गंध के वस्त्र गेसू = बाल

उर्दू अदब का ये रौशन सितारा अपनी ज़िन्दगी के सत्तर से अधिक बरस तक अदब की ख़िदमत करते हुए आख़िर 15 फ़रवरी 2012 की शाम को इस दुनिया-ए-फ़ानी से रुख़सत हो गया और पीछे छोड़ गया उनकी बसाई अदब की एक ऐसी पुरअसर दुनिया जो सदियों तक ज़िंदा रहेगी। डॉक्टर तबस्सुम जैसी शख़्सियत कभी कहीं जाती नहीं, हमेशा हमारे आसपास अपनी किताबों और रिसालों में मौजूद रहती है।

"मिट्टी-मिट्टी मेरा दिल" में उनकी सिर्फ़ 60 ग़ज़लें संकलित हैं जिनमें कुल जमा 250-300 शेर होंगे लेकिन एक भी ऐसा शेर नहीं है जिसे यहाँ आपको पढ़वाने की मेरी इच्छा न हो, अफ़सोस ऐसा करना संभव नहीं। मेरी गुज़ारिश है कि आप इस किताब को वाणी प्रकाशन दिल्ली से मँगवा कर पढ़ें और देखें कि उर्दू शायरी का जादू किस तरह सर चढ़ कर बोलता है।

उनकी एक ग़ज़ल के चंद शेर पढ़वाता हूँ और फिर आपसे अगली किताब की तलाश करने को रुख़सत होता हूँ

एक अहदे-विसाल चार-सू है
और दर्दे-फ़िराक़ कू-ब-कू है

अहदे-विसाल = मिलान का वादा, चार सू = चारों तरफ़, दर्दे-फ़िराक़-जुदाई का

दर्द,   कू-ब-कू   गली-गली
जो सो न सके वो आँख हूँ मैं
जो टूट गयी वो नींद तू है
मैं सोच रहा हूँ, तू नहीं है
मैं देख रहा हूँ और तू है
दुनिया के सारे सवाल मुझ पर
चुप हूँ कि मेरा जवाब तू है

* * *

अभी उम्मीद बाक़ी है
(राम नारायण हलधर)

पुरानी साइकिल की हम मरम्मत को तरसते हैं
हमारे गाँव का सरपंच नित कारें बदलता है
पड़ोसी का जला कर घर तमाशा देखने वालों
हवा का रुख़ बदलने में ज़रा-सा वक़्त लगता है
अँधेरों से ज़रा भी हिम्मतों को डर नहीं लगता
हमारी आँख में उम्मीद का सूरज चमकता है

उर्दू के भारी भरकम लफ़्ज़ों, बोझिल दार्शनिकता और लफ़्फ़ाज़ी से कोसों दूर सीधी-सादी ज़बान में अपनी बात आप तक पहुँचाने वाले, आज हम उस शायर की किताब को आपके सामने ला रहे हैं जो अभी लोकप्रियता की सीढ़ियाँ ख़रामा-ख़रामा चढ़ रहा है। ये शायर ख़ुद्दार है, तभी इसका नाम किसी खेमे से नहीं जुड़ा और न ही इसकी किसी मठाधीश के चरणों में अपना माथा रगड़ने की ख़बर है।

शायर का नाम है श्री राम नारायण हलधर और किताब का उनवान है "अभी उम्मीद बाक़ी है" जिसे जयपुर के "बोधि प्रकाशन" ने जून 2017 में प्रकाशित किया है।

अलावों पर मुसीबत की, मुसलसल मावठे बरसी
मगर इस राख़ में उम्मीद का, शोला दबा-सा है
दिलासे और मत दो, दिल हमारा यार रो देगा
ये बच्चा भीड़ में माँ-बाप से, बिछड़ा हुआ-सा है
कबूतर भी उसे लगता है मानो, बाज़ हो कोई
वो जोड़ा हंस का, घर से अभी भागा हुआ-सा है

जब तक आप शायरी के घिसे-पिटे बिम्ब और विषयों से अलग कुछ नया नहीं कहते तब तक आप कितना भी लिखें आपकी पहचान बनना मुश्किल है। नया विषय और नयी ज़मीन तलाशने के लिए जोखिम उठाना पड़ता है, गुलिवर की तरह अनजान जगहों की यात्रा करनी पड़ती है जो मन के अंदर और बाहर दोनों ओर होती है। युवा शायर हलधर जी ने इस जोखिम को उठाया है और वो नए रास्तों की तलाश में चलते दिखाई देते हैं।

मुस्कानों का क़र्ज़ लिए हम चेहरा जोड़े बैठे हैं
अंदर-अंदर सब कुछ टूटा इक बस्ती वीरान हुई

चंदा जैसी हँसमुख लड़की जब देखो घर आती थी
माथे पर सूरज चमका है, उस दिन से अनजान हुई
जब सूरज ने बेमन से ये पूछा कौन कहाँ के हो
इक जुगनू को अपने क़द की तब जा कर पहचान हुई

राम नारायण हलधर 01 अप्रैल 1970 को राजस्थान के बाराँ ज़िला की छीपाबड़ौद तहसील के अंतर्गत आये गाँव तूमड़ा में पैदा हुए। राजकीय महाविद्यालय कोटा से उन्होंने हिंदी साहित्य में स्नातकोत्तर की डिग्री हासिल की। वर्तमान में राम नारायण जी आकाशवाणी कोटा में वरिष्ठ उद्घोषक हैं। उन्होंने अपने पिता के अदम्य साहस को जिसके बल पर वो प्राकृतिक आपदाओं से लड़ते हुए विजय प्राप्त करते रहे और माँ के मधुर कंठ से सुनी लोकगीत की स्वर लहरियों को अपनी ग़ज़लों में ढाला है।

ख़ुशी से दिल हमारा आज मीरा होने वाला है
झुकी खेतों के ऊपर श्यामवर्णी मेघमाला है
हिना का रंग उनके हाथ पे यूँ ही नहीं महका
सुबह से शाम तक हमने, रसोई घर सँभाला है
वज़ीफ़ा कौन देता है हमें, हम गाँव वाले हैं
हमारा इल्म केवल ढाई आखर वर्णमाला है

हलधर जी ग़ज़लें पढ़ते वक़्त वैसी ही ताज़गी का एहसास होता है जैसे भरी दोपहरी में किसी बरगद की छाँव में बैठने से होता है। गाँव की मिट्टी और चूल्हे पर पकती रोटी की सी ख़ुशबू आप उनकी ग़ज़लों से उठती महसूस कर सकते हैं। हो सकता है कि महानगर की चकाचौंध में रह रहे पाठकों को ये ग़ज़लें अपील न करें लेकिन जिन के मन में गाँव और उसकी सहजता सरलता बसी है, वो तो ज़रूर पसंद करेंगे।

अभी हम लोग बच्चों से कई बातें छुपाते हैं
किसी का तो हमें है डर, अभी उम्मीद बाक़ी है
दिवाली की सजावट को घरों पे ईद तक रक्खा
किसी मासूम की जिद पर, अभी उम्मीद बाक़ी है
उसी से रूठ कर बैठा, उसी की राह तकता हूँ
मना लेगा मुझे आकर, अभी उम्मीद बाक़ी है

कोटा के वरिष्ठ कवि और समीक्षक अरविन्द सरल जी इस किताब की भूमिका में लिखते हैं कि "खेत-खलिहान, किसान और उसके जीवन के दुःख दर्द जितनी भरपूर मात्रा में हलधर के यहाँ हैं, ग़ज़ल में तो संभवतः और कहीं नहीं होंगे।" अरविन्द जी की बात इस संग्रह को

पढ़ते वक़्त मुझे सोलह आना सही लगी लेकिन मुझे उनकी ग़ज़लों में अद्भुत काव्य सौंदर्य और शिल्प की कलात्मकता के साथ साथ उनकी सकारात्मक सोच भी नज़र आयी। खेत खलिहानों और गाँव के इतर रची उनकी ग़ज़लें भी जादू-सा असर करने में सक्षम-

तेरे पापा का कोई फ़ोन आया
बड़ी उम्मीद से, पूछा करो हो
किसी ने साँवली कह दिल दुखाया
घटा क्यों, रात भर बरसा करो हो
न यूँ नाराज़ हो कर सोइयेगा
सुबह तक करवटें बदला करो हो

हम सब जानते हैं कि छोटी बहर में ग़ज़ल कहना दोधारी तलवार पर चलने के समान है इस पर चलने के लिए ज़बरदस्त अनुभव और संतुलन की जरुरत होती है। बहुत से शायरों ने छोटी बहर पर अच्छी ग़ज़लें कही हैं विज्ञान। व्रत जी को तो इसमें महारत हासिल है लेकिन हलधर जी ने भी इस संग्रह में बहुत सी ग़ज़लें छोटी बहर में कही हैं।

उन्हीं में से एक ग़ज़ल के चंद शेर ग़ौर करें और देखें की किस तरह उन्होंने शब्दों का चयन किया है

वो इक आकाश गंगा है
मेरा मन वेधशाला है
कई अनजान लिपियों-सा
तेरा मासूम चेहरा है
न कर चर्चा सियासत की
यहाँ इक पौधशाला है

बहुमुखी प्रतिभा के धनी 'हलधर' जी ग़ज़लों के अलावा दोहे, गीत, गद्य-व्यंग और आधुनिक छंद मुक्त कविताएँ भी लिखते हैं। उनकी रचनाएँ पिछले दो दशकों से देश की प्रसिद्ध अख़बारों और पत्रिकाओं जैसे पंजाब सौरभ, पाञ्चजन्य, दैनिक जागरण, नई दुनिया, राजस्थान पत्रिका, दैनिक भास्कर, सरिता, डेली न्यूज, जनसंदेश टाइम्स, व्यंग यात्रा, मधुमती आदि में निरंतर प्रकाशित होती रहती हैं। उनका दोहा संग्रह "शिखरों के हक़दार" 2012 में प्रकाशित हो कर चर्चित हो चुका है। "अभी उम्मीद बाक़ी है" उनका पहला ग़ज़ल संग्रह है।

रोज़ पत्थर उछालता मैं भी
घर मेरा काँच का नहीं होता

तितलियों के परों को देखो फिर

हमसे कहना, ख़ुदा नहीं होता

क़र्ज़ लेकर उजास करता है

हर कोई चाँद-सा नहीं होता

लोकप्रिय शायर आलोक श्रीवास्तव ने इस किताब की भूमिका में लिखा है कि "इस संग्रह की ज़्यादातर ग़ज़लें हिंदी ग़ज़ल के घराने से आती हैं, इसलिए उर्दू-ग़ज़ल के ख़ानदान वाले यहाँ थोड़ा रुक-रुक कर, ठिठक-ठिठक कर चलेंगे ऐसा मेरा ख़याल है।" आलोक जी का ख़याल हो सकता है सही हो लेकिन मेरा ख़याल है कि पाठक चाहे उर्दू ग़ज़ल का हो या हिंदी ग़ज़ल का, अगर कहन में ताज़गी है, तो वो उसे पसंद करता है, बहुत कम पाठक हैं जो उर्दू-हिंदी के झमेले में पड़ते हैं और भाषा के बिना पर ग़ज़ल को पसंद नापसंद करते हैं।

रोने के हैं लाख बहाने रो लीजे

हँसने में आसानी हो तो ग़ज़लें हों

विज्ञापन से कब तक प्यास बुझाएँ हम

बादल बाँटे गुड़-धानी तो ग़ज़लें हों

करवट लेकर चाँद अकेला सोया है

छोड़े ज़िद-आनाकानी तो ग़ज़लें हों

हलधर जी को उनकी काव्य यात्रा के दौरान भारतेन्दु समिति कोटा द्वारा "साहित्य श्री सम्मान", सृजन साहित्य एवं सांस्कृतिक संस्था कोटा द्वारा "सृजन साहित्य सम्मान", डॉ. रतन लाल शर्मा स्मृति सम्मान और हिंदी साहित्य सभा आगरा द्वारा "ओम प्रकाश त्रिपाठी स्मृति सम्मान" प्राप्त हो चुका है। अगर आप हलधर जी लीग से हट कर लिखी ग़ज़लों का आनंद लेना चाहते हैं, तो इस किताब को तुरंत अमेज़न से घर बैठे मँगवा लें या फिर जयपुर के बोधि प्रकाशन के श्री माया मृग जी से 9829018087 पर संपर्क करें, जैसा मैं हमेशा कहता आया हूँ आज फिर कहूँगा कि आप शायर से सीधा संपर्क कर उसे बधाई दें और किताब प्राप्ति कार। हलधर जी से संपर्क करने के विविध रास्ते ये हैं-

मोबाइल द्वारा : 9660325503 पर संपर्क करें

rnmhaldhar@gmail.com पर इ-मेल करें

डी -27, गली नंबर -1, कृष्णा नगर, पुलिस लाइन, कोटा-324001 पर पत्र लिखें। आप जो जी में आये रास्ता इख़्तियार करें मैं चलता हूँ उनके कुछ फुटकर शेर आपको पढ़वा कर-

दर्द घुटनों का मेरा जाता रहा ये देख कर

थामकर उँगली नवासा सीढ़ियाँ चढ़ने लगा

बरी हो कर मेरा क़ातिल सभी के सामने ख़ुश है
अकेले में फफक कर रो पड़ेगा, देखना इक दिन
मौन के शूल को पंखुड़ी से छुआ
मुस्कुराने से मुश्किल सरल हो गयी
कभी है "चौथ" उलझन में, कभी रोज़े-परेशाँ हैं
किसी दिन चाँद के ख़ातिर, बड़ी दीवार टूटेगी
तेरा वादा सियासतदान ऐसा खोटा सिक्का है
जिसे अँधा भिखारी भी सड़क पर फेंक देता है

* * *

पाँचवी सम्त
(फ़ेहमी बदायूँनी)

आप तस्वीर में न मर जाएँ
चलना-फिरना बहुत ज़रूरी है
ज़िन्दगी में बिना किताबो-क़लम
पढ़ना-लिखना बहुत ज़रूरी है
याद करना उसे ज़रूरी नहीं
याद रखना बहुत ज़रूरी है
मेरा होना पता नहीं चलता
तुमको छूना बहुत ज़रूरी है

जब कभी भी छोटी बहर में कही ग़ज़लों का ज़िक्र होगा तो वो जनाब विज्ञान व्रत का नाम लिए बिना मुकम्मल नहीं होगा। छोटी बहर में उन्होंने इतनी ग़ज़लें कही हैं कि आप सोच भी नहीं सकते, तभी तो उनके पाँच या शायद छह ग़ज़ल संग्रह छप कर चर्चित हो चुके हैं। आप सोचेंगे कि इस श्रृंखला में विज्ञान व्रत जी के ग़ज़ल संग्रह की चर्चा तो पहले हो चुकी है, तो फिर आज दोबारा से उनका ज़िक्र क्यों? वो इसलिए कि आज के हमारे शायर भी छोटी बहर में ग़ज़ल कहने वाले शायरों की फ़ेहरिस्त में बहुत अहम मुक़ाम रखते हैं।

जैसा मैं हर बार कहता हूँ कि छोटी बहर में कही ग़ज़ल पढ़ने-सुनने में बहुत आसान-सी लगती है लेकिन होती नहीं। गागर में सागर भरने के लिए आपके पास अनोखा हुनर होना चाहिए, तभी बात बनेगी, थोड़ी सी चूक हुई और शेर ढेर हुआ।

तिरे नज़दीक आना चाहता हूँ
मैं ख़ुद से दूर जाना चाहता हूँ
तुझे छूना मिरा मक़्सद नहीं है
मैं ख़ुद को आज़माना चाहता हूँ
वही तो सोचता रहता हूँ हर दम
मैं तुमको क्या बताना चाहता हूँ
अदाकारी बड़ा दुख दे रही है
मैं सचमुच मुस्कुराना चाहता हूँ

ज़िला बदायूँ के बिसौली क़स्बे के एक नीम-सरकारी महकमे में मुलाज़िम जनाब अहमद शेर ख़ाँ उर्फ़ मद्दन ख़ाँ के यहाँ चार जनवरी 1952 को जिस बेटे का जन्म हुआ उसका नाम रखा गया "जमा शेर ख़ान उर्फ़ पुत्तन ख़ान' जो आगे चल कर शायर जनाब "फ़ेहमी बदायूँनी"

के नाम से पहचाने जाने लगे, आज इस श्रृंखला में हम उनके "एनीबुक" ग़ाज़ियाबाद द्वारा देवनागरी में बेहद ख़ूबसूरती से प्रकाशित पहले ग़ज़ल संग्रह "पाँचवी सम्त" की बात करेंगे। पेपरबैक में छपे इस संग्रह का आवरण और छपाई बहुत दिलकश है, किताब हाथ में लेते ही इसे पढ़ने की चाहत बलवती हो उठती है।

मिरी वादा-ख़िलाफ़ी पर वो चुप है
उसे नाराज़ होना चाहिये था
अब उसको याद करके रो रहे हैं
बिछड़ते वक़्त रोना चाहिये था
चला आता यक़ीनन ख़ाब में वो
हमें इक रात सोना चाहिये था
हमारा हाल तुम भी पूछते हो
तुम्हें मालूम होना चाहिये था

किताब की भूमिका में मशहूर शायर और आलोचक जनाब "मयंक अवस्थी" साहब लिखते हैं कि "फ़हमी साहब ने छोटी बहर में बेशतर ग़ज़लें कही हैं और लफ़्ज़ को बरतने में भी और उसे मआनी देने में भी उनका जवाब नहीं। इनके हर शेर की रूह नूरानी है। ऊला-सानी का रब्त बेहद असरदार है और इनके शेर का जिस्म तो चुराया जा सकता है रूह कतई नहीं। बयान शफ़्फ़ाफ़ पानियों जैसा है -किसी बेअदब ग़ैर ज़रूरी लफ़्ज़ का रत्ती भर दख़्ल इनकी शायरी में नहीं हो सकता। इस बुलंद मफ़्हूम के नाख़ुदा ने बेहद आसान लफ़्ज़ों की नाव से गहरे अर्थों के बेशुमार समंदर सर किये हैं।"

जब रेतीले हो जाते हैं
पर्वत टीले हो जाते हैं
तोड़े जाते हैं जो शीशे
वो नोकीले हो जाते हैं
फूलों को सुर्ख़ी देने में
पत्ते पीले हो जाते हैं

फ़हमी साहब ने बदायूँ से इंटरमीडिएट तक की तालीम 1968 में हासिल की चूँकि उस वक़्त बदायूँ में कोई डिग्री कॉलेज नहीं था, इसलिए तालीम हासिल करने के लिए तालिब-ए-इल्म को बरेली या चंदौसी जाना पड़ता था, फ़हमी साहब के घर की हालत इस लायक़ नहीं थी कि वो घर छोड़ कर बाहर जाते लिहाज़ा उन्होंने घर पर किताबें ला कर ग्रेजुएशन की पढ़ाई करने की ठानी। घर पर पढ़ाई चलती रही और इस बीच उन्हें 1970 में यू. पी. गवर्नमेंट के रेवन्यू महकमे में चकबंदी लेखपाल की नौकरी मिल गयी, जो उन्हें हुए पीलिया

के हमले के बाद ज़्यादा लम्बी नहीं खिंच पायी। इस बीच शादी भी हो गयी और बच्चे भी। बेरोज़गारी के आलम में उन्होंने स्कूली बच्चों के लिए गणित और साइंस विषयों की ट्यूशन लेनी शुरू की। उनके पढ़ाने का अंदाज़ और विषयों पर पकड़ इस कदर लोकप्रिय हुई की उनसे बीएससी और इंजीनियरिंग के छात्र भी ट्यूशन लेने आने लगे और ज़िन्दगी की गाड़ी पटरी पर दौड़ने लगी।

हर कोई रास्ता बताएगा

कोई चल कर नहीं दिखाएगा

जलना-बुझना भी और उड़ना भी

चाँद जुगनू से हार जाएगा

नाम दरिया है जब तलक तेरा

हर समंदर तुझे बुलाएगा

रिवायत से हट कर शायरी करना और बात कहने का नया सलीक़ा ईजाद करना फ़हमी साहब की ख़ासियत है। उनके बहुत से शेर मुहावरों की तरह इस्तेमाल किये जा सकते हैं। सब से बढ़िया बात जो उनकी शायरी में नज़र आती है वो ये कि आपको ऐसा एक भी लफ़्ज़ उनकी शायरी का हिस्सा बनता नहीं दिखता, जिसका मतलब खोजने के लिए पाठक को लुग़त मतलब डिक्शनरी का सहारा लेना पड़े। लियाक़त ज़ाफ़री साहब ने फ़हमी साहब की शायरी के बारे में लिखा है कि "फ़हमी का शेर पहली ही रीडिंग में पकड़ लेता है... फिर सोचने पर मजबूर करता है.... उसके बाद परत दर परत खुलने लगता है ...और फिर जिस पाठक का जो मेयार है उसी के मुताबिक़ उसे मज़ा दे कर आगे निकल जाता

जब तलक तू नहीं दिखाई दिया

घर कहीं का कहीं दिखाई दिया

रोज़ चेहरे ने आईने बदले

जो नहीं था नहीं दिखाई दिया

बस ये देखा कि वो परेशाँ है

फिर हमें कुछ नहीं दिखाई दिया

'नदीम अहमद कविश' साहब ने इस संकलन में फ़हमी साहब की बेजोड़ 90 ग़ज़लें संगृहीत की हैं जो बार-बार पढ़ी जाने योग्य हैं। बहुत से शेर तो पढ़ने के साथ ही आपके ज़ेहन में घर कर लेते हैं। लियाक़त ज़ाफ़री साहब ने इस किताब की भूमिका में फ़हमी साहब के लिए बहुत दिलचस्प अंदाज़ में लिखा है कि "फ़हमी एक ऐसा शायर जिसकी तबई-उम्र का अंदाज़ा उसकी शायरी से कर पाना तक़रीबन ना-मुमकिन है.... फ़हमी की उम्र का उसके शेर से कोई लेना-देना नहीं ... सिरे से उलट मामला है यहाँ.... आप में से पच्चीस-तीस वालों को ये

साठ-सत्तर का कोई ताज़िबेकार बूढ़ा लगेगा और साठ-सत्तर वालों को कोई नटखट रूमानी लौंडा जिसने अभी-अभी इ-टीवी उर्दू के मुशायरे पढ़ने शुरू किये-

लिख के रख लीजिए हथेली पर
हाथ मलना शिकस्त खाना है
ये जो तिल है तुम्हारे आरिज़ पर
ये मुहाफ़िज़ है या ख़ज़ाना है

आरिज़ = गाल, मुहाफ़िज़ =रक्षक

बादलों से दुआ सलाम रखो
हमको मिट्टी का घर बनाना है
आप कहते हैं पास तो आओ
ये डराना है या बुलाना है

इस बाकमाल किताब के शेर पढ़वाने का लालच मुझे अब छोड़ना पड़ेगा क्योंकि अगर सभी शेर यहाँ आपको पढ़वा दिए, तो आप किताब मँगवाएँगे नहीं, जबकि मेरा मक़सद इस किताब को आपकी किताबों की अलमारी में सजा हुआ देखना है। किताब मँगवाने के लिए आप अमेज़न की शरण में जा सकते हैं या फिर एनीबुक के पराग अग्रवाल से 9971698930 पर संपर्क करें। मेरी आपसे गुज़ारिश है कि आप फ़हमी साहब से उनके मोबाइल 9897454216 पर कॉल करके उन्हें इस बेहद ख़ूबसूरत शायरी के लिए भरपूर दाद दें। देर मत कीजिये बस कोई सा भी रास्ता इख़्तियार कर किताब मँगवा लीजिए उसे इत्मीनान से पढ़िए और फिर मुझे अगर चाहें तो धन्यवाद दीजिये। आख़िर में उनकी कुछ और ग़ज़लों के चुनिंदा शेर आपकी ख़िदमत में पेश कर रुख़सत होता हूँ और निकलता हूँ अगली किताब की तलाश में

छिपकली ने बचा लिया वरना
रात तन्हाई जान ले लेती
इक जनाज़े के साथ आया हूँ
मैं किसी क़ब्र से नहीं निकला
वहाँ फ़रहाद का ग़म कौन समझे
जहाँ बारूद पत्थर तोड़ती है
उसे लेकर जो गाड़ी जा चुकी है
मैं शायद उसके नीचे आ गया हूँ
बस वही लफ़्ज़ जानलेवा था
ख़त में लिख कर जो उसने काटा था
शिकार आता है क़दमों में बैठ जाता है
हमारे पास कोई जाल-वाल थोड़ी है

फूल को फूल ही समझते हो
आपसे शायरी नहीं होगी
तिरे मौज़े यहीं पर रह गए हैं
मैं इनसे अपने दस्ताने बना लूँ
नमक की रोज़ मालिश कर रहे हैं
हमारे ज़ख़्म वर्ज़िश कर रहे हैं
अदालत फ़र्शे-मक़्तल धो रही है
उसूलों की शहादत हो गयी क्या

फ़र्शे-मक़्तल = वध स्थल

* * *

पाँचवी हिजरत
(हुमैरा राहत)

तअल्लुक़ की नई इक रस्म अब ईजाद करना है
न उसको भूलना है और न उसको याद करना है
ज़बानें कट गईं तो क्या, सलामत उँगलियाँ तो हैं
दरो-दीवार प' लिख दो तुम्हें फ़रियाद करना है
बना कर एक घर दिल की ज़मीं पर उसकी यादों का
कभी आबाद करना है कभी बर्बाद करना है
तक़ाज़ा वक़्त का ये है न पीछे मुड़ के देखें हम
सो हमको वक़्त के इस फ़ैसले पर साद करना है

साद =सही निशाना लगाना

बनारस के पुस्तक मेले में राजपाल पब्लिकेशन के स्टॉल पर जब अचानक इस किताब पर नज़र पड़ी तो उठा लिया और इसके आख़री फ़्लैप पर लिखी इस इबारत को पढ़ कर इस किताब को ख़रीदने में एक लम्हा भी ज़ाया नहीं किया, लिखा था कि "ये शायद पाकिस्तानी और हिन्दुस्तानी औरत का मुश्तरका अल्मिया (एक जैसी ट्रेजिडी) है कि औरत का कोई घर नहीं होता। वो हमेशा चार रिश्तों की मुहताज रहती है बाप, भाई, शौहर और बेटा।" वैसे ये बात सिर्फ़ हिन्दुस्तान या पाकिस्तान की औरतों की ही नहीं है बल्कि ये सच्चाई कमोबेश पूरी दुनिया की औरतों पर लागू होती है।

कैसा अजीब दुःख है कि देखा न रात भर
आँखों ने कोई ख़्वाब भी, सोने के बावजूद
उगने लगी है फिर से अँधेरों की एक फ़स्ल
तारों को इस ज़मीन पर बोने के बावजूद
ख़ूँ से लिखा हुआ है कोई नाम आज भी
क़ातिल की आस्तीन प' धोने के बावजूद
एहसास की कमी है कि इंतिहा-ए-कर्ब
आँखों में अश्क ही नहीं रोने के बावजूद

इंतिहा-ए-कर्ब =वेदना की चरम अवस्था

'आँखों में अश्क ही नहीं रोने के बावजूद' जैसा मिसरा किसी शायर के लिए कहना मुश्किल काम है, ऐसे मिसरे कोई शायरा ही कह सकती है। स्त्री के दुःख को पुरुष समझ तो सकता है लेकिन उसे सही ढंग से शायद बयाँ नहीं कर सकता। किताबों की दुनिया में आज

जिस किताब की बात होगी वो है "पाँचवी हिजरत" जिसकी शायरा हैं पाकिस्तानी मशहूर शायरा "हुमैरा राहत" साहिबा। हिंदी के पाठकों के शायद ये नाम बहुत जाना पहचाना न हो क्योंकि हिंदी में छपने वाली ये उनकी पहली किताब है।

रहे-दीवानगी से डर न जाये

तुम्हारा इश्क़ मुझ में मर न जाये

ख़ुदा के बाद जो है आस मेरी

वही इक शख़्स तन्हा कर न जाये

कभी ऐसा भी कोई मोजिज़ा हो

कि ये महताब अपने घर न जाये

मोजिज़ा=चमत्कार

1959 में जन्मी हुमैरा राहत कराची में रहती हैं, घर-बार वाली ख़ातून शायरा हैं और स्कूल में पढ़ाती हैं। अदब की दुनिया में उनका रिश्ता शायरी के साथ साथ अफ़सानानिगारी से भी है और पाकिस्तान के अदबी हल्क़ों में अलग से पहचानी जाती हैं। इस किताब की भूमिका का आग़ाज़ वो जिस अंदाज़ से करती हैं वो बेहद दिलकश है, उन्होंने लिखा है "ज़िन्दगी क्या है! लम्ह-ए-अज़ल से लम्ह-ए-अबद तक (पैदा होने से लेकर मरने तक का क्षण) आँख की पुतली में जमी हुई हैरत! पहले होने की, फिर न होने की। इसी हैरत के आस-पास इश्क़ का कारख़ाना है। मगर इश्क़ ने भी हैरत की कोख़ से जनम लिया है, इश्क़ का अपना एक जहान -ए- हैरत है। मैंने जब अपने अंदर झाँका तो उसी जहान -ऐहैरत में मेरी शायरी भटक रही थी, सो इसी शायरी का हाथ थाम कर मैं आपकी दुनिया में चली आयी हूँ।"

हरेक ख़्वाब की ता बीर थोड़ी होती है

मुहब्बतों की ये तक़दीर थोड़ी होती है

सफ़र ये करते हैं इक दिल से दूसरे दिल तक

दुखों के पाँवों में ज़ंजीर थोड़ी होती है

दुआ को हाथ उठाओ तो ध्यान में रखना

हरेक लफ़्ज़ में तासीर थोड़ी होती है

हुमैरा साहिबा जब सार्क सम्मेलन में भाग लेने सन 2011 में पाकिस्तानी प्रतिनिधि मण्डल के साथ आगरा तशरीफ़ लाईं, तो उनकी मुलाक़ात दिल्ली के मशहूर शायर आलोचक और अनुवादक जनाब सुरेश सलिल साहब से हुई। सुरेश जी ने जब उन्हें एक महफ़िल में अपनी ग़ज़लें और नज़्में सुनाते सुना, तो सोचा कि क्यों न इनकी ग़ज़लों और नज़्मों का हिंदी अनुवाद कर उसे एक बड़े पाठक वर्ग तक पहुँचाया जाये। बात हुई लेकिन अंजाम तक न पहुँची। एक लम्बे अर्से के बाद फिर से ये बात जनाब नूर ज़हीर के माध्यम से उठाई गयी,

सुरेश जी दुबारा हुमैरा साहिबा से मिले जिसका नतीजा "पाँचवीं हिजरत" की शक्ल में मंज़र-
ए-आम पर दिखाई दिया।

बारिश के क़तरे के दुःख से नावाक़िफ़ हो

तुम हँसते चेहरे के दुःख से नावाक़िफ़ हो

साथ किसी के रह कर के जो तन्हा कटता है

तुम ऐसे लम्हे के दुःख से नावाक़िफ़ हो

इक लम्हे में किर्ची-किर्ची जो हो जाये

तुम उस आईने के दुःख से नावाक़िफ़ हो

मुहब्बत के कई कई शेड्स आपको उनकी शायरी में दिखाई देते हैं हुमैरा कहती हैं-इश्क़
और मुहब्बत में मामूली सा फ़र्क़ है -मुहब्बत इब्तिदा है और इश्क़ इंतिहा, मुहब्बत रसाई
(पहुँच, प्रवेश) है और इश्क़ नारसाई (पहुँच से परे), मुहब्बत दुआ है और इश्क़ इबादत,
मुहब्बत तलब है और इश्क़ हैरत। बहुत सारे रंग हैं इश्क़ के मगर जब आँखें उन रंगों में
इम्तियाज़ पर क़ादिर (चुनने पर आमादा) हो जाती हैं तो एक ही रंग बन जाता है -आँसुओं
का रंग, तिश्नगी और आबलापाई का रंग।

हिसारे-ज़ात से बाहर निकलना चाहती हूँ मैं

अब हर हुक्म से इन्कार करना चाहती हूँ

हिसारे-ज़ात =ख़ुदी के दायरे से

जमीं पर घर की बुनियादें बहुत कमज़ोर ठहरी

मैं अब पानी प' घर तामीर करना चाहती हूँ

किसी हर्फ़े-सताइश की तलब दिल में नहीं है

मैं ख़ुद अपने लिए सजना-सँवरना चाहती हूँ

हरफ़े-सताइश की तलब =किसी से सराहना पाने की इच्छा

हुमैरा राहत की शायरी की तीन किताबें मंज़र-ए-आम पर आ चुकी हैं इन्हीं सब
किताबों में से चुनिंदा 46 ग़ज़लें और 37 नज़्में सुरेश सलिल जी ने हिंदी में लिप्यांतर कर इस
संग्रह में संकलित की हैं। किताब को राजपाल एंड सन्ज ने प्रकाशित किया है। सभी रचनाएँ
अपने अलग रंग और लहजे के कारण पढ़ने योग्य हैं। उनके कुछ शेर देर तक ज़ेहन में घूमते
रहते हैं।

है चलन कितना अजब ये कि मिरे अह्द में लोग

बीज बोते नहीं मिट्टी में, समर माँगते हैं

समर=फल

इस क़दर घर को उजड़ते हुए देखा है कि अब
घर की ख़्वाहिश नहीं रखते हैं खंडहर माँगते हैं
संगदिल धूप में उम्मीद है बारिश की हमें
और साहिल प' बना रेत का घर माँगते हैं

हुमैरा साहिबा ने शायरी के अलावा उपन्यास और कहानियाँ भी लिखी है लेकिन नज़्मों की और उनका झुकाव ज़्यादा है। इस किताब में संग्रहित नज़्में कमाल की हैं कुछ तो बिल्कुल नयी हैं, जो इस किताब के अलावा अभी तक और कहीं प्रकाशित नहीं हुई। उनका कहना है कि "नज़्म अफ़साने से ज़्यादा क़रीब होती है, वही पहली लाइन चौंका देने वाली, एहसास की नज़ाकत, जज़्बात का इज़्हार और फिर आख़िर में एक अबूझ अपरिभाषित-सी प्यास का रह जाना। नज़्म कभी मुकम्मल नहीं होती और अफ़साना भी हमेशा अधूरा ही रहता है शायद यही वजह है कि नज़्म लिखने में मुझे ज़्यादा लुत्फ़ आता है।" आइये पहले उनकी कुछ एक छोटी -छोटी नज़्मों का लुत्फ़ लें

1. तेरा नाम
बारिशों के मौसम में
छत पे बैठ के तन्हा
नन्हीं-नन्हीं बूँदों से
तेरा नाम लिखती हूँ

2. काश
मेरे मालिक
बहुत रहमो-करम
मुझ पर किये तूने
मैं तेरा शुक्र अदा करते नहीं थकती
मगर, बस एक छोटी-सी शिकायत है
कि मेरी ज़िन्दगी में
इतने सारे "काश'
क्यों रक्खे

3. सवाल
मुहब्बत आशना लम्हे (प्रेम पूर्ण क्षण)
छिपाये इक अजब सा कर्ब (वेदना)
लहजे में मुझी से पूछते हैं
ये अगर हर ख़्वाब की क़िस्मत में

मर जाना ही लिखा है
तो आँखें देखती क्यों हैं

ये तो मैंने बता ही दिया है कि अगर आपको किताब चाहिए तो राजपाल एंड सन्ज दिल्ली से संपर्क करें, उनकी एक साइट भी है जिस पर जा कर आप ऑन लाइन किताब मँगवा सकते हैं, अगर वहाँ से नहीं तो अमेज़न पर भी ये किताब उपलब्ध है, आप जहाँ से चाहें मँगवा लें, पढ़ें और फिर फ़ेसबुक पर हुमैरा जी के पेज पर जा कर बधाई भी दे आएँ।

आख़िर में जैसा कि हमेशा करता आया हूँ आपको उनकी एक ग़ज़ल के चंद शेर पढ़वाता चलता हूँ, शेर नहीं इस बार चलिए एक नज़्म पढ़वाता हूँ उम्मीद है पसंद आएगी

क्या मुहब्बत एक पल है
मैं दिल से पूछती हूँ
क्या मुहब्बत को भुलाना
इस क़दर आसान होता है
"चलो इक बार फिर से अजनबी बन जाएँ हम दोनों"
बस इस मिसरे की उँगली थाम कर
बरसों पुराना साथ पल में तोड़ देते हैं
मुहब्बत एक लम्हा तो नहीं
जो ज़िन्दगी में आये
और वापस चला जाय
मुहब्बत उम्र है
और उम्र जाँ के साथ जाती है
मुहब्बत आईना कब है
मुहब्बत अक्स है
जब आईना गिर कर ज़मीन पर
टूट जाता है
तो अपने अक्स को टूटे हुए टुकड़ों में भी
महफ़ूज़ रखता है
तो फिर मुमकिन नहीं कि
अजनबियत का लबादा ओढ़ कर
कोई ये कह दे कि
चलो अब लौट जाते हैं.....

***

 51 किताबें ग़ज़लों की भाग-1

ज़ंजीर आँसुओं की
(ख़लीलुर्रहमान आज़मी)

दूर से इक परछाईं देखी अपने से मिलती-जुलती
पास से अपने चेहरे में भी और कोई चेहरा देखा
सोना लेने जब निकले तो हर-हर ढेर में मिट्टी थी
जब मिट्टी की खोज में निकले सोना ही सोना देखा
रात वही फिर बात हुई ना हम को नींद नहीं आयी
अपनी रूह के सन्नाटे से शोर-सा इक उठता देखा

हिंदी पाठकों ने नासिर काज़मी और इब्ने-इंशा का नाम ज़रूर सुना होगा जिन्होंने ग़ज़ल को ऐसी लय दी जिसे नई ग़ज़ल का नाम दिया जाता है लेकिन शायद अधिकांश ने जनाब ख़लीलुर्रहमान आज़मी साहब का नाम नहीं सुना होगा जिनका नाम भी उन दोनों शायरों के साथ ही लिया जाता है।

जनाब ख़लीलुर्रहमान आज़मी साहब को सन 1950 के बाद लिखी जाने वाली ग़ज़ल का इमाम कहा जाता है। आज हम उनकी ही किताब "ज़ंजीर आँसुओं की" की बात करेंगे जिसे सन 2010 में वाणी प्रकाशन ने प्रकाशित किया था।

न जाने किसकी हमें उम्र भर तलाश रही
जिसे क़रीब से देखा वो दूसरा निकला
हमें तो रास न आयी किसी की महफ़िल भी
कोई ख़ुदा कोई हमसायए-ख़ुदा निकला
हमसाया-ए-ख़ुदा ख़ुदा का पड़ोसी
हमारे पास से गुज़री थी एक परछाईं
पुकारा हमने तो सदियों का फ़ासला निकला

ख़लीलुर्रहमान आज़मी 9 अगस्त 1927 को जिला आज़मगढ़ के एक गाँव सीधा सुल्तानपुर के एक मध्यमवर्गीय परिवार में पैदा हुए। उनके पिता मुहम्मद शफ़ी बहुत धार्मिक प्रवृति के इंसान थे। प्रारम्भिक शिक्षा शिब्ली नेशनल हाई स्कूल से हासिल करने के बाद वह 1945 में अलीगढ़ आये, 1948 में बी.ए. और उर्दू में एम.ए. की तालीम, प्रथम स्थान प्राप्त कर, अलीगढ़ मुस्लिम विश्व विद्यालय से हासिल की। सन 1953 से वो अलीगढ़ मुस्लिम यूनिवर्सिटी में बतौर लेक्चरर पढ़ाते रहे। सन 1957 में उन्होंने "उर्दू में तरक़्क़ी पसंद अदबी तहरीक" विषय पर, जो उर्द में आज भी बेहतरीन दस्तावेज़ माना जाता है, पीएच.डी. की

डिग्री पायी। जून 1978 को ब्लड कैंसर से लम्बी लड़ाई लड़ते हुए वो दुनिया-ए-फ़ानी से कूच फ़रमा गए।

हाँ तू कहे तो जान की परवा नहीं मुझे
यूँ ज़िन्दगी से मुझको मुहब्बत ज़रूर है
अपना जो बस चले तो तुझे तुझसे माँग लें
पर क्या करें की इश्क़ की फ़ितरत ग़ायूर है

ग़ायूर : स्वाभिमान

आरिज़ पे तेरे मेरी मुहब्बत की सुर्ख़ियाँ
मेरी जबीं पे तेरी वफ़ा का ग़ुरूर है

अपने स्कूली दिनों से आज़मी साहब ने शायरी शुरू कर दी। उनकी लिखी रचनाएँ तब की बच्चों की प्रसिद्ध पत्रिका "पयामि तालीम' में छपती रहीं। उन्हें गद्य और पद्य दोनों विधाओं पर सामान रूप से अधिकार प्राप्त था। उर्दू साहित्य की परम्परागत लेखन शैली में उन्होंने आधुनिकता के पुट का समावेश किया। प्रगतिशील आंदोलन से वो जीवन पर्यन्त जुड़े रहे। वो प्रगतिशील लेखक संघ के सेक्रेटरी भी रहे।

हर ख़ारो-ख़स से वज़'अ निभाते रहे हैं हम
यूँ ज़िन्दगी की आग जलाते रहे हैं हम
इस की तो दाद देगा हमारा कोई रक़ीब
जब संग उठा, तो सर भी उठाते रहे हैं हम
ता दिल पे ज़ख़्म और न कोई नया लगे
अपनों से अपना हाल छिपाते रहे हैं हम

आलोचकों का विचार है कि ख़लीलुर्रहमान आज़मी एक ऐसे प्रगतिशील शायर थे जिन्होंने प्रगतिशीलता और आधुनिकता के दरमियान पुल का काम किया। उनकी शायरी के दो संग्रह काग़ज़ी पैरहन (1955)और नया अहद नामा (1966) उनके जीवन काल में प्रकाशित हुए जबकि ज़िन्दगी-ए-ज़िन्दगी 1983 में उनके देहावसान के बाद। यूँ उनकी अनेक विषयों पर दर्जनों किताबें हैं और वो - सभी उर्दू साहित्य की धरोहर हैं। प्रोफ़ेसर शहरयार ने उनकी कुलियात "आसमाँ-ए-आसमाँ" नाम से प्रकाशित करवाई।

तमाम यादें महक रहीं हैं हर एक गुंचा खिला हुआ है
ज़माना बीता मगर गुमाँ है कि आज ही वो जुदा हुआ है
कुछ और रुस्वा करो अभी मुझको ता कोई पर्दा रह न जाए
मुझे मुहब्बत नहीं जुनूँ है जुनूँ का कब हक़ अदा हुआ है

वफ़ा में बर्बाद होके भी आज ज़िंदा रहने की सोचते हैं
नए ज़माने में अहले-दिल का भी हौसला कुछ बढ़ा हुआ है

सन 1978 में ग़ालिब सम्मान से सम्मानित ख़लीलुर्रहमान साहब की ये किताब हिंदी में छपी उनकी पहली किताब है जिसे शहरयार और महताब हैदर नक़वी साहब ने सम्पादित किया है। इस किताब में आज़मी साहब की लगभग 40 ग़ज़लें और इतनी ही नज़्में आदि शामिल हैं। चलते-चलते आइये उनकी ग़ज़लों के कुछ शेर आपको पढ़वाता हूँ

तेरे न हो सके तो किसी के न हो सके
ये कारोबारे-शौक़ मुक़र्रर न हो सका
यूँ तो मरने के लिए जहर सभी पीते हैं
ज़िन्दगी तेरे लिए जहर पिया है मैंने
क्या जाने दिल में कब से है अपने बसा हुआ
ऐसा नगर कि जिसमें कोई रास्ता न जाए
हमने ख़ुद अपने आप ज़माने की सैर की
हमने क़ुबूल की न किसी रहनुमा की शर्त
कहेगा दिल तो मैं पत्थर के पाँव चूमूँगा
ज़माना लाख करे आके संगसार मुझे
उम्र भर मसरूफ़ हैं मरने की तय्यारी में लोग
एक दिन के जश्न का होता है कितना एहतमाम

* * *

दरिया-दरिया, साहिल-साहिल
(ज़ाहिद अबरोल)

आज ग़ज़ल बहुत सी भारतीय भाषाओं में कही जा रही है लेकिन जिस भाषा के साथ ग़ज़ल का ज़िक्र हमेशा आएगा वो है "उर्दू'। शायरी पर बात करने से पहले आइये उसे पढ़ते हैं जो हमारे आज के शायर ने इस किताब की भूमिका में एक जगह लिखा है -दुनिया की सब सभ्यताएँ भाषाओं पर टिकी हैं। उर्दू ही एक भाषा थी जो धर्म और सभ्यता की सभी सीमाओं को पार कर चुकी थी। इस फैलती हुई भाषा को एक दम से समेट दिया गया। उर्दू एक भाषा है, वोटों की किसी संस्था में नहीं आती। लोग तो बहु या अल्पसंख्यकों में बँटे और ढूँढ़ें जा सकते हैं लेकिन भाषा को हम कहाँ ढूँढ़ें? वोटो की राजनीति ने भाषा को हमसे छीन लिया और धीरे-धीरे उर्दू भाषा को मुस्लिम मज़हब के साथ चस्पा कर दिया। भाषा के साथ ऐसा दुर्व्यवहार शायद ही कहीं दुनिया में हुआ होगा। उर्दू भाषा को अमीर बनाने में सिर्फ़ मुसलमान शायरों अदीबों और नक़्क़ादों का ही नहीं ग़ैर-मुस्लिम विशेषतः हिंदू शायरों, अदीबों और आलोचकों का योगदान कभी भी कम नहीं रहा।

मेरे घर में सब मेहमाँ बन सँवर के आते हैं
इक तेरा ही गम है जो, नंगे पाँव आता है
अब तिरा तसव्वुर भी, मुझ-सा हो गया शायद
शब को ख़ूब हँसता है, सुबह टूट जाता है
किस तरह करूँ शिकवा वक़्त से मैं ऐ ज़ाहिद
वो भी तेरे जैसा है, यूँ ही रूठ जाता है

हमारे शायर ने आगे लिखा है "आज के इस दौर में, मैं जिसे उर्दू ज़बान के ज़वाल का दौर मानता हूँ, उर्दू शाइरी के पौधों को सींचने वाले उस्ताद भी कम रह गए हैं। उर्दू भाषा और उर्दू लिपि लगभग लुप्त हो गयी है।" शायर का ये कथन मुझे आंशिक रूप से सत्य लगता है, क्योंकि आज की नयी पीढ़ी फिर से उर्दू भाषा और उसकी लिपि में दिलचस्पी लेने लगी है और अगर ऐसा ही चलता रहा तो उर्दू पढ़ने-लिखने वालों में शर्तिया इज़ाफ़ा होगा। हमारे आज के शायर की मादरी ज़बान पंजाबी है और उन्होंने उर्दू किसी उस्ताद से नहीं बल्कि उर्दू के क़ायदे ख़रीद कर सीखी है और शायरी किताबों से।

क्यों बढ़ाये रखता है उसकी याद का नाख़ुन
रोते-रोते अपनी ही आँख में चुभो लेगा
आँख, कान, ज़ेहन-ओ-दिल बेज़ुबाँ नहीं कोई
जिस पे हाथ रख दोगे, ख़ुद-ब-ख़ुद ही बोलेगा

तू ख़िरद के गुलशन से फल चुरा तो लाया है
उम्र भर तू अब ख़ुद को ख़ुद में ही टटोलेगा

20 दिसम्बर 1950 को चम्बा हिमांचल प्रदेश में जन्में जनाब "विजय कुमार अबरोल" जो "ज़ाहिद अबरोल' के नाम से लिखते हैं हमारे आज के शायर हैं, उनकी ग़ज़लों की किताब "दरिया-दरिया, साहिल-साहिल" की बात हम करेंगे। इस किताब को जिसमें अबरोल साहब की 101 ग़ज़लें संकलित हैं, सन 2014 में सभ्या प्रकाशन, मायापुरी, नई दिल्ली ने प्रकाशित किया था। ज़ाहिद साहब ग़ज़लों के अलावा नज़्में भी लिखते हैं।

दिल में किसी के दर्द का सपना सजा के देख
ख़ुशबू का पेड़ है इसे घर में लगा के देख
सच और झूठ दोनों ही दर्पण हैं तेरे पास
किस में तिरा ये रूप निखरता है जा के देख
जो देखना है कैसे जिया हूँ तिरे बग़ैर
दोनों तरफ़ से मोम की बत्ती जला के देख
मेरी हर एक याद से मुन्किर हुआ है तू
गर ख़ुद पे एतिमाद है मुझको भुला के देख

मुन्किर = असहमत , एतिमाद-भरोसा

दिलचस्प बात ये है कि "ज़ाहिद" साहब ने भौतिक विज्ञान से एम एस सी की और उसके बाद बरसों पंजाब नेशनल बैंक में काम करते रहे, यानी विज्ञान और बैंक दोनों ही बातें ग़ैर शायराना हैं, उसके बावजूद उन्होंने शायरी का दामन पकड़े रखा और अनवरत् लिखते रहे। उनका ये शौक़ उनकी तालीम और नौकरी से बिल्कुल मुख़्तलिफ़ रहा। उन्होंने सिद्ध किया कि अगर आप में हुनर और जज़्बा है तो रेगिस्तान में भी आप पानी से छलछलाती नदी ला सकते हैं।

ख़ुद को लाख बचाया हमने दिल को भी समझाया हमने
लेकिन बस में कर ही बैठा गोरे बदन का काला जादू
बरसों तेरी याद न आई आज मगर अनजाने में ही
मुरझाये फूलों में जैसे नींद से जाग पड़ी हो ख़ुशबू
'ज़ाहिद' कौन से अँधियारे में फेंक आएँ यह धूप बदन की
ज़ेहन पे हर पल छाए हुए हैं इस के आरिज़ उस के गेसू

पंजाब के ख्यातिनाम शायर जनाब 'राजेंद्र नाथ रहबर' जो अपनी नज़्म, जिसे जगजीत सिंह साहब ने अपनी मख़मली आवाज़ दी थी "तेरे ख़ुशबू से भरे ख़त मैं जलाता कैसे' के हवाले

से पूरी दुनिया में जाने जाते हैं, ने इस किताब की भूमिका में लिखा है कि -ज़ाहिद अबरोल का कलाम सुबह की पहली किरण की तरह तरो-ताज़ा और ताबनाक है। उन्होंने एक लम्बा अदबी सफ़र तय किया है जिस ने उन की महबूबियत को चार चाँद लगा दिए हैं। उनके सीने में एक सच्चे फ़नकार का दिल धड़कता है। वो शुहरत और नामवरी की तमन्ना किये बग़ैर अपना साहित्यिक सफ़र जारी रखे हुए हैं। कलाम का बाँकपन, रंगों की बहार, विषयों की नूतनता और अछूतपन प्रभावित करते हैं और पाठक को अपनी गिरफ़्त में ले लेते हैं। सच्ची और उम्दा शायरी की पहचान भी यही है।

दिल को जैसे डसने लगे हैं इंद्रधनुष के सातों रंग
जब से हमने तेरी हँसी को दर्द में ढलते देखा है
बादल, आँसू, प्यास, धुआँ, अंगारा, शबनम, साया, धूप
तेरे ग़म को जाने क्या क्या भेस बदलते देखा है
'ज़ाहिद' इस हठयोगी दिल को हमने अक्सर सुबह-ओ-शाम
नंगे पाँव ही दर्द के अंगारों पर चलते देखा है

नज़्में 'ज़ाहिद अबरोल' साहब का पहला प्यार हैं। उनकी नज़्मों का पहला संग्रह 1978 में और दूसरा 1986 में उर्दू और हिंदी दोनों ज़बानों में प्रकाशित हुआ। सन 2003 में उन्होंने बाहरवीं सदी के महान संत कवि शैख़ फ़रीद के पंजाबी कलाम को उर्दू और हिंदी में अनूदित कर धूम मचा दी। उनका 'फ़रीदनामा' सर्वत्र सराहा गया। 'दरिया-दरिया, साहिल-साहिल' उनका पहला ग़ज़ल संग्रह है जो पहले हिंदी में प्रकाशित हुआ और बाद में ये संग्रह उर्दू में भी प्रकाशित किया गया। इस संग्रह की कुछ ग़ज़लें उर्दू की मुश्किल और तवील बहरों पर भी कही गयी है जो दूसरे ग़ज़ल संग्रहों में आसानी से पढ़ने में नहीं आतीं।

जी में है इक खिलौना-सा बन कर कभी एक नन्हें से बच्चे का मन मोह लूँ
जानता हूँ कि मासूम हाथों से मैं, टूट कर रेज़ा-रेज़ा बिखर जाऊँगा
तश्नगी का समुन्दर है ये ज़िन्दगी इस की हर लहर तलवार से तेज़ है
आस की नाव के डूब जाने पे भी हौसला है मुझे पार उतर जाऊँगा
मुझको 'ज़ाहिद' इस उखड़े हुए दौर में आइनों का मुहाफ़िज़ बनाते हो क्यों
नर्म-ओ-नाज़ुक तबीअत है मेरी, कि मैं पत्थरों के तसव्वुर से डर जाऊँगा

किताब की एक और भूमिका में जनाब बी.डी.कालिया हमदम' ने लिखा है कि -ज़ाहिद साहब के शेरों से यह एहसास होता है कि यदि आपको किसी भाषा से मुहब्बत है, तो उसे सीखने में और भाषा के समंदर में तैरने में कोई मुश्किल सामने नहीं आ सकती। ज़ाहिद अबरोल साहित्यिक रुचि के मालिक हैं। ज़ाहिद अबरोल के कलाम में शब्द एवम् अर्थ-सौंदर्य भी है और बंदिश का सौंदर्य भी। अच्छे शेर कहने के बावजूद वो सादगी और नम्रता से यह बात मानते हैं कि वो अभी भी एक विद्यार्थी हैं और उन्हें मंज़िल तक पहुँचने के लिए काफ़ी

फ़ासला तय करना है।

झुकने को तैयार था लेकिन जिस्म ने मुझको रोक दिया
अपनी अना ज़िंदा रखने का बोझ जो सर पर काफ़ी था
तीन बनाये ताकि वो इक-दूजे पर धर पायें इल्ज़ाम
वरना गूँगा, बहरा, अँधा, एक ही बन्दर काफ़ी था
ग़म, दुःख, दर्द, मुसीबत, ग़ुर्बत सारे यकदम टूट पड़े
इस नाज़ुक से दिल के लिए तो एक सितमगर काफ़ी था

किताब की सौ ग़ज़लों से चुनिंदा शेर छाँटना कितना मुश्किल काम है, ये मैं ही जानता हूँ और ये भी जानता हूँ कि मैं हर शेर के साथ इन्साफ़ नहीं कर सकता, इसीलिए बहुत से ऐसे शेर आप तक पहुँचाने से छूट जाते हैं जो कि यहाँ होने चाहिये थे, तभी तो आपसे गुज़ारिश करता हूँ कि आप किताब मँगवा कर पढ़ें और सभी शेरों का भरपूर आनंद लें। इस किताब को मँगवाने के लिए आप ज़ाहिद साहब की शरीक-ए-हयात मोहतरमा रीटा अबरोल साहिबा से उनके मोबाइल 9736323030 पर बात करें। ज़ाहिद साहब ने उनका ही मोबाइल नंबर शायद इसलिए दिया है क्योंकि उन्होंने ही ज़ाहिद साहब के अंदर के इंसान और शायर को ज़िंदा रखने में मदद की है। आप से मेरी ये गुज़ारिश है कि उनके ख़ूबसूरत कलाम के लिए आप ज़ाहिद साहब को उनके मोबाइल 9816643939 पर संपर्क कर बधाई ज़रूर दें।

चलते-चलते पेश हैं उनके कुछ चुनिंदा शेर-

एक घर में तो फ़क़त एक जला करता था
घर में बेटे जो हुए जल उठे चूल्हे कितने

बज़ाहिर ओढ़ रक्खा है तबस्सुम
मगर बातिन सरापा चीख़ता है
बज़ाहिर : सामने, बातिन : पीछे

मैं नए अंदाज़ से वाक़िफ़ हूँ लेकिन शायरी
और भी कुछ है . फ़क़त लफ़्ज़ों के जमघट के सिवा

ख़त्म कर बैठा है ख़ुद को भीड़ में
जब तलक तन्हा था वो मरता न था

तू मेरी क़ैद में है मैं भी तेरी क़ैद में हूँ
देखें अब कौन किसे पहले रिहा करता है

* * *

ग़ज़लों की नाव में
(लक्ष्मी खन्ना 'सुमन')

काठ के फ़ौलाद के हों या लहू और माँस के
एक से हैं सारे दरवाज़े कहीं दस्तक न दो
घिरती हुई है बाढ़ भी आँखों के गाँव में
फैला हुआ चारों तरफ़ सूखा भी देखिए
ये धूल के बादल भी छुएँ आसमान को
मिट्टी में ये रुला हुआ सोना भी देखिए
बेमौसमी खिले हुए 'सुमन' भी हैं कई
बेमौसमी ये रूप पिघलता भी देखिए

16 नवम्बर 1942 को जन्में बहुमुखी प्रतिभा के धनी श्री लक्ष्मी खन्ना 'सुमन' हमारे आज के शायर हैं जिनकी किताब 'ग़ज़लों की नाव में' की बात हम करेंगे। लक्ष्मी जी ये का ये पाँचवा ग़ज़ल संग्रह है जिसे हिन्द युग्म प्रकाशन, नई दिल्ली ने सन 2014 में प्रकाशित किया था। इस से पहले उनके "दायरों के पार", "इस भरे बाज़ार में", "ग़ज़लों की छाँव में" और "याद भी ख़्वाब भी हक़ीक़त भी" ग़ज़ल संग्रह प्रकाशित हो कर धूम मचा चुके हैं। लक्ष्मी जी की प्रतिभा का आकलन महज़ एक पोस्ट में नहीं हो सकता।

बेवजह सूखे जो लम्हे थे दिलों के दरमियाँ
आँख की बारिश उन्हें झर-झर बहाकर ले चली
मस्तियों की गंध ले ऋतुओं की रानी आ रही
फागुनी झंकार पतझर को बहाकर ले चली
फिर समय की वादियों में खिल उठे हैं मन-"सुमन"
धूप, कोहरे के बुझे मंज़र बहाकर ले चली

हल्द्वानी के एम. बी इंटर कॉलेज से स्कूली शिक्षा ग्रहण करने के बाद लक्ष्मी जी ने डी बी एस कॉलेज नैनीताल से बी एस सी तक की पढ़ाई पूरी की और फिर इंडियन इंस्टीट्यूट आफ टेक्नोलॉजी रुड़की से न्यूक्लियर फ़िज़िक्स में स्नातक की डिग्री हासिल करने के पश्चात् पंतनगर यूनिवर्सिटी में कार्यरत रहे। लेखन उनका प्रिय शौक़ रहा इसीलिए उन्होंने अबाध लेखन किया। ग़ज़लों के अलावा उनका क़लम गीत, नवगीत, दोहे, मुक्तक और बाल साहित्य रचने में लगातार चल रहा है।

मैं लहजों की बारीकियाँ चुन रहा हूँ
तभी तो मैं हैरान रहने लगा हूँ
मुहब्बत, इनायत, मुरव्वत, सख़ावत
मैं सब सीढ़ियों से फिसलता रहा हूँ

मुरव्वत = दिल में किसी के लिए जगह होना । सख़ावत दानशीलता

मुझे साथ ही तुम जो ले लो तो बेहतर
मैं अपने ख़यालों में पक-सा गया हूँ
वो आये हैं भरकम खिताबों को लेकर
मैं हाथों को बाँधे खड़ा हो गया हूँ

इस किताब पर प्रतिक्रिया देती हुई डॉ. निर्मला जैन लिखती हैं कि -लक्ष्मी सुमन ग़ज़लों की सबसे बड़ी ख़ासियत यह है कि धरती से उनका गहरा रिश्ता है। इन्हें पढ़कर आसानी से अंदाज़ा लगाया जा सकता है कि इनके कवि को ज़िन्दगी से प्यार है और शायरी उनकी लगन है। सहजता इन ग़ज़लों का प्राण है। कहीं कोई बनावट नहीं, शैली का ऐसा कोई करिश्मा नहीं जो पाठक के लिए दिक़्क़त पैदा करे। ये ग़ज़लें अनुभव से पैदा हुई हैं और सीधे पाठक के दिल में उतरती चली जाती हैं।

दिन भर खटता रहता है वह कड़ी धूप के मैदाँ में
सुखी रहे घर इस कोशिश में रहता है घरवाला 'पेड़'
सरल हवा को दिया गरल जब मनुज के ओछे लोभों ने
नीलकंठ बन अमृत देता पी कर उसे निराला 'पेड़'
कहीं सुमन संग कलियाँ नटखट कहीं फलों संग काँटे भी
जीवन धन से हरा-भरा है सब का देखा-भाला 'पेड़'

लक्ष्मी सुमन जी इस किताब की भूमिका में लिखते हैं कि -यदि ग़ज़ल की भाषा में रवानी हो उसमें आम बोलचाल के शब्द ही प्रयोग किये जाएँ तभी पाठक या श्रोता उससे तारतम्य बैठा पाता है। इस संग्रह की ग़ज़लों में सामाजिक, आर्थिक,राजनैतिक तथा आम आदमी के सरोकार तो हैं ही, पर शृंगार रस से ओतप्रोत कोमल एहसासों से भरे भी कई अशआर पिरोये गए हैं, इसमें प्रकृति के कई अद्भुत करिश्में भी अपने विशेष रंग में हैं।

बैठ सब्र की छाँव तले
अंगूरों को खट्टा मान

लगा फ़क़ीरी का तकिया
सो जा सुख की चादर तान

'सुमन' सरीखा हँसता जा
दर्द न काँटों का पहचान

प्रकृति के धरती, खेत, जंगल, पहाड़, बादल, कोहरा, वर्षा, ओस, धूप, छाया, सूर्य, वृक्ष, पक्षी आदि विभिन्न अवयवों का मानवीकरण करते हुए लक्ष्मी जी ने इनके सुन्दर बिम्ब प्रस्तुत किये हैं तो कभी इन्हें प्रतीकों के रूप में प्रस्तुत करते हुए मनुष्य जीवन के किसी सत्य का उद्घाटन किया है। किताब की भूमिका में दिवा भट्ट जो कुमाऊँ यूनिवर्सिटी के हिंदी विभाग की विभागाध्यक्ष हैं लिखती हैं कि -भाषा के साथ नए-नए प्रयोग करना सुमन की आदत है, नए प्रयोगों के साथ भी स्वाभाविकता तथा सम्प्रेषण की सार्थकता वे कभी नहीं चूकते, ख़ास तौर पर शब्द चयन में आंचलिक प्रयोग ताज़गी का एहसास कराते हैं :

रस भरे फलों का बनें पेड़ एकदिन
करती हैं प्राणपण यही प्रयास 'गुठलियाँ'
तोड़कर उन्हें मिलीं 'गिरी' की लज़्ज़तें
पत्थर को तभी आ गयी हैं रास 'गुठलियाँ'

'ग़ज़लों की नाव में" सुमन जी की 72 ग़ज़लें संग्रहित हैं जिनमें से अधिकांश छोटी बहर में हैं, छोटी बहर के बादशाह जनाब विज्ञान व्रत जी ने सुमन जी के लिए लिखा है कि "सादगी लक्ष्मी खन्ना सुमन का स्थाई भाव है। सादा ज़बान में बात कहने के फ़न में शायर को महारत हासिल है। बात को इस तरह से कहना कि श्रोता, पाठक चौंक जाएँ उनका विशेष गुण है। उनकी ग़ज़लें अपनी ख़ामोशी और सादगी के साथ पाठकों के दिल में जगह बनाने में और उन्हें विशेष पहचान दिलाने में सक्षम हैं।

वही मैं आम जन का पोस्टर हूँ
सियासत जिस पे लिखी जा रही है
जो ठोकर से उठी वो धूल क्या है
ये गिर कर आँख में समझा रही है
हवा ने कान में जाने कहा क्या
ये क्यारी इस क़दर लहरा रही है

इस किताब को आप अगर चाहें तो अमेज़न से ऑन लाइन मँगवा सकते हैं। मेरा निवेदन तो ये ही रहेगा कि आप लक्ष्मी खन्ना सुमन जी से जो गुरुगाँव (गुड़गाँव) में रहते हैं को उनके मोबाइल 9719097992 अथवा 9312031565 पर संपर्क कर बधाई दें और किताब प्राप्ति का रास्ता पूछें और बिल्कुल अलग तरह की इन ग़ज़लों की किताब को अपनी निजी लाइब्रेरी में जगह दें।

                    51 किताबें ग़ज़लों की भाग-1

चलते-चलते पढ़िए उनकी एक छोटी बहर की प्यारी सी ग़ज़ल

मन सागर में ज्वार उठा
आते देखा अपना "चाँद"
फिर अम्मी की ईद हुई
छुट्टी पर घर आया "चाँद"
दाग़ छुपाने की ख़ातिर
शक्लें रोज बदलता "चाँद"
चुरा रौशनी सूरज की
ढीठ बना मुस्काता "चाँद"

* * *

प्रतिनिधि शायरी
(हबीब जालिब)

तुमसे पहले वो जो इक शख़्स यहाँ तख़्तनशीं था
उसको भी अपने ख़ुदा होने पे इतना ही यक़ीं था

ये उस शायर का शेर है जिसके इंतक़ाल के 15 साल बाद याने 2008 की फ़रवरी के अंतिम सप्ताह में मुशर्रफ़ समर्थक पाकिस्तान मुस्लिम लीग की हार के बाद पेशावर से कराची तक लाखों लोगों ने दोहराया। ये कालजयी शेर है जिसे किसी एक मुल्क की हदों में नहीं बाँधा जा सकता। ये शेर हर उस मुल्क के हुक्मरों पर लागू होता है जो सत्ता के नशे में अपने अवाम को भूल जाता है और एक दिन अर्श से फ़र्श पर औंधे मुँह आ गिरता है। जिस ग़ज़ल का ये शेर है उस ग़ज़ल के बाक़ी शेर भी इसी मिज़ाज़ के हैं, ग़ौर फ़रमाएँ:

कोई ठहरा है जो लोगों के मुक़ाबिल तो बताओ
वो कहाँ हैं कि जिन्हें नाज़ बहुत अपने तईं था
आज सोये हैं तरे-ख़ाक न जाने यहाँ कितने
कोई शोला, कोई शबनम कोई महताब-जबीं था
तरे-ख़ाक जमीन के नीचे, महताब-जबीं चाँद जैसे माथे वाला

ये वो शायर था जिसने अपनी शायरी ही नहीं, अपनी ज़िन्दगी भी अवाम के लिए वक़्फ़ कर दी थी और जो मरते-मरते मर गया लेकिन न तो क़ैदो-बंद से उसके इरादे डाँवाडोल हुए और न ही तानाशाही के अत्याचार उसे अपनी राह से हटा सके। इस शायर ने बेख़ौफ़ हो कर अय्यूब ख़ान, याह्या खान, ज़िया-उल-हक़ और ज़ुल्फ़िक़ार अली भुट्टो की सरकारों के ख़िलाफ़ लिखा। पाकिस्तान के 70 सालों के इतिहास में शायद ही कोई दूसरा ऐसा शायर होगा जिसने इतने बरस जेल की सलाख़ों के पीछे काटे, जितने कि इस शायर ने।

हर रोज़ क़यामत ढाते हैं तेरे बेबस इंसानों पर
ऐ ख़ालिक़े-इन्साँ, तू समझा अपने ख़ूनी इंसानों को
ख़ालिक़े-इन्साँ = इंसान के सृष्टा (ख़ुदा)
दीवारों से सहमे बैठे हैं, क्या ख़ूब मिली है आज़ादी
अपनों ने बहाया लहू इतना, हम भूल गए बेगानों को
इक-इक पल हम पर भारी है, दहशत तक़दीर हमारी है
घर में भी नहीं महफ़ूज़ कोई, बाहर भी है ख़तरा जानों को

इस हर-दिल-अज़ीज़ और अवाम के मशहूर शायर का नाम था 'हबीब जालिब" जिनकी ग़ज़लों नज़्मों और गीतों के संकलन "प्रतिनिधि शायरी" श्रृंखला के अंतर्गत "राधा कृष्ण प्रकाशन" ने पेपरबैक में सन 2010 में प्रकाशित किया था। आज हम इसी किताब और इसके शायर की बात करेंगे जिसकी शायरी में ले-देकर कुल एक पात्र नज़र आता है और उस पात्र का नाम जनता है -सिर्फ़ पाकिस्तान की जनता नहीं, पूरे संसार की जनता। और ठीक यही वो जनता है जिसके हक़ में वे बार-बार अपनी किताबें ज़ब्त कराते हैं और बार बार जेल जाते-

और सब भूल गए हर्फ़े-सदाक़त लिखना
रह गया काम हमारा ही बग़ावत लिखना

हर्फ़े-सदाक़त सच्चाई का अक्षर

लाख कहते रहें ज़ुल्मत को न ज़ुल्मत लिखना
हमने सीखा नहीं प्यारे ब-इजाज़त लिखना

ब-इजाज़त=किसी के आदेश पर

न सिले की न सताइश की तमन्ना मुझको
हक़ में लोगों के हमारी तो है आदत लिखना

सताइश=पुरस्कार

हमने जो भूल के भी शह का क़सीदा न लिखा
शायद आया इसी ख़ूबी की बदौलत लिखना

शह=बादशाह

कुछ भी कहते हैं, कहें शह के मुसाहिब 'जालिब'
रंग रखना यही अपना, इसी सूरत लिखना

हबीब अहमद के नाम से 24 मार्च 1928 को होशियार पुर पंजाब में जन्में जालिब साहब अपनी किशोरावस्था और चढ़ती जवानी के दिनों में, मुस्लिम लीग के एक सरगर्म कार्यकर्ता रह चुके थे और उन्हें आशा थी कि पाकिस्तान के बनते ही मुस्लिम जनता के सारे दुःख-दर्द दूर हो जायेंगे और यही कारण था कि वो पाकिस्तान बनने के साथ ही यानी 14 अगस्त 1947 को अपनी पैतृक धरती छोड़ कर इस नए देश में पहुँच गए। लेकिन फिर वहाँ जो कुछ उन्होंने देखा उससे उनका मोहभंग होते देर नहीं लगी- ठीक उसी तरह जैसे भारत में भी आज़ादी के बाद जल्द ही बहुत से वतनपरस्तों के सपने चूर-चूर होकर बिखर गए।

वतनपरस्तों को कह रहे हो वतन के दुश्मन, डरो ख़ुदा से
जो आज हमसे ख़ता हुई है, यही ख़ता कल सभी करेंगे
वज़ीफ़ाख़्वारों से क्या शिकायत हज़ार दें शाह को दुआएँ
मदार जिनका है नौकरी पर, वो लोग तो नौकरी करेंगे

वज़ीफ़ाख़्वारों=वज़ीफा पाने वाले , मदार निर्भरता

लिए, जो फिरते हैं तमग़ा-ए-फ़न, रहे हैं जो हमख़याले-रहज़न
हमारी आज़ादियों के दुश्मन हमारी क्या रहबरी करेंगे

तमग़ा-ए-फ़न = कला का तमगा , हमख़याले-रहज़न लुटेरों की सोच वाले

जालिब की शायरी सीधी दिल से निकली हुई शायरी है वो अपनी रचनाओं में बेहद आसान लफ़्ज़ों का इस्तेमाल करते थे उन्होंने इस बात का इज़हार अपने एक शेर में यूँ किया है

जालिब मेरे शेर समझ में आ जाते हैं
इसलिए कम-रुतबा शायर कहलाता हूँ

दरअसल सच्चाई ये है कि सीधी-सादी भाषा को लोग घटियापन की अलामत मानते हैं। सदियों पहले दार्शनिक कुमारिल भट ने कहा था कि कुछ लोग मूढ़ता को छिपाने के लिए जान-बूझकर जटिल और दुरूह भाषा का प्रयोग करते हैं। लेकिन बात यहीं तक नहीं रहती, जो लोग "मीर" की सीधी-सादी और दिल को छू लेनेवाली शायरी की दाद देते हैं और आहें भरते हैं वे भी अपने समकालीनों पर वैसे ही मानदण्ड लागू करने से इन्कार करते हैं।

जिसकी आँखें ग़ज़ल, हर अदा शेर है
वो मिरी शायरी है, मिरा शेर है
अपने अंदाज़ में बात अपनी कहो
"मीर" का शेर तो मीर का शेर है
मैं जहाने-अदब में अकेला नहीं
हर क़दम पर मिरा हमनवा शेर है

जहाने-अदब-साहित्य का संसार, हमनवा साथी

इक क़यामत है "जालिब" ये तनक़ीदे-नौ
जो समझ में न आये बड़ा शे'र है

तनक़ीदे-नौ =नयी आलोचना

1959 की बात है अय्यूब ख़ान को सत्ता हथियाए एक साल बीत चुका था इस एक साल के डिक्टेटरशिप वाले मिलेट्री शासन में हर सच बोलने वाले और शासक से अलग सोच वाले को जेल की दीवारों के पीछे बंद कर दिया गया था। सेंसरशिप लागू हो गयी थी। शायर, अय्यूब ख़ान और मिलेट्री शासन के गीत गा रहे थे और तमाम अख़बारें, रिसाले उसकी प्रशंसा में रँगे जा रहे थे। एक साल बीत जाने की ख़ुशी में पाकिस्तान रेडिओ से लाइव मुशायरा ब्रॉडकास्ट किया जा रहा था जिसमें सभी शायरों को महबूबा या देश की ख़ूबसूरती पर पढ़ने का फ़रमान जारी किया गया था। तभी एक दुबले पतले शायर ने सरकारी फ़रमान की धज्जियाँ उड़ाते हुए ये नज़्म पढ़ी जिसका एक बंद कुछ यूँ था-

बीस रुपय्या मन आटा
इस पर भी है सन्नाटा
गौहर, सहगल, आदमजी
बने हैं बिरला और टाटा
मुल्क के दुश्मन कहलाते हैं
जब हम करते हैं फ़रियाद
सद अय्यूब ज़िन्दाबाद

फिर क्या था सन्नाटा छा गया,वर्दीधारी सैनिकों के मुँह सफ़ेद हो गए मुशायरा बीच में ही बंद कर दिया गया, रेडिओ स्टेशन के उच्च अधिकारी को फ़ौरन सस्पेंड कर दिया गया और शायर को जेल में बंद कर दिया, लेकिन जो होना था हो गया, लोगों की ज़बान पर "20 रुपय्या मन आटा, इस पर भी है सन्नाटा" चढ़ गया। ये शायर था "हबीब जालिब" जो सबक़ हुक्मराँ उसे जेल भेज कर देना चाहते थे जालिब साहब ने उसका उल्टा ही समझा। जब-जब वो जेल जाते बाहर आ कर दुगने जोश से सत्ता के ख़िलाफ़ लिखने लगते।

जीने की दुआ देने वाले ये राज़ तुझे मालूम नहीं
तख़लीक़ का इक लम्हा है बहुत, बेकार जिए सौ साल तो क्या
तख़लीक़ -रचना
हर फूल के लब पर नाम मिरा, चर्चा है चमन में आम मिरा
शोहरत की ये दौलत क्या कम है गर पास नहीं है माल तो क्या
हमने जो किया महसूस, कहा, जो दर्द मिला हँस-हँस के सहा
भूलेगा न मुस्तक़बिल हमको, नालाँ है, जो हमसे हाल तो क्या
मुस्तक़बिल भविष्य, नालाँ =नाराज़ , हाल=वर्तमान

1964 में अचानक मोहतरमा फ़तिमा जिन्ना ने पाकिस्तान के राष्ट्रपति के चुनाव में लड़ने का फ़ैसला किया। अपने भाषणों में उन्होंने हबीब साहब की नज़्म "सद्र अय्यूब ज़िन्दाबाद' को शुमार कर लिया। वो जीत भी जातीं लेकिन उनके ख़िलाफ़ सत्ता धारियों द्वारा रचे षड्यंत्र के चलते उन्हें हार का सामना करना पड़ा। उनके चुनाव हारते ही हबीब साहब पर सत्ता धारी गिद्ध की मानिंद टूट पड़े,आये दिन उन्हें जेल की हवा खानी पड़ी। उनका पासपोर्ट भी ज़ब्त कर लिया गया लेकिन हबीब जालिब, हबीब जालिब ही रहे ज़रा-सा भी नहीं बदले।

दुश्मनों ने जो दुश्मनी की है
दोस्तों ने भी क्या कमी की है
अपनी तो दास्ताँ है बस इतनी
ग़म उठाये हैं, शायरी की है

अब नज़र में नहीं है एक ही फूल
फ़िक्र हमको कली-कली की है
पा सकेंगे न उम्र भर जिसको
जुस्तजू आज भी उसी की है

हबीब साहब ने उस दौर में सत्ता धारियों से लोहा लिया जिस दौर में नासिर काज़मी और हफ़ीज़ जालंधरी जैसे शायर हुक्मरानों के क़सीदे पढ़ रहे थे। सुना है कि एक बार पाकिस्तान के राष्ट्रकवि हफ़ीज़ साहब जब अपनी चमचमाती सरकारी कार से कहीं जा रहे थे, तो उनको जालिब साहब फ़टे पुराने कपड़ों में राह पर चलते मिले, उन्होंने कार रुकवाई और कहा कि उन्होंने हुक्मरानों से बात कर ली है, अगर वो अपना सुर बदल दें, तो उनके भी वारे न्यारे हो सकते हैं, हबीब साहब मुस्कुराये और आगे बढ़ गए। उन्होंने इस वाक़िये पर बिना हफ़ीज़ साहब का नाम लिए एक तन्जिया नज़्म "मुशीर" लिखी जिसका अर्थ होता है 'सलाहकार' जो आगे चल कर बहुत प्रसिद्ध हुई। ये नज़्म आपको इस संकलन में पढ़ने को मिलेगी, यहाँ नहीं।

लाख कहते रहें वो चाक गिरेबाँ न करूँ
कभी दीवाना भी पाबंद हुआ करता है
इन से लिखने का फ़न हमको न अब तक आया
वही लिखते हैं जो दिल हमसे कहा करता है
इज़्न=आदेश
उसके ममनून ही हो जाते हैं दरपए उसके
क्या बुरा करता है जो शख़्स भला करता है

उसके ममनून ही हो जाते हैं दरपए उसके उसके कृतज्ञ ही उसे कष्ट देने पर आमादा हो जाते हैं

हबीब साहब जैसा ख़ुद्दार शायर शायद ही कोई दूसरा हुआ हो। उनकी बीमारी में एक बार बेनज़ीर भुट्टो उनकी मिजाज़पुर्सी को हॉस्पिटल तशरीफ़ लाई तो उन्होंने किसी भी तरह की सरकारी मदद के लिए साफ़ मना कर दिया और कहा कि अगर आप को मदद ही करनी है, तो मेरे इस वार्ड के और ऐसे ही दूसरे वार्डों के मरीज़ों की मदद करें जिनकी मदद को कोई नहीं है। मुल्क में हो रहे हर अन्याय के ख़िलाफ़ उन्होंने क़लम उठाया। ये हरदिल अज़ीज़ शायर जब 12 मार्च 1993 को दुनिया से रुख़्सत हुआ तो पूरे शहर में इनकी मय्यत को काँधा देने वालों में होड़ मच गयी और "शायरे अवाम हबीब जालिब ज़िंदाबाद' के नारों से फ़ज़ाएँ गूँज उठी।

बीत गया सावन का महीना, मौसम ने नज़रें बदली
लेकिन इन प्यासी आँखों से अब तक आँसू बहते हैं

एक हमें आवारा कहना कोई बड़ा इल्ज़ाम नहीं
दुनिया वाले दिल वालों को और बहुत कुछ कहते हैं
वो जो अभी इस राहगुज़र से चाक-गरेबाँ गुज़रा था
उस आवारा दीवाने को 'जालिब-जालिब' कहते हैं

आख़िर इस बेमिसाल शायर को पाकिस्तान की सरकार ने पहचाना और उन्हें 23 मार्च 2009 को पाकिस्तान का सर्वश्रेष्ठ सिविलियन अवार्ड दिया गया। हबीब साहब की शायरी का ये अनूठा संकलन हर इन्साफ़ पसंद इंसान के पास होना चाहिए। इस संकलन में जालिब साहब की 80 ग़ज़लें 65 नज़्में और 12 गीत हैं। ये सभी रचनाएँ बार-बार पढ़ी जाने लायक़ हैं। उनकी बेजोड़ नज़्मों को पढ़े बिना हबीब साहब की शायरी को नहीं समझा जा सकता। राधाकृष्ण प्रकाशन से प्रकाशित ये किताब अमेज़न पर भी उपलब्ध है और इसके 209 पेज वाले पेपरबैक संस्करण की कीमत इतनी कम है कि आप विश्वास नहीं करेंगे।

चलते-चलते हबीब साहब की एक छोटी सी नज़्म आपको पढ़वाता हूँ जो उन्होंने लता मंगेशकर पर, हैदराबाद, सिंध की दमघोंटूँ जेल में लिखी - कौन कहेगा ये एक पाकिस्तानी शायर की रचना है?

तेरे मधुर गीतों के सहारे
बीते हैं दिन रैन हमारे
तेरी अगर आवाज़ न होती
बुझ जाती जीवन की ज्योति
तेरे सच्चे सुर हैं ऐसे
जैसे   सूरज-चाँद-सितारे
क्या-क्या तूने गीत हैं गाये
सुर जब लागे मन झुक जाए
तुमको सुनकर जी उठते हैं
हम जैसे दुःख-दर्द के मारे
मीरा तुझमें आन बसी है
अंग वही है रंग वही है
जग में तेरे दास हैं इतने
जितने हैं आकाश में तारे
तेरे मधुर गीतों के सहारे
बीते हैं दिन रैन हमारे

***

नज़ीर बनारसी की शायरी
(नज़ीर बनारसी)

जो लोग बनारस में रहते हैं वो बनारस का गुणगान क्यों करते हैं ये अभी हाल ही में संपन्न बनारस यात्रा के बाद ही पता लगा। हालाँकि बनारस में हमारा सामना भीड़, धूल, गर्मी, उमस, पसीना, गन्दगी और प्रदूषण जैसी अनेकों विपदाओं से रोज ही हुआ, ऊबड़-खाबड़, टूटी-फूटी, जगह-जगह ख़ुदी सड़कों पर उछलते-कूदते ऑटो ने शरीर में मौजूद सभी अंगों को झुनझुने सा बजा दिया लेकिन पता नहीं क्यों मन कर रहा है कि एक बार फिर से वहाँ जाया जाए, वहाँ क्यों जाया जाए इसका कोई संतोषजनक जवाब नहीं है मेरे पास, बस जाया जाए ये मन कर रहा है। कुछ तो है जो आपको अपने मोहपाश में बाँध लेता है, कुछ तो है, जो हमारे आज के शायर से ये लिखवाता है

मैं बनारस का निवासी काशी नगरी का फ़क़ीर
हिन्द का शायर हूँ, शिव की राजधानी का सफ़ीर
लेके अपनी गोद में गंगा ने पाला है मुझे
नाम है मेरा नज़ीर और मेरी नगरी बेनज़ीर

शायरी से मुहब्बत करने वाले मेरे जैसे जिनके बाल सफ़ेद चुके हैं या हो रहे हैं शायद इस मुक्तक से शायर के नाम तक पहुँच जाएँ लेकिन युवा पाठकों के लिए उनका नाम पता करना आसान नहीं होगा क्योंकि वो फ़ेसबुक या ट्विटर पर सक्रिय होने की सम्भावना से परे जा चुके हैं। उनकी शायरी को जन-जन तक फैलाने वाला कोई ग्रुप भी किसी सोशल मीडिया पर उपस्थित नहीं है वरना गंगा पर उनकी एक लम्बी रचना की ये पंक्तियाँ आपको याद रहतीं234 :: 51 किताबें ग़ज़लों की...

मिला है गंगा का जल जो निर्मल, उतर के उषा नहा रही है
हवा है या रागिनी है कोई, टहल के वीणा बजा रही है
अँधेरे करते हैं साफ़ रस्ता, सवारी सूरज की आ रही है
किरण-किरण अब कलश-कलश को सुनहरी माला पिन्हा रही है
हुई है कितनी हसीन घटना नज़र की दुनिया सँवर रही है
किरण चढ़ी थी जो बन के माला वो धूप बन कर उतर रही है

सबसे दुखद बात ये है कि जिस शायर ने बनारस में बहने वाली गंगा की ख़ूबसूरती का इस तरह बखान किया है, उसी शायर को अपने ही जीवन काल में इसी गंगा के प्रदूषण पर ऐसी बात भी लिखनी पड़ी, जिसे लिखते वक़्त उसके दिल पर न जाने क्या गुज़री होगी

डरता हूँ रुक न जाए कविता की बहती धारा
मैली है जबसे गंगा, मैला है मन हमारा
क़ब्ज़ा है आज इस पर भैंसों की गन्दगी का
स्नान करने वालो जिस पर है हक़ तुम्हारा
किस आईने में देखें मुँह अपना चाँद-तारे
गंगा का सारा जल हो जब गन्दगी का मारा
बूढ़े हैं हम तो जल्दी लग जायेंगे किनारे
सोचो तुम्हीं जवानो क्या फ़र्ज़ है तुम्हारा

हमारे शायर ने गंगा की स्वच्छता की बात आज के सरकारी "स्वच्छता अभियान" के शुरू होने के 25-30 साल पहले ही छेड़ दी थी, अगर उनकी बात पर तब ध्यान दिया जाता तो आज गंगा का जल निर्मल होता। शायर वही होता है जो अवाम को चेताये, झकझोरे, सोते से उठाये और ये काम हमारे आज के शायर ने भरपूर किया। प्रदूषण, फ़िरक़ापरस्ती, आतंकवाद के साथ साथ उन्होंने समाज की हर बुराई पर क़लम चलाया।

बाज़ार के हर शीशे को दर्पण नहीं कहते
बिन प्यार के दीदार को दर्शन नहीं कहते
उपवन से परे पुष्प को उपवन नहीं कहते
गुलशन से अलग फूल को गुलशन नहीं कहते
राहत भी उठाएँगे मुसीबत भी सहेंगे
सब अहद करें आज कि हम एक रहेंगे

हमारे आज के शायर का कविता शायरी की दुनिया में उर्दूमुखी हिंदी और हिंदीमुखी उर्दू के अकेले कवि के रूप में सबसे अधिक जाना हुआ और ग़ज़ल, रुबाई और कविताओं के क्षेत्र में भाषा और रचना की बारीकियों के लिए चर्चित नाम है और एक ऐसा नाम जो साहित्यिक दुनिया में भारत का प्रतिनिधित्व कर सकता है। अब चूँकि आज के शायर का मिज़ाज़ ग़ज़ल का है इसलिए उनकी ग़ज़लों के अलग अलग रंगों से आपको रूबरू करवाने का इरादा है, लिहाज़ा पोस्ट अगर लम्बी हो जाय तो मुझे माफ़ कर दीजियेगा और इसे तभी पढ़ियेगा जब आपके पास फुर्सत हो।

मैं हूँ और घर की उदासी है, सुकूते-शाम है
ज़िन्दगी ये है तो आख़िर मौत किसका नाम है
सुकूते-शाम =सन्नाटा भरी शाम
मेरी हर लग़्ज़िश में थे तुम भी बराबर के शरीक
बन्दा परवर सिर्फ़ बन्दे ही पे क्यों इल्ज़ाम है
लग़्ज़िश=ग़लती

ख़ुशनसीबी ये कि ख़त से ख़ैरियत पूछी गयी
बदनसीबी ये कि ख़त भी दूसरे के नाम है

जिस प्रकार गौतम बुद्ध को ये ज्ञान हुआ था कि वीणा के तार इतने भी नहीं कसने चाहिये कि वो टूट जाएँ और इतने ढीले भी नहीं छोड़ने चाहिये कि उनमें से संगीत ही न निकले, उसी तरह मुझे भी अभी ये ज्ञान हुआ कि पोस्ट में शायर के नाम को इतनी देर तक भी नहीं छुपाना चाहिए कि पाठक को उसका नाम जानने कि रुचि ही ख़त्म हो जाय और न इतनी जल्दी बताना चाहिए कि पाठक की जिज्ञासा ही ख़त्म हो जाय। समय आ गया है कि आपको बता दूँ कि हमारे आज के शायर हैं जनाब "नज़ीर बनारसी" जिनकी रचनाओं का संकलन पेपर बैक में राजकमल प्रकाशन दिल्ली ने "नज़ीर बनारसी की शायरी" के नाम से किया है। इस किताब का प्रकाशन सन 2010 में किया गया था। किताब का संपादन जनाब "मूलचंद सोनकर" साहब ने किया है जो स्वयं भी प्रसिद्ध शायर, कवि, समीक्षक और दलित चिंतक हैं।

परदे की तरह मुझको पड़ा रहने दीजिये
उठ जाऊँगा तो साफ़ नज़र आइयेगा आप
दर पर हवा की तरह से दीजेगा दस्तकें
कमरे में आहटों की तरह आइयेगा आप
मेरे लिए बहुत है ये ज़ादे सफ़र नज़ीर
वो पूछते हैं लौट के कब आइयेगा आप

ज़ादे-सफ़र = सफ़र का सामान

नज़ीर बनारसी साहब की पैदाइश बनारस के एक मध्यवर्गीय परिवार में 25 नवम्बर 1909 को हुई। ये परिवार हक्कीमों का परिवार कहलाता था। 'नज़ीर' साहब के पिता दादा परदादा सभी हकीम थे। इनके बड़े भाई मुहम्मद यासीन भी तिब्बिया कॉलेज लखनऊ के पढ़े हुए सुप्रसिद्ध हकीम होने के साथ ही साथ एक अच्छे शायर भी थे।

नज़ीर साहब ने रुचि न होते हुए भी ज़बरदस्ती पढ़ते हुए उस्मानिया तिब्बिया कॉलेज से जैसे-तैसे हकीम की डिग्री हासिल की। कहा जाता है कि नज़ीर साहब बहुत पढ़े-लिखे नहीं थे, उनके पास किसी डिग्री का दुमछल्ला भी नहीं था उन्होंने जो सीखा अपने घरेलू माहौल से सीखा।

तिरि मौजूदगी में तेरी दुनिया कौन देखेगा
तुझे मेले में सब देखेंगे मेला कौन देखेगा
अदा-ए-मस्त से बेख़ुद न कीजे सारी महफ़िल को
तमाशाई न होंगे तो तमाशा कौन देखेगा

                                        51 किताबें ग़ज़लों की भाग-1

मुझे बाज़ार की ऊँचाई-नीचाई से क्या मतलब
तिरे सौदे में सस्ता और महँगा कौन देखेगा
तुम्हारी बात की ताईद करता हूँ मगर क़िब्ला
अगर उक़्बा ही सब देखेंगे तो दुनिया कौन देखेगा

उक़्बा=परलोक

'नज़ीर' आती है आने दो सफ़ेदी अपने बालों पर
जवानी तुमने देखी है बुढ़ापा कौन देखेगा

नज़ीर साहब की प्रतिभा विलक्षण थी, उन्होंने उस वक़्त शायरी करनी शुरू की जिस वक़्त उन्हें लिखना भी नहीं आता था। बचपन से ही वो श्रोता की हैसियत से शायरी की महफ़िलों में जाने लगे थे, वहीं उस्तादों को सुनते-सुनते। उनमें शेर कहने का सलीक़ा आने लगा जिसे उनके ख़ालाज़ाद भाई 'बेताब' बनारसी ने उस्ताद की हैसियत से और सँवारा। अपने शायराना मिज़ाज़ के चलते उन्होंने अपने शेर कहने के हुनर में इतनी महारत हासिल कर ली कि वो बिना किसी पूर्व तैयारी के हाथों हाथ महफ़िलों में शेर कहने लगे। उनकी एक ग़ज़ल के ज़रा ये शेर देखें और उनके हिंदी लफ़्ज़ों को बरतने के ख़ूबसूरत ढंग पर दाँतों तले उँगलियाँ दबाएँ-

है जो माखनचोर वो नटखट है हृदयचोर भी
इक नज़र में लूट कर पूरी सभा ले जायेगा
अपने दर पर तूने दी है जिसको सोने की जगह
वो तिरी आँखों से नींदें तक उड़ा ले जाएगा
हद से आगे बढ़ के मत दो दान हो या दक्षिणा
वरना तुमको वक़्त का रावण उठा ले जायेगा

सहज सरल बोधगम्य भाषा नज़ीर साहब की बहुत बड़ी विशेषता है। अगर उर्दू के सभी शायर नज़ीर की बनाई राह पर चलते तो शायद उर्द को आज ये दिन ना देखने पड़ते।

सहज, सरल भाषा में शेर कहना आसान नहीं होता तभी अपनी कमज़ोरी को छुपाने के लिए शायर मुश्किल लफ़्ज़ों का इस्तेमाल करते हैं। नज़ीर साहब की सबसे बड़ी ख़ूबी उनकी हिंदी उर्दू की मिलीजुली भाषा है जो सुनने वाले को अपनी सी लगती है।

तुम हाल पूछते हो इनायत का शुक्रिया
अच्छा अगर नहीं हूँ तो बीमार भी नहीं
जो बेख़ता हों उनको फ़रिश्तों में दो जगह
इंसान वो नहीं जो ख़तावार भी नहीं

जीने से तंग आ गया हर आदमी मगर
मरने के वास्ते कोई तैयार भी नहीं

तेज़-तर्रार पत्रकार भास्कर गुहा नियोगी अपने ब्लॉग भड़ास 4 मीडिया में लिखते हैं कि-
नज़ीर की शायरी उनकी कविताएँ धरोहर हैं, हम सबके लिए। संकीर्ण विचारों की घेराबन्दी में
लगातार फँसते जा रहे हम सभी के लिए नज़ीर की शायरी अँधेरे में टार्च की रौशनी की तरह
है, अगर हम हिन्दुस्तान को जानना चाहते है, तो हमे नज़ीर को जानना होगा, समझना होगा
कि उम्र की झुर्रियों के बीच इस साधु, सूफ़ी, दरवेश सरीखे शायर ने कैसे हिन्दुस्तान की साझी
रवायतों को ज़िन्दा रखा। उसे पाला-पोसा, सहेजा। अब बारी हमारी है, कि हम उस साझी
विरासत को कैसे और कितना आगे ले जा सकते है।"

मिरे सर क़र्ज़ है कुछ ज़िन्दगी का
नहीं तो मर चुका होता कभी का
न जाने इस ज़माने के दरिंदे
कहाँ से लाये चेहरा आदमी का
वहाँ भी काम आती है मुहब्बत
जहाँ कोई नहीं होता किसी का
'नज़ीर' आती है बालों पर सफ़ेदी
सवेरा हो रहा है ज़िन्दगी का

23 मार्च 1996 को दुनिया से रुख़सत होने वाले नज़ीर साहब के कुल जमा छह काव्य
संग्रह "गंगो जमन", "जवाहर से लाल तक", "गुलामी से आज़ादी तक", "चेतना के स्वर",
"किताबे ग़ज़ल" और "राष्ट्र की अमानत राष्ट्र के हवाले" मंज़र-ए-आम पर आये हैं, दुःख की
बात है कि इन में से हिंदी में शायद ही कोई संग्रह उपलब्ध हो। हमें शुक्रगुज़ार होना चाहिए
राजकमल प्रकाशन और सोनकर साहब के संयुक्त प्रयास का, जिसकी बदौलत हमें नज़ीर
साहब की चुनिंदा 51 लाजवाब ग़ज़लें और 36 नज़्में इस किताब के माध्यम से पढ़ने को
मिल रही हैं।

दुनिया है इक पड़ाव मुसाफ़िर के वास्ते
इक रात साँस लेके चलेंगे यहाँ से हम
आवाज़ गुम है मस्जिदो-मंदिर के शोर में
अब सोचते हैं उनको पुकारें कहाँ से हम
है आये दिन 'नज़ीर' वफ़ा का मुतालबा
तंग आ गए हैं रोज के इस इम्तिहान से हम
वफ़ा निष्ठा, मुतालबा=माँग

इस किताब को आप अमेज़न से ऑन लाइन तो मँगवा ही सकते हैं इसके अलावा राजकमल की साइट पर जाकर भी आर्डर कर सकते हैं। आप इस किताब को हासिल करने का कोई सा भी तरीक़ा सोचें लेकिन मँगवा लें, अब मैं चलता हूँ उनकी ग़ज़ल के ये शेर आपके हवाले करके किसी नयी किताब की तलाश में

जाओ मगर इस आने को एहसाँ नहीं कहते
जो दर्द बढ़ा दे उसे दरमाँ नहीं कहते
दरमाँ=इलाज
जो रौशनी पहुँचा न सके सबके घरों तक
उस जश्न को हम जश्ने-चराग़ाँ नहीं कहते
हर रंग के गुल जिसमें दिखाई नहीं देते
हम ऐसे गुलिस्ताँ को गुलिस्ताँ नहीं कहते

* * *

नीरज गोस्वामी

बलबीर राठी की चुनिंदा ग़ज़लें व नज़्में
(बलबीर सिंह राठी)

अक्सर देखा गया है कि शायर सामाजिक जिम्मेवारियों को दरकिनार कर इश्क़-मुश्क की रंगीन मिज़ाज़ी शायरी करते हुए मदमस्तीयों और मौजों में अपनी ज़िन्दगी तमाम कर देते हैं और खो जाते हैं। ऐसा नहीं है कि इश्क़-मुश्क या रंगीन मिज़ाज़ियाँ ज़िन्दगी की ज़रूरतें नहीं, हैं, लेकिन इनके इतर भी बहुत कुछ है जिस पर भी साथ-साथ लिखा जाना चाहिए, जो लिखते हैं वो ही मुकम्मल शायर कहलाते हैं और बरसों-बरस अपनी रचनाओं के माध्यम से याद रहते हैं। किसी भी शायर या रचनाकार को अपनी सामाजिक जिम्मेवारियों को दरकिनार नहीं करना चाहिए बल्कि पूरी तरह निभाना चाहिए।

तबाही और होती है, तमाशा और होता है
नगर कब से जलाया जा रहा है फिर खड़े क्यों हो
मुसीबत कब तलक झेलोगे तुम दुःख झेलने वालों
बग़ावत का तो वक़्त अब आ गया है फिर खड़े क्यों हो
जो तूफ़ाँ से बचा कर तुम को लाया अपनी कश्ती में
तुम्हारे सामने वो डूबता है फिर खड़े क्यों हो

हमारे आज के शायर हसीं ख़्वाबों को देखने वाले रचनाकार नहीं बल्कि एक ख़ूबसूरत मानवीय ज़िन्दगी की रचना का ताना-बाना बुनने वाले संवेदनशील शायर हैं, जो अपनी बात निहायत सादगी और सीधेपन से करते हैं। आज की पीढ़ी के लिए उनका नाम शायद अब जाना पहचाना न हो लेकिन एक समय था जब उनको हरियाणा, पंजाब और दिल्ली के मुशायरों, गोष्ठियों और नशिस्तों में बहुत आदर के साथ बुलाया जाता था।

इक तस्वीर के हट जाने से कैसा रूप बदल जाता है
कितना बे-रौनक़ लगता है इतनी रौनक़ वाला कमरा
जाने किस दिन आकर कोई एक महक-सी छोड़ गया था
हर मौसम में रहता है अब कितना महका-महका कमरा
रख जाता है तस्वीरों को जाने किस अंदाज़ से कोई
कैसे रंगों से भर जाता है, ख़ाली-ख़ाली सा कमरा

हरियाणा के रोहतक ज़िले के लाखनमाजरा गाँव में अप्रैल 1933 को जन्में हमारे आज के तरक़्क़ी पसंद शायर हैं जनाब "बलबीर सिंह राठी" जिनकी रचनाओं को किताब की शक्ल में चयनित किया है डॉ. ओमप्रकाश करुणेश जी ने "बलबीर राठी की चुनिंदा ग़ज़लें व नज़्में" शीर्षक से। ये किताब आधार प्रकाशन -पंचकूला (हरियाणा) से 2010 में प्रकाशित हुई थी।

इस किताब में राठी जी की 110 ग़ज़लें, 10 क़तआत और 31 नज़्में शामिल है। इस किताब के माध्यम से हम बलबीर जी के रचना संसार को अच्छी तरह से समझ सकते हैं

झूट से मरऊब होकर हम बहक जाते हैं वरना
सच अभी क़ायम है यारों लोग सच्चे भी बहुत हैं

मरऊब = रौब में आना

क्यों बुरा होने की तोहमत धर रहे हो हर किसी पर
हमने देखा है यहाँ तो लोग अच्छे भी बहुत हैं
यूँ अगर देखें तो दुनिया ख़ूबसूरत भी बहुत है
बदनुमा इस को मगर हम लोग करते भी बहुत हैं

राठी साहब बातचीत के लहज़े में पूरी सादगी से अपने पाठकों से संवाद करते हैं। वे जटिल संकेतों, उलझे हुए बिम्बों-दृश्यों, रूपकों, प्रतीकों से अपनी बात कहने में परहेज बरतते हैं। गहरी-से-गहरी बातें सादे और साफ़ ढंग से करना उनकी रचनाओं की फ़ितरत है। उनकी ग़ज़लें जिस सरलता से अपना मुक़ाम हासिल करती है वो क़ाबीले-तारीफ़ है। वो दिल की जुबान में बोलते हैं, आँखों की खिड़कियों को खुला रखते हैं और हर तरफ़ चौकस निगाहें डालते हैं।

उनकी जद्द से कोई भी नहीं बचता, यहाँ तक कि वे ख़ुद को भी लपेट लेते हैं।

जुगनुओं ने आज माँगा है उजालों का हिसाब
ये बताओ, उनको सूरज का पता किस ने दिया
रंजो-ग़म तो ख़ूब हमको उस ख़ुदा ने दे दिए
इतना पत्थर दिल मगर हम को ख़ुदा किसने दिया
कारवाँ को रोक लेता है वो हर इक मोड़ पर
हम को घबराया हुआ ये रहनुमा किसने दिया

बलबीर जी 1950 से साहित्य सृजन में जुट गए, मूल रूप से उर्दू में लेखन "प्रताप" और "मिलाप" जैसी उच्च स्तरीय पत्रिकाओं से प्रारम्भ किया। ग़ज़ल लेखन से ख्याति अर्जित की। उनके अजीज दोस्त, डा हरिवंश अनेजा उर्फ़ 'जमाल क़ायमी' जो 2008 से "दरवेश भारती" के नाम से लिखते हैं और 'ग़ज़ल के बहाने' पत्रिका निकालते हैं, ने उन पर हुई बातचीत में बताया कि "राठी बहुत संकोची और सरल स्वभाव के व्यक्ति हैं, मैंने ही उनकी रचनाओं को सब से पहले रोहतक शहर की साप्ताहिक और मासिक पत्रिकाओं में प्रकाशनार्थ भेजा। मैं उन्हें अपनी साइकिल पर बिठा कर शहर में जहाँ कहीं कोई नशिस्त होती वहाँ ले जाता। उस वक़्त राठी जी जाट कॉलेज रोहतक में पढ़ाते थे। उनकी झिझक मिटाने के लिए मैंने पत्रकारों को एक कवि सम्मेलन के लिए मनाया और राठी साहब को शायरे-ख़ुसूसी की हैसियत से बुलाया। रोहतक में उनकी प्रसिद्धि के लिए मैंने अपने और उनके चुनिंदा कलाम को जज़्बात नाम से एक किताब की शक्ल में छपवाया। इस किताब के मंज़र-ए-आम पर आने के बाद राठी जी

का नाम बतौर शायर लिया जाने लगा।"

आज के इस दौर में जहाँ लोग एक दूसरे की टाँग खींचने में लगे हैं और पूरा प्रयास करते हैं कि कोई दूसरा शायर उनसे आगे न जा पाए 'दरवेश भारती जी द्वारा अपने साथी शायर को प्रसिद्धि दिलाने को किये गए ये प्रयास किसी अजूबे से कम नहीं। ऐसे सच्चे और खरे लोग अब ढूँढ़ें नहीं मिलते।

यही ख़ुशफ़हमियाँ मुझ को यहाँ तक खींच लाई
तुम्हारे शहर में अब तक वही मन्ज़र मिलेंगे
न मंज़िल की ख़बर जिनको न राहों का पता है
जिधर भी जाओगे तुमको वही रहबर मिलेंगे
चले आना किसी दिन उसको अपना घर समझ कर
तुम्हारे सब पुराने ख़्वाब मेरे घर मिलेंगे

दिल्ली के ज़दीद शायरी के लिए मशहूर शायर जनाब राजेंद्र मनचंदा बानी ने इस किताब में राठी जी के लिए लिखा है कि "राठी के पूरे कलाम से सच्ची शायरी की ख़ुशबू आती है। मैं उनके शेरों की तशतर आमेज़ सादगी से घायल हुआ हूँ। सच कह रहा हूँ कि ऐसा लहजा काश मुझे नसीब होता।" 'बानी' साहब जिनके प्रशंसकों में डॉ. गोपी चंद नारंग साहब का नाम भी शामिल है, दिल्ली में एक मासिक पत्रिका 'तलाश' निकालते थे जिसमें ग़ज़ल का छपना किसी भी शायर के लिए फ़क्र की बात हुआ करती थी। दरवेश भारती जी के प्रयास से "बानी" साहब ने अपनी पत्रिका में राठी जी ग़ज़लों को विशेष जगह दी। धीरे-धीरे डॉ. दरवेश भारती, मनचंदा बानी, मख़्मूर सईदी, अमीक हनफ़ी और सलाम मछली शहरी जैसे शायरों के साथ राठी जी को गोष्ठियों में बुलाया जाने लगा। दरवेश भारती जी के कारण ही उनके रिश्ते नरेश कुमार "शाद" साहब के साथ मज़बूत हुए। अपनी जनवादी सोच के कारण राठी साहब ने अपनी अलग पहचान बनाई।

छेड न क़िस्से अब वसअत के दीवारों की बातें कर
बस्ती में सब सौदागर हैं, बाज़ारों की बातें कर

वुसअत=फैलाव

दिल वालों के क़िस्से आख़िर तेरे किस काम आएंगे
ख़ुदगर्ज़ों की, अय्यारों की, मक्कारों की बातें कर
लोग जो पत्थर फेंक रहे हैं इस पे ख़फ़ा क्यों होता है
किस ने कहा था वीरानों में गुलज़ारों की बातें कर

राठी साहब क़िस्मत वाले हैं तभी उन्हें डॉ.दरवेश भारती जैसे दोस्त, महावीर सिंह 'दुखी', डॉ. सुभाष चंद्र और डा.ओमप्रकाश करुणेश जैसे प्रशंसक मिले, जिन्होंने न केवल उनकी उर्दू रचनाओं का हिंदी में अनुवाद किया बल्कि उसे जन-जन तक पहुँचाने में अहम भूमिका भी निभाई। मशहूर शायर स्व. जनाब नरेश कुमार "शाद" साहब ने राठी साहब के कलाम के

बारे में कहा है कि "बलबीर राठी के लबो-लहजे में बड़ा ख़ुशगवार और सेहतमंद रसीलापन है और इस रसीले पन के परदे से जब इनके समाजी शऊर का नूर छान-छनकर आता है तो इसकी ज़ात में छिपी हुई शेरी सलाहतों का ऐतराफ़ करते ही बनती है।"

मेरे पीछे सूनी राहें और मेरे आगे चौराहा
मैं ही मंज़िल का दीवाना मुझको ही रोके चौराहा
हर कोई अपनी मंज़िल के ख़्वाब सजा कर तो चलता है
क्या कर ले जब वक़्त किसी के रस्ते में रख दे चौराहा
जिन दीवानो के क़दमों में मंज़िल अपनी राह बिछा दे
'राठी' ऐसे दीवानों को ख़ुद रास्ता दे दे चौराहा

राठी साहब के पहले ग़ज़ल संग्रह "क़तरा-क़तरा" को भाषा विभाग हरियाणा सरकार द्वारा प्रथम पुरस्कार दिया गया था जबकि उनके दूसरे ग़ज़ल संग्रह "लहर-लहर" को सन 1992-93 में उर्दू अकादमी हरियाणा सरकार ने पुरस्कृत किया। उन्हें हरियाणा और दूसरे प्रदेशों में वहाँ की विभिन्न साहित्यिक संस्थाओं ने सम्मानित किया है। राठी जी का असली सम्मान तो उनके लाखों मेहनतकश पाठकों, श्रोताओं ने किया है, जिन्होंने उनकी ग़ज़लों, नज़्मों के माध्यम से एक मुकम्मल ज़िन्दगी को जीने का हुनर सीखा है और सीखा है कि किस तरह निराशा के काले घटाघोप अँधेरे से आशा के उजाले की और बढ़ना चाहिए, किस तरह अपने हक़ के लिए लड़ना चाहिए और किस तरह अपनी मंज़िल का रस्ता ख़ुद तलाशना चाहिए।

किताब की प्राप्ति के लिए जैसा ऊपर बताया है आप आधार प्रकाशन को उनके पते आधार प्रकाशन प्राइवेट लिमिट, एस.सी.एफ़. 267,सेक्टर -16 पंचकुला -134113 (हरियाणा) को लिखें या वहाँ से ऑन लाइन मँगवाएँ या उन्हें aadharprakashan@ yahoo.com पर इ-मेल करें।

"राठी जी" को उम्र के इस दौर में सुनाई नहीं देता इसलिए उनका मोबाइल नम्बर यहाँ नहीं दे रहा अलबत्ता अगर उनके बारे में कुछ कहना-सुनना चाहें तो उनके अज़ीज़ दोस्त "दरवेश भारती" जी से उनके मोबाइल नंबर 9268798930 पर संपर्क कर सकते हैं.. अगली किताब की खोज से पहले प्रस्तुत हैं उनकी एक ग़ज़ल के ये शेर-

गुज़र तो हो ही जाती है सँभल कर चलने वालों की
मगर फिर ज़िन्दगी में ज़िन्दगी बाक़ी नहीं रहती
तुम्हें अच्छी नहीं लगतीं मेरी बेबाकियाँ लेकिन
तकल्लुफ़ में भी अक्सर दोस्ती बाक़ी नहीं रहती
कई लम्हात ऐसे भी तो आते हैं मुहब्बत में
कि दिल में दर्द, आँखों में नमी बाक़ी नहीं रहती

***

प्रतिनिधि शायरी : अख़्तर शीरानी
(अख़्तर शीरानी)

वो कहते हैं रंजिश की बातें भुला दें
मुहब्बत करें, ख़ुश रहें, मुस्कुरा दें
जवानी हो गर जाविदानी तो या रब
तिरि सादा दुनिया को जन्नत बना दें
जाविदानी=अनश्वर

शबे-वस्ल की बेख़ुदी छा रही है
कहो तो सितारों की शमएँ बुझा दें
शबे-वस्ल-मिलन की रात

तुम अफ़साना-ए-कैस क्या पूछते हो
इधर आओ, हम तुमको लैला बना दें
अफ़साना-ए-कैस=मजनूँ की कहानी

आप ऐसा करें अब इस ग़ज़ल को मलिका पुखराज जी की आवाज़ में यू ट्यूब या नेट पर सर्च करके सुनें। अमाँ माना ज़िन्दगी में बहुत मसरूफ़ियत है लेकिन क्या आप अपने लिए 3 मिनट भी नहीं निकाल सकते?

सच!! अगर जवानी जाविदानी याने हमेशा रहने वाली होती तो हमारे आज के शायर यक़ीनन इस सादा दुनिया को जन्नत बना देते, लेकिन जवानी ही क्या, ये ज़िन्दगी ही नश्वर है। उस उम्र में जब इंसान जीने का सलीक़ा थोडा बहुत सीखने लगता है, हमारे आज के शायर दुनिया से कूच फ़रमा गए। पीछे रह गयीं उनकी कुछ उदास कुछ रोमांस से भरी ग़ज़लें और नज़्में, चंद हसीनों के ख़ुतूत (चिठियाँ) और टूटे पैमाने। पता नहीं क्यों ऊपर वाला किसी किसी की ज़िन्दगी के साथ खिलवाड़ करता है, जानबूझ कर उसकी झोली अधूरी हसरतों, घुटन, तड़पन, भटकन, बेचैनी और ढेर-सी प्यास से भर देता है। जिसके जीते जी उसका बेटा, दामाद और जिगरी दोस्त एक के बाद एक इस दुनिया से रुख़सत हुआ हो उसकी मानसिक स्थिति का अंदाज़ा आप लगा ही सकते हैं।

यारों से गिला है न अज़ीज़ों से शिकायत
तक़दीर में है हसरतों-हिरमाँ कोई दिन और
हसरतों-हिरमाँ=अधूरी इच्छाएँ और दुःख

मर जायेंगे जब हम तो बहुत याद करेगी
जी भर के सता ले शबे-हिज्राँ कोई दिन और
शबे-हिजराँ=वियोग की रात

आज़ाद हूँ आलम से तो आज़ाद हूँ ग़म से
दुनिया है हमारे लिए ज़िन्दाँ कोई दिन और

ज़िन्दाँ=क़ैदख़ाना

4 मई 1905 को राजस्थान के टोंक जिले में पैदा हुए हमारे आज के शायर का नाम मुहम्मद दाऊद ख़ाँ था जब वो शायरी करने लगे तो अपना नाम अख़्तर शीरानी रख लिया। आज हम जनाब नरेश नदीम द्वारा संकलित उन्हीं की ग़ज़लों और नज़्मों से सजी किताब जिसे 'प्रतिनिधि शायरी : अख़्तर शीरानी' राधाकृष्ण प्रकाशन ने 2010 में प्रकाशित किया था, की बात करेंगे। 11 सितम्बर 1951 में जन्में नरेश साहब स्वयं उर्दू के नामी शायर और लेखक हैं साथ ही अंग्रेज़ी में पत्रकारिता भी करते हैं। नरेश साहब ने उर्दू पंजाबी और अंग्रेज़ी से लगभग 150 किताबों का हिंदी में अनुवाद किया है, उन्हें हिंदी अकेडमी दिल्ली का साहित्यकार सम्मान और उर्दू अकेडमी दिल्ली द्वारा भाषायी एकता पुरस्कार से सम्मानित किया गया है।

उनको बुलाएँ और वो न आएँ तो क्या करें
बेकार जाएँ अपनी दुआएँ तो क्या करें
माना की सबके सामने मिलने से है हिजाब
लेकिन वो ख़्वाब में भी न आएँ तो क्या करें

हिजाब=पर्दा

हम लाख क़स्में खाएँ न मिलने की, सब ग़लत
वो दूर ही से दिल को लुभाएँ तो क्या करें
नासेह हमारी तौबा में कुछ शक नहीं मगर
शाना हिलाएँ आके घटाएँ तो क्या करें

नासेह =नसीहत करने वाला, शाना =कंधा

रोमांस से भरी ऐसे ग़ज़लों के शायर की ज़िन्दगी में रोमांस कभी आया ही नहीं। उनके पिता हाफ़िज़ महमूद शीरानी लंदन में पढ़े थे और फ़ारसी साहित्य के साथ साथ इतिहास के बड़े विद्वान थे। वो चाहते थे कि उनका बेटा पढ़-लिख कर किसी बड़े सरकारी ओहदे पर काम करे लेकिन जनाब मुहम्मद दाऊद ख़ाँ को जवानी की दहलीज़ पर पाँव रखते ही शायरी ने अपनी गिरफ़्त में ले लिया। अख़्तर कोई 15 बरस के रहे होंगे तभी घर के हालात कुछ ऐसे बने कि उन सब को टोंक छोड़ कर दर दर भटकना पड़ा। टोंक छोड़ने का दुःख वो कभी भुला नहीं पाए। अपने इस दर्द को उन्होंने अपनी एक नज़्म से ज़ाहिर किया है जिसे बाद में आबीदा परवीन ने अपनी दर्द भरी दिलकश आवाज़ में गाया है-

ओ देस से आने वाले बता
किस हाल में हैं याराने-वतन

क्या हमको वतन के बाग़ों की
मस्ताना फ़िज़ाएँ भूल गयीं?
बरखा की बहारें भूल गयीं?
सावन की घटाएँ भूल गयीं?
दरिया के किनारे भूल गए?
जंगल की हवाएँ भूल गयीं?
ओ देस से आने वाले बता!!

अख़्तर साहब के पिता चूँकि लन्दन में पढ़े लिखे थे इसलिए उन्हें लाहौर कॉलेज में प्रोफ़ेसर की नौकरी मिल गयी। अख़्तर साहब की पढ़ाई लिखाई में कोई रुचि नहीं थी लिहाज़ा उनकी अपने पिता से हमेशा तक़रार चलती रहती थी। वो अपने पिता के रूबरू होने से कतराते थे। 19 वर्ष के होते होते अख़्तर शीरानी ने पंजाब और विशेष रूप से लाहौर में अपने कलाम से धूम मचा दी। वो बड़े-बड़े नामवर शायरों की सोहबत में उठने-बैठने लगे। बहुत-सी पत्र-पत्रिकाओं में उनकी रचनाएँ छपने लगी। प्रशंकों की तादाद में लगातार इज़ाफ़ा होता चला गया। उनके प्रशंकों में सलमा नाम की एक महिला भी थी, जिसके इश्क़ में वो दीवानावार गिरफ़्तार हो गए। उनकी रचनाओं में सलमा का ज़िक्र अक्सर आने लगा। हक़ीक़त में ये सलमा कौन थी कैसी थी, इसकी किसी को ख़बर नहीं हो पायी। सलमा आज तक एक रहस्य ही है।

उन्हें जी से मैं कैसे भुलाऊँ सखी, मिरे जी को जो आके लुभा ही गए
मिरे मन में दर्द बसा ही गए, मुझे प्रीत का रोग लगा ही गए
कभी सपनों की छाँव में सोई न थी कभी भूल के दुःख से मैं रोई न थी
मुझे प्रेम के सपने दिखा ही गए, मुझे प्रीत के दुःख से रुला ही गए
मिरे जी में थी बात छिपाये रखू सखी चाह को मन में दबाए रखू
उन्हें देख के आँसू जो आ ही गए मिरी चाह का भेद वो पा ही गए

अब ये सलमा थी, रेहाना थी, अजरा थी, जिनका ज़िक्र उनकी नज़्मों ग़ज़लों में आता है, जो उन्हें हासिल नहीं हुईं, या वतन से दूर चले जाने का दर्द था, या पारिवारिक परेशानियाँ थीं, या अकेलापन था, कुछ था जिसने उन्हें शराबखोरी की ओर धकेल दिया। दिन की शुरुआत से रात सोने तक वो शराब के नशे में ग़र्क़ रहते। शादी भी हुई लेकिन सलमा का भूत सर से न उतरा। उनकी शराबखोरी से तंग आकर पिता ने घर से निकाल दिया, तब वो टोंक से लाहौर चले आये। घर छूटा लेकिन बोतल हाथ में रही और तसव्वुर में रही सलमा।

शर्म रोने भी न दे बेकली सोने भी न दे
इस तरह तो मिरी रातों को न बर्बाद करो

याद आते हो बहुत दिल से भुलाने वालो
तुम हमें याद करो, तुम हमें क्यों याद करो
हम कभी आएँ तिरे घर मगर आएँगे ज़रूर
तुमने ये वादा किया था कि नहीं, याद करो

शायरी के अलावा उस ज़माने में कुछ समय तक जनाब अख़्तर शीरानी ने उर्दू के मशहूर मासिक रिसाले 'हुमायूँ' के संपादन का काम किया। फिर 1925 में एक और रिसाले 'इंतख़ाब' का भी संपादन किया। संपादन का ये सिलसिला 'ख़यालिस्तान', 'रोमान' से होता हुआ 'शाहकार' पर जा कर ख़त्म हुआ। बहुत से नए शायरों को उन्होंने अपने रिसालों में छाप कर मक़बूल किया, उसमें अहमद नदीम कासमी साहब का भी नाम है। उनका मन लेकिन इस काम में रमा नहीं। वो और शराब पीने लगे, मयनोशी का ये दौर 1943 तक ज़बरदस्त तरीक़े से चलता रहा।

1943 में उनके पिता उन्हें लाहौर से किसी तरह मना कर वापस टैंक ले आये। कहते हैं कि 1943 से 1947 तक वो टैंक में गुमनामी की ज़िन्दगी बसर करते रहे।

उम्र भर कमबख़्त को फिर नींद आ सकती नहीं
जिसकी आँखों पर तिरी जुल्फ़ें परीशाँ हो गयीं
दिल के पर्दों में थीं जो-जो हसरतें पर्दानशीं
आज वो आँखों में आँसू बनके उर्याँ हो गयीं
उर्याँ-प्रकट
बस करो, ओ मेरी रोनेवाली आँखों बस करो
अब तो अपने जुल्म पर वो भी पशेमाँ हो गयीं

भले ही मंटो उन्हें कॉलेज के लड़कों का शायर मानें, जो हलकी-फुलकी रोमंटिक शायरी करता है, कॉलेज के लड़कों वाली शायरी तो साहिर और मजाज़ ने भी की है लेकिन शीरानी की शायरी में एक तरह का पलायनवाद नज़र आता है। अगर इस पलायनवाद को हम नकार दें, तो अख़्तर शीरानी की शायरी हमें मोह लेती है और दाद देने पर मजबूर करती है। उर्दू के मशहूर लेखक नय्यर वास्ती जो शीरानी साहब के दोस्त भी थे, उन्हें उर्दू का सबसे बड़ा शायर मानते हैं। वर्ड्सवर्थ की 'लूसी' और कीट्स की 'फैनी' की तरह उन्होंने 'सलमा' को अमर कर दिया।

जो तमन्ना बर न आये उम्र भर उम्र
भर उसकी तमन्ना कीजिये
बर न आये = पूरी न हो

इश्क़ की रंगीनियों में डूब कर
चाँदनी रातों में रोया कीजिये
पूछ बैठे हैं हमारा हाल वो
बेख़ुदी, तू ही बता क्या कीजिये
हम ही उसके इश्क़ के क़ाबिल न थे
क्यों किसी ज़ालिम से शिकवा कीजिये

सन 1947 में जब शीरानी फिर से लाहौर पहुँचे तो उनकी हालत बहुत ख़राब थी। उनका परिवार बिखर और टूट चुका था, टौंक में भी सब उजड़ गया था। उर्दू के इस महान रोमांसवादी शायर ने 9 सितम्बर 1948 को लाहौर के एक सरकारी अस्पताल में पैसों के अभाव में बिना इलाज करवाए बहुत दर्दनाक अवस्था में दम तोड़ दिया। तब वो मात्र 43 वर्ष के थे। आज उनकी कहानियों और ग़ज़लों से कई प्रकाशनों ने काफ़ी धन राशि कमाई लेकिन जीते जी अख़्तर बदहाली में ही ज़िन्दगी बसर करते रहे। उन्हें अपने वतन में दो गज़ ज़मीन भी नसीब नहीं हुई। सन 2005 में पाकिस्तान की सरकार ने 'पोएट्स ऑफ पाकिस्तान' श्रृंखला के अंतर्गत उन पर 'पोस्टेज स्टैम्प' निकाल कर फ़र्ज़ अदायगी जैसा कुछ औपचारिक काम कर दिया।

शबे-बहार में ज़ुल्फ़ों से खेलने वाले
तिरे बग़ैर मुझे आरज़ू-ए-ख़्वाब नहीं
चमन में बुलबुलें और अंजुमन में परवाने
जहाँ में कौन ग़मे-इश्क़ से ख़राब नहीं
ख़राब =बर्बाद
वही हैं वो, वही हम हैं, वही तमन्ना है
इलाही क्यों तिरी दुनिया में इन्क़लाब नहीं

नागरी लिपि में अख़्तर साहब का कलाम आसानी से पढ़ने को नहीं मिलता, इस किताब में जिसमें उनकी लगभग 42 ग़ज़लें और 80 नज़्में शामिल हैं जिनको पढ़ना एक अद्भुत अनुभव से गुज़रने जैसा है। इस किताब को आप राधाकृष्ण प्रकाशन से ऑन लाइन मँगवा सकते हैं। ये हर दृष्टिकोण से एक दुर्लभ किताब है, जिसमें ऐसी शायरी है, जो अब कहीं पढ़ने को नहीं मिलती। अख़्तर साहब अपनी रचनाओं के प्रति हमेशा उदासीन रहे और इसी वजह से उनकी कोई किताब जीते जी मंज़र-ए-आम पर नहीं आयी। उनकी रचनाओं का संकलन उनकी मृत्यु के बाद ही हुआ।

लीजिए गुनगुनाइए उनकी एक छोटी बहर की ग़ज़ल के ये शेर , हम चले आपके लिए तलाशने एक और किताब-

ये सब्ज़ा ये बादल ये रुत ये जवानी
किधर है मिरा सागरे-ख़ुसरवानी
सागरे-ख़ुसरवानी-बादशाही   प्याला
ये हसरत रही वो कभी आके सुनते
हमारी   कहानी   हमारी   ज़बानी
मिरा इश्क़ बदनाम है क्यों जहाँ में?
है मशहूर अख़्तर जवानी दीवानी

∗ ∗ ∗

शहर काग़ज़ का
(मलका नसीम)

मौसम है बहारों का मगर ख़ाना-ऐ-दिल में
सूखे हुए इक पेड़ की तस्वीर लगी है
अरमाँ का शजर सूख चला ज़र्द हैं पत्ते
लगता है कि इस पर भी अमर बेल चढ़ी है
हम शहरे-तमन्ना में उसे ढूँढ़ रहे हैं
आहट है कि तन्हाई के जीने पे खड़ी है

माल तीन-चार सौ ग़ज़लों की किताबें पढ़ लेने से कोई शायरी का जानकार नहीं बन जाता लेकिन मैं अपने लिए ये यक़ीन से कह सकता हूँ कि मैंने "आहट है कि तन्हाई के ज़ीने पे खड़ी है" जैसे बेमिसाल मिसरे बहुत ही कम पढ़े हैं। आप हो सकता है मेरी बात से इत्तेफ़ाक़ न रखें लेकिन जो बात मेरे लिए सच है उसे लिखने में गुरेज़ नहीं करूँगा। मेरे ख़याल से ऐसे मिसरे सोच कर नहीं कहे जा सकते, ये सीधे ऊपर से उतरते हैं जिन्हें आमद का मिसरा कहा जा सकता है। ऐसे मिसरे पढ़ने के बाद आप तुरंत आगे नहीं बढ़ सकते। शायरी का सौंदर्य और मिसरे का तिलिस्म आपको ठिठका देता है।

दिल के वीराने में सर सब्ज़ है यादों का शजर
गर्मियों में भी हरा रहता है पीपल जैसे
याद इक बीते हुए लम्हें की यूँ आज आई
संग को तोड़ के फूटे कोई कोपल जैसे

संग = पत्थर

जिस्म का अब मेरी साँसों से तअल्लुक़ ये है
डाल कर काँटों पे खींचे कोई आँचल जैसे

एक-एक शेर एक एक मिसरा पढ़ कर आप रुकते हैं, सोचते हैं, दाद देते हैं, फिर से उसे पढ़ते हैं, फिर से दाद देते हैं और फिर बामुश्किल आगे बढ़ते हैं और अगला शेर पढ़ कर बेसाख़्ता कह उठते हैं अरे वाह सुभानअल्लाह! ऐसा मेरे साथ हुआ जब मैंने हमारी किताबों की दुनिया श्रँखला की इस कड़ी में शायरा मलका नसीम की हिंदी में पहली बार शाया हुई किताब "शहर काग़ज़ का" को पढ़ा। आज हम उसी किताब की बात आपसे करेंगे जिसे मुझे मेरे छोटे भाई समान बेहतरीन शायर जनाब अखिलेश तिवारी जी ने ये कहते हुए दी कि भाई साहब अगर आपने मलका नसीम जी को नहीं पढ़ा तो क्या पढ़ा।

हमारी आँख में यूँ इंतज़ार रौशन है
नदी में जैसे कई दीप झिलमिलाते हैं
तेरे बग़ैर कुछ ऐसे बिखर गयी हूँ मैं
कि जैसे साज़ के सब तार टूट जाते हैं
धुंधलका शाम का छाने लगा है सोचती हूँ मैं
कि इस समय तो परिंद भी लौट आते हैं
ये ज़िन्दगी वो कड़ी धूप है 'नसीम' जहाँ
न जाने कितने हरे पेड़ सूख जाते हैं

इलाहाबाद के संपन्न सैय्यद घराने में 1 जनवरी 1954 को जन्मी मलका नसीम को पढ़ने का बचपन से ही बेहद शौक़ था। एक टीवी इंटरव्यू के दौरान उन्होंने बताया कि अगर उन्हें बाज़ार से कुछ सामान लाने भेजा जाता तो वो उस काग़ज़ को जिसमें सामान लिपटा होता था, रास्ते भर पढ़ती आतीं और पढ़ते हुए इतना खो जाती की उसमें लिपटा सामान कब कहाँ गिर गया, उन्हें पता ही नहीं चलता था। लगभग 15-16 साल की उम्र में उन्होंने अपनी पहली ग़ज़ल कही और उस वक़्त के मशहूर और मयारी रिसाले 'बीसवीं सदी' में बिना किसी को घर में बताये छपने को भेज दी। वो ग़ज़ल छप गयी और उस रिसाले की कॉपी घर पर आ गयी। मलका जी को ग़ज़ल छपने की ख़ुशी तो हुई ही, साथ में और आगे लिखना जारी रखने का हौसला भी मिला। घर का माहौल यूँ तो अदबी था लेकिन थोड़ा रूढ़िवादी भी था याने लड़कियों का ग़ज़ल कहना, घर के बाहर मुशायरों या नशिस्तों आदि में सुनाना अच्छा नहीं माना जाता था, लेकिन मलका जी ने लिखना जारी रखा।

पत्ते तो वो भी थे जो गिरे हैं बहार में
इल्जाम मौसमों के हवाओं के सर गए
जैसे थका परिंद ठहर जाए शाख़ पर
इस तरह अश्क-ए-ग़म सरे-मिज़्गाँ ठहर गए
मिज़्गाँ =पलकें
आँखों ने तीरगी में बड़ा काम कर दिया
ग़म की अँधेरी रात में जुगनू बिखर गए

मात्र 17 साल की उम्र में मलका जी की शादी जयपुर के मुअज़्ज़म अली साहब से हो गयी जो ख़ुद उर्द ज़बान और अदब के दीवाने थे। एक सच्चे जीवन साथी की तरह उन्होंने मलका जी के हुनर को न सिर्फ़ पहचाना बल्कि उसे और भी निखारने में भरपूर मदद की। मलका जी ने शादी के बाद उर्दू में एम.ए. किया, वो हँसते हुए एक इंटरव्यू में कहती भी हैं कि मेरी उर्दू मेरे मियाँ से अच्छी है। मुअज़्ज़म अली साहब, जिन्होंने राजस्थान उर्दू अकेडमी के सचिव पद पर रहते हुए उर्दू अदब की जिस तरह से ख़िदमत की है और कर रहे हैं, उसकी

जितनी भी तारीफ़ की जाय कम है, ने मलका जी को उड़ने के लिए न सिर्फ़ पर दिए बल्कि फ़लक नापने का हौसला भी दिया।

सुलगती शाम की दहलीज़ पर जलता दिया रखना
हमारी याद का ख़्वाबों से अपने सिलसिला रखना
सदा बन कर, घटा बन कर, फ़ज़ा बन कर, सबा बन कर
न जाने कब मैं आ जाऊँ दरीचा तुम खुला रखना
न पढ़ लें कोई तहरीरें तुम्हारे ज़र्द चेहरे की
दरो-दीवार घर के शोख़ रंगों से सजा रखना
जो बहनें मुफ़लिसी से भाइयों पर बोझ बनती हैं
वो मर जाएँ तो उनके हाथ में शाख़े-हिना रखना

औरत के दर्द को जिस शिद्दत से एक औरत बयाँ कर सकती है वैसे किसी पुरुष के लिए करना लगभग नामुमकिन सा काम है। मलका जी जब अपने अशआर में औरत का दर्द बयाँ करती हैं, तो आप उस दर्द को दुःख को तकलीफ़ को मजबूरी को धड़कते लफ़्ज़ों से महसूस कर सकते हैं। उन्होंने अपने कलाम से न केवल उर्दू अदब को मालामाल किया है बल्कि जयपुर शहर नाम भी पूरी दुनिया में रौशन किया है। उज्जैन में अपना पहला मुशायरा 1981 में पढ़ने वाली मलका नसीम साहिबा आज तमाम भारत और दुनिया के उन शहरों में जहाँ उर्दू के दीवाने रहते हैं, में बड़े अदब और अहतराम के साथ मुशायरे में अपना कलाम पढ़ने को बुलाई जाती हैं। उनकी मौजूदगी किसी भी मुशायरे की कामयाबी मानी जाती है।

अहले-दानिश को इसी बात की हैरानी है
शहर काग़ज़ का है शोलों की निगहबानी है
अहले-दानिश : अकलमंद
इस तरह घेर लिया मुझको ग़मों ने जैसे
मैं जज़ीरा हूँ मेरे चारों तरफ़ पानी है
अब किसी और को देखू भी तो कैसे देखूँ
तेरे ख़्वाबों की इन आँखों पे निगहबानी है

यूँ तो मलका साहिबा ने 26 जनवरी और 15 अगस्त को होने वाले देश के मशहूर लाल क़िले के मुशायरों में लगातार शिरकत की है लेकिन वो डी.सी.एम द्वारा आयोजित मुशायरों को इन सब से श्रेष्ठ मानती हैं। पुराने लोग जानते हैं कि डी.सी.एम. मुशायरों में शिरकत करने में शायर अपनी शान समझता था क्योंकि उस मंच से हलकी-फुलकी शायरी कभी नहीं पढ़ी गयी। बहुत पुरानी बात है कि जब मलका साहिबा को पहली बार डी सी एम वालों ने मुशायरे में शिरकत का न्योता भेजा तो लोग विश्वास ही नहीं कर पाए कि जयपुर की एक शायरा इस

मुक़्काम पर भी पहुँच सकती है लेकिन उन्होंने न केवल धमाकेदार शिरकत की बल्कि बाद में मुशायरों में वो मुक़्काम हासिल किया जिसका ख़्वाब हर शायर देखता है।

ये कौन आया रिदा ख़ुशबुओं की ओढ़े हुए
मैं जश्ने-हिज्र मनाऊँ कि वस्ले यार करूँ

रिदा : कम्बल, चादर, हिज्र : जुदाई

लिए हुए हूँ मैं कश्कोल ख़ाली हाथों में
अमीरे-शहर का अब कितना इंतज़ार करूँ

जो मुन्तज़िर है किसी का और वो चाहता है
तमाम उम्र उसी का मैं इंतिज़ार करूँ

जनाबे-फ़ैज़ से सीखा है ये हुनर हमने
ख़िज़ाँ की रुत में भी गुलशन का कारोबार करूँ

मलका साहिबा को राजस्थान और उत्तर प्रदेश की उर्दू अकादमियों ने पुरस्कृत किया है। 3 फ़रवरी 2017 को मध्य प्रदेश उर्दू अकादमी की तरफ़ से उन्हें रवींद्र भवन भोपाल में हुए शानदार समारोह में जावेद अख़्तर साहब ने सन 2015-16 के लिए प्रसिद्ध "हामिद सय्यद ख़ाँ" पुरस्कार से नवाज़ा। उनकी शायरी के बारे में उर्दू अदब के मशहूर लेखक जनाब "अली सरदार जाफरी" साहब ने इस किताब की भूमिका में जो लिखा है उसके बाद और कुछ लिखने को नहीं रह जाता, वो लिखते हैं कि "मलका नसीम की शायरी में निसवानी लताफ़त है, इंसानी मसाईल का विक़ार -इसके एहसास में शिद्दत है और बयान में सादगी है। तशबीहात तरोताज़ा हैं जिनमें क्लासिक रख-रखाओ के साथ रोज़मर्रा की घरेलू ज़िन्दगी की आँच है। पूरी शायरी पर कुछ ख़ूबसूरत यादों की धनक साया फ़िगन है और शाम की परछाइयाँ एक रोमानी कैफ़ियत पैदा कर रही है।"

पलकें हर शाम सितारों से सजाया न करो
अपनी आँखों को हसीं ख़्वाब दिखाया न करो

सुब्हा तक साथ न देगी शबे तन्हाई में
शम'अ-ए-उम्मीद सरे शाम जलाया न करो

झिलमिलाती हुई आँखों में गुहर ठहरे हैं
ये बिखर जाएँगे पलकों को झुकाया न करो

पिछले तीन दशकों से भी अधिक समय से उर्दू अदब की ख़िदमत कर रही मलका साहिबा की अब तक आधा दर्जन किताबें मन्ज़रे-आम पर आ चुकी हैं। "शहर काग़ज़ का" जैसा मैंने पहले बताया उनकी हिंदी में शाया होने वाली पहली किताब है, जिसमें उनकी बेहतरीन ग़ज़लें और नज़्में संकलित हैं। इस किताब का इजरा याने विमोचन 21 फ़रवरी 2016 को जयपुर में पाकिस्तान के मशहूर शायर जनाब "अब्बास ताबिश" साहब की

मौजूदगी में हुआ था। इस किताब को लिटरेरी सर्किल जयपुर ने 'जवाहर कला केंद्र जयपुर" की पुस्तक प्रकाशन योजना के अंतर्गत प्रकाशित किया है। किताब की प्राप्ति का रास्ता पूछने के लिए आप जनाब मुअज़्ज़म अली साहब को उनके मोबाइल 9828016152 पर संपर्क कर सकते हैं। रिवायती शायरी के प्रेमियों के पास ऐसी लाजवाब और मयारी शायरी की दिलकश किताब ज़रूर होनी चाहिए। अभी तो मैंने मलका साहिबा की नज़्मों की बात आपसे नहीं की क्योंकि उसके लिए एक अलहदा पोस्ट चाहिए। उनकी नज़्में बेहतरीन हैं और पाठक को बार बार पढ़ने को मजबूर करती हैं उनके विषयों का विस्तार भी बहुत अधिक है।

शब की तन्हाई मुझसे कहती है
मेरे शानों पे अपना सर रख दे
रौशनी क़र्ज़ माँगता है क्यों
उठ अँधेरा निचोड़ कर रख दे
ख़्वाब की आरज़ू से बेहतर है
रात की गोद में सहर रख दे
वो जो परदेश जा रहा है 'नसीम'
उसकी आँखों में अपना घर रख दे

अपनी शायरी ही की तरह सीधी, सरल, सलीक़ेदार, नफ़ासत पसंद, संवेदनशील, पुर ख़ुलूस 'मलका नसीम' साहिबा, जिसे देख आपको अपनी बहन या माँ का गमाँ हो, की शायरी पर जितना लिखा जाय कम ही होगा। उनकी किताब की हर ग़ज़ल यहाँ पेश करने लायक़ है लेकिन मैं ऐसा कर नहीं सकता, ये काम आपको किताब मँगवा कर ख़ुद ही करना होगा। अभी तो मेरी गुज़ारिश है आप मलका साहिबा को इस बाकमाल शायरी के लिए उनके मोबाइल 8290303163 पर बात कर भरपूर दाद दें।

आपके लिए अगली किताब की तलाश में निकलने से पहले मैं उनकी एक और ग़ज़ल के ये शेर पेश करता हूँ, पढ़िए और उन्हें दुआएँ दीजिये -

उसे देखा नहीं सोचा बहुत है
तसव्वुर में सही चाहा बहुत है
मुझे छूकर जो पत्थर कर गया था
वो इस एहसास से पिघला बहुत है
झुका है जो दरे इन्सानियत पर
ज़माने में वो सर ऊँचा बहुत है
तबस्सुम तो लबों तक आ न पाया
ये काजल आँख में फैला बहुत है

* * *